保理合同
实务指引

丁俊峰　包晓丽　编著

中国政法大学出版社

2024·北京

图书在版编目（ＣＩＰ）数据

保理合同实务指引/丁俊峰，包晓丽编著. —北京：中国政法大学出版社，2024.2
ISBN 978-7-5764-1300-7

Ⅰ.①保… Ⅱ.①丁… ②包… Ⅲ.①合同法－研究－中国 Ⅳ.①D923.04

中国国家版本馆CIP数据核字(2024)第019098号

书　名	保理合同实务指引 BAOLI HETONG SHIWU ZHIYIN
出版者	中国政法大学出版社
地　址	北京市海淀区西土城路 25 号
邮　箱	bianjishi07public@163.com
网　址	http://www.cuplpress.com (网络实名：中国政法大学出版社)
电　话	010-58908466(第七编辑部) 010-58908334(邮购部)
承　印	固安华明印业有限公司
开　本	720mm×960mm　1/16
印　张	21.5
字　数	320 千字
版　次	2024 年 2 月第 1 版
印　次	2024 年 2 月第 1 次印刷
定　价	88.00 元

编 委 会

本书撰写分工如下：

丁俊峰 法学博士，主要从事公司法、金融法相关司法实务研究：总撰稿、第二章、第三章、第六章、第七章。

徐　珺 中国银行江苏省分行交易银行部主任级高级经理、ICC 银行委员会指导委员会副主席、ICC 供应链金融规则起草组组长、国际统一私法协会（UNIDROIT）《保理示范法》ICC 观察员、ICC CHINA 银行委员会翻译专家组组长、福费廷保理专家组专家：第一章。

赵申豪 中山大学法学院副教授：第四章。

朱晓喆 上海财经大学法学院教授，博士生导师：第五章。

刘剑峰 中南财经政法大学法律专业合作硕士研究生指导教师：第五章。

麻　莉 北京市第四中级人民法院民庭二级法官助理：第七章。

孙　倩 上海金融法院综合审判一庭四级高级法官：第八章。

冯洁语 江苏省高级人民法院民六庭法官，南京大学法学院副教授：第九章。

包晓丽 北京理工大学法学院助理教授（特别副研究员），北京市债法学研究会理事，北京银行法学研究会副秘书长：统稿工作、第六章、第十章。

法律法规司法解释等缩略表

名称	简称
《中华人民共和国民法典》	《民法典》
1999 年《中华人民共和国合同法》	《合同法》
2007 年《中华人民共和国物权法》	《物权法》
1995 年《中华人民共和国担保法》	《担保法》
2009 年《中华人民共和国民法通则》	《民法通则》
2017 年《中华人民共和国民法总则》	《民法总则》
《中华人民共和国企业破产法》	《企业破产法》
《中华人民共和国民事诉讼法》	《民事诉讼法》
《最高人民法院关于适用〈中华人民共和国民事诉讼法〉的解释》	《民事诉讼法解释》
《最高人民法院关于适用〈中华人民共和国民法典〉有关担保制度的解释》	《担保制度司法解释》
《最高人民法院关于审理买卖合同纠纷案件适用法律问题的解释》	《买卖合同司法解释》
《最高人民法院关于当前商事审判工作中的若干具体问题》	《关于当前商事审判工作中的若干具体问题》
《全国法院民商事审判工作会议纪要》	《九民纪要》
《最高人民法院关于印发修改后的〈民事案件案由规定〉的通知》	《关于修改〈民事案件案由规定〉的通知》
《最高人民法院关于人民法院执行工作若干问题的规定（试行）》	《执行规定（试行）》
《最高人民法院关于审理民事案件适用诉讼时效制度若干问题的规定》	《诉讼时效司法解释》

名称	简称
《关于规范发展供应链金融　支持供应链产业链稳定循环和优化升级的意见》	《规范发展供应链意见》
《中国银保监会办公厅关于加强商业保理企业监督管理的通知》	《关于加强商业保理企业监督管理的通知》
《深圳前海合作区人民法院关于审理前海蛇口自贸区内保理合同纠纷案件的裁判指引（试行）》	《前海保理裁判指引（试行）》
《天津市高级人民法院关于审理保理合同纠纷案件若干问题的审判委员会纪要（一）》	《保理纪要（一）》
《天津市高级人民法院关于审理保理合同纠纷案件若干问题的审判委员会纪要（二）》	《保理纪要（二）》
《中华人民共和国民法典（草案）（一次审议稿）》	《民法典（草案）（一次审议稿）》
《中华人民共和国民法典（草案）（二次审议稿）》	《民法典（草案）（二次审议稿）》
《中华人民共和国民法典（草案）》	《民法典（草案）》

前言：开启民法典时代保理新篇章

近年来，国家政策层面不断发文强调加快应收账款融资业务的发展，降低实体经济企业融资成本，建立完善的产业链和供应链。保理业务属于供应链金融服务中的重要组成部分，对于解决小微企业融资难，服务实体经济具有明显的功效。2015年3月全国人大常委会法制工作委员会正式启动民法典编纂工作以来，保理合同"入典"成为学术界、司法实务界以及保理行业十分关注的话题。直至2018年12月，十三届全国人大常委会第七次会议对民法典合同编进行第二次审议，专章规定了保理合同。2020年5月28日，十三届全国人大第三次会议高票通过了《民法典》，保理合同正式"入典"。

一、保理合同专章"入典"的必要性

（一）民法典编纂应体现开放性和时代性

基于我国既有农业社会、工业社会特征，也有后工业化社会、信息化社会特征的国情，合同编的编纂应当体现一定的开放性和时代性。一方面，民法典应适应市场经济开放性的要求，对新类型商事交易中的法律问题作出回应。另一方面，"法与时转则治"，民法典不仅仅是对我国既有民事立法、司法经验的总结和提炼，还应当体现出一定的时代性，符合时代发展的需要。我国保理业的发展起步较晚，主要借鉴了国际先进经验，但自2012年开始呈现大规模扩张的趋势，是典型的新兴市场交易类型。在我国民法典编纂奉行民商合一立法体例的背景下，保理合同作为重要的商事交易合同，应当在合同编的条文中加以规范，以体现民法典的开放性和时代性。

(二) 合同编一般债权让与规则不能完全规范保理合同

保理合同是应收账款债权人向保理人转让基础交易合同项下的应收账款，保理人提供资金融通、应收账款管理、应收账款催收、付款保证等服务的合同。保理合同以应收账款转让为基础，其与一般债权让与存在以下几点不同。第一，两者的立法理念不同。债权让与规则肇始于民事法律行为，主要服务于资金早期流动、债权回收等目的。而保理合同作为一种商业模式，是一种有偿的金融服务，对受让人（保理人）有更高的审慎义务的要求，保理人对基础交易关系真实性的审查也负有更大的责任。第二，两者的内涵和适用范围不同。债权是权利人得请求义务人为或不为一定行为的权利。应收账款是权利人因提供一定的货物、服务或者设施而获得的要求义务人付款的权利，不包括因票据或者其他有价证券而产生的付款请求权。应收账款作为一种付款请求权，属于商事交易中典型的债权类型，包括具备付款条款和付款条件尚未成就的应收账款，其中对付款条件尚未成就的应收账款开展保理业务有更加严格的限制。第三，一般债权让与中转让通知应当由债权人向债务人发出，保理合同明确了保理人有权单独或者和债权人共同向债务人发出应收账款转让通知，但应当明示保理人身份并附债权让与的必要凭证，在不损害债务人权利的情况下，赋予保理人通知权有利于简化通知程序、实现商事交易便捷高效的追求。第四，一般债权让与通常为无偿性、终局性的权利转移，但是在保理合同中区分为有追索权保理和无追索权保理，明确了有追索权保理中应收账款债权与追索权为选择关系（当事人明确约定连带责任的除外），债权的数额以保理融资款本息和相关费用为限，无追索权保理中应收账款转让为终局性转让，保理人有权就全部应收账款受偿。第五，关于禁止转让特约的效力，在一般债权转让中通常强调尊重当事人的自由意思，禁止转让的约定有效，但不得对抗善意受让人。但根据《国际保理公约》《联合国国际贸易中应收款转让公约》和各国关于保理合同的相关法律规定，由于保理合同的标的为金钱债权，债务履行与当事人身份关联性不大，因此在保理交易中，禁止转让的特约的效力应作特殊安排。

二、保理合同专章"入典"的重要性

（一）有利于稳定供应链和产业链发展，解决小微企业融资难题

《民法典》合同编新增了四种有名合同，分别是保证合同、保理合同、物业服务合同和合伙合同。可见，保理合同进入《民法典》意义重大。就立法与国家宏观政策的关系而言，政策与法律具有互补性，立法可以进一步增强政策适用的稳定性。2012 年 4 月，国务院发布《关于进一步支持小型微型企业健康发展的意见》，2015 年 8 月，国务院发布《关于推进国内贸易流通现代化建设法治化营商环境的意见》，2017 年 3 月，中国人民银行等发布《关于金融支持制造强国建设的指导意见》，之后国家相关部委发布了多项供应链金融政策，鼓励金融机构依托制造业产业链核心企业，积极开展应收账款贷款、保理等多种形式的供应链金融服务。特别是当下，因受新冠疫情影响，国内外的经济形势发生了深刻变化。保理合同作为有名合同，有助于确保国家金融支持政策真正落地，降低实体经济融资成本，稳定产业链和供应链。

（二）有利于落实供给侧结构性改革的要求

2016 年初，国务院常务会议提出，为加大金融对工业供给侧结构性改革的支持力度，要"大力发展应收账款融资"。保理业务作为应收账款融资的重要类型，是金融工具发挥市场资源优化配置和普惠金融落地的最好手段。保理商将根据供给侧结构性改革的要求，重点选择符合国家经济新动能要求的、顺应国家发展战略导向的行业、企业，诸如电信、环保、医疗卫生、教育科研、高端装备制造、港口、公用事业、仓储物流、租赁、清洁能源、石油石化等行业提供保理融资服务。

（三）有利于提高对外开放中的企业竞争力

立法是对现实生活的法律表达，与时代共振的立法能够有效回应社会、经济发展的需求。截至 2019 年 6 月末，全国已注册商业保理企业 12 801 家，较 2018 年、2019 年初分别增加 4222 家和 540 家；全行业注册资金 8487 亿

元，较 2018 年、2019 年初分别增加 1117 亿元和 457 亿元。根据国际保理商联合会数据统计，2018 年我国保理业务总量位居世界首位，占比 20.3%；2019 年我国保理业务总量约占全球业务量的 16.9%，仍居世界首位。随着保理业态的发展，一些可能导致金融风险的不稳定因素逐步显现。为此，国家宏观治理层面上，为实现集中统一监管，针对保理机构的政策制定和管理职责转隶中国银保监会，具体监管职责转隶地方金融办。但监管机构发布的部门规章或者规范性文件不具有法律适用的功能。市场参与者对于法律风险缺乏明确的预期，这是国内银行保理业务、商业保理行业先后进入调整期的重要原因。

（四）有利于营造稳定、有序的营商环境，增强制度竞争力

我国始终坚持对外开放的基本国策。融入全球经济一体化，迫切需要我们对接国际交易规则。在国内保理市场建立的初期，国内并无有关保理业务的政策、法规。又因国内保理市场发端于国际业务，因而，市场主体参与保理业务时，主要参照相关国际保理规则。典型的如 1988 年 5 月国际统一私法协会发布的《国际保理公约》，2001 年 12 月联合国国际贸易法委员会审议通过的《联合国国际贸易中应收款转让公约》，以及保理业界颇具影响力的《国际保理通则》《保理示范法》等。其他国家或地区的保理合同特别立法也并非孤例，俄罗斯联邦、乌克兰、匈牙利等国的民法典，以及我国澳门特别行政区商法典均就保理合同作出了特别规定。故在我国《民法典》中专章规定保理合同，吸收国际保理规则的成熟做法和经验，有利于营造稳定、有序的国内与国际营商环境，增强国内保理商对外拓展业务的制度竞争力。

三、群策群力推动保理立法的完善落实

保理业务作为一种"新生"的金融服务，适用范围上具有很大的普遍性，对我国贸易金融业务的发展具有重要作用。根据《中国商业保理行业发展报告（2017）》统计数据记载，2014 年全国商业保理业务量约为 800 亿元，融资余额约为 200 亿元。2015 年全国商业保理业务量超过 2000 亿元，融资余额为 500 亿元。2016 年中国商业保理行业连续四年成倍增长，业务

量已达 5000 亿元，融资余额超过 1000 亿元。2017 年商业保理业务量达 1 万亿元，同年国内 31 家银行保理业务量达 2.37 万亿元。但是，因为缺乏专门的法律，开展保理业务的合规性受到极大挑战，商业银行及商业保理公司基本属于"摸着石头过河"，商业风险和法律风险不可控，挫伤了发展保理业务的积极性。若《民法典》合同编对保理合同专章立法，将对保理业的发展起到极大的正向推动作用，也有利于盘活应收账款，促进实体经济增长，以实现保障保理行业可持续发展的目标。同时，在《民法典》合同编确立保理合同制度，能够更清楚地界定假借保理合同之名，无实贸易背景或者虚构基础交易合同，从事票据贴现或贷款业务等违规操作，起到正本清源的作用。

《民法典》颁行以前，保理合同能否"入典"，一直是学术界、司法实务界以及保理行业关注的话题。在审议过程中，立法机关通过座谈会、研讨会、在互联网上公开征求意见等多种方式收集和听取意见。最高人民法院作为民法典编纂工作参加单位积极配合草案的起草与修改，并积极提供案例素材和审判经验。自 2015 年起，最高人民法院开始系统性关注保理合同纠纷案件的审理问题，并在 2015 年 12 月 24 日发布的《关于当前商事审判工作中的若干具体问题》中首次就保理案件的审理作出指导性规定。同时，地方法院亦对保理合同纠纷案件的审理作出了有益探索。其中，天津市高级人民法院形成了两份纪要文件，深圳前海合作区人民法院制定了保理合同纠纷案件的裁判指引等。

同时，保理合同章的立法听取了来自不同行业的声音，收集了社会方方面面的意见和建议，充分反映了广大人民群众的要求，贯彻了民主立法和科学立法的精神。2018 年 3 月、5 月，最高人民法院相关工作人员多次与中国银行业协会保理专业委员会、中国服务贸易协会商业保理专业委员会、中国国际商会保理与福费廷工作组开展调研工作，并于 2018 年 9 月向全国人大常委会法制工作委员会提交了关于在合同法分则增设"保理合同章"的立法条文建议稿。建议稿共六个条文，具体包括保理合同的定义、保理合同的内容和形式、应收账款转让通知的效力、有追索权保理与无追索权保理的法律构造、保理登记与重复转让等方面的内容。此外，中国银行业协会保理专业委员会、中国服务贸易协会商业保理专业委员会也起草了保理合同立法建议稿。

    由于保理业务是一种"新生"的金融服务，交易结构具有创新多变的特点。并且司法实践中保理合同纠纷呈现出的法律问题也是千变万化，司法裁判必须对此作出回应。例如，保理行业中反映集中的保理合同纠纷的司法管辖、基础交易合同与保理合同的关系、"名为……实为……"下的保理合同法律性质的认定等。保理业务作为应收账款融资的重要类型，是金融工具发挥市场资源优化配置和普惠金融落地的最好手段。我国经济正处于结构调整期，增速放缓，发展保理业务能有效支持中小企业发展，进而为国家经济注入活力，解决"融资难融资贵"的问题。基于此，我们希望以《民法典》保理合同章的内容为主线，整理实践中关于保理合同纠纷的重大争议问题，总结司法裁判的既有规则，以期促进保理行业和实体经济的共同健康发展。

    本书的出版历时两年有余，编写组尽量在写作初心与新近规范之间权衡修订，不完善之处敬请读者朋友们批评指正。

本书编写组

2023 年 12 月

目 录

CONTENTS

第一章
中国保理业务发展历程与展望

徐 珺[*]

*徐珺，中国银行江苏省分行交易银行部主任级高级经理、ICC 银行委员会指导委员会副主席、ICC 供应链金融规则起草组组长、国际统一私法协会（UNIDROIT）《保理示范法》ICC 观察员、ICC CHINA 银行委员会翻译专家组组长、福费廷保理专家组专家。

近年来保理业务在全球发展迅猛。中国的保理业务尽管起步晚，始于20世纪90年代，却后来居上，年均增速近32%，呈现高速增长态势。经过近30年的发展，中国的保理业务量目前已跃居全球第一，中国成为名副其实的全球保理大国，在全球保理市场占据着举足轻重的地位。

保理业务作为一种综合性金融服务，建立在应收账款债权转让的基础之上，可为商品或服务贸易的交易方提供包括应收账款融资、管理、催收和坏账担保等服务。在全球贸易从传统的信用证结算为主转为赊销为主的大趋势下，赊销结算方式下交易双方面临信用风险管理、融资、资金管理等诸多金融需求。针对应收账款融资及管理的保理业务有助于解决交易双方的信用风险管理、融资、资金管理等诸多金融需求，在缓解中小企业融资难问题、助推我国经济发展等方面均发挥了重要作用。

大力发展保理业务对我国的经济发展具有重要意义。一方面，保理业务可以盘活应收账款，缓解中小企业融资难问题和企业资金占压情况；另一方面，保理业务具有逆经济周期特点，在经济下行期内，保理业务尤其可发挥其促进国际贸易、提振经济的特殊作用。我国保理业务近30年的发展历程充分印证了这一点。下面，让我们对中国的保理业务发展做一回顾及展望。

保理业务历史悠久，最早可追溯至古巴比伦时期。随着通信和运输行业的迅速发展、法律法规及金融监管的政策许可，20世纪60年代，现代意义上的保理业务在欧美开始流行，亚洲保理业务的发展则较欧美晚了近20年，但发展迅速。亚洲保理业务以日本等国家及地区的发展领先。2009年金融危机以来，全球经济和政治动荡，民族主义与保护主义抬头。近年来出现的贸易战又导致全球贸易的放缓。尽管如此，保理业务仍然保持韧性。应收账款融资行业在为中小企业提供融资、为全球贸易的持续健康发展方面均发挥了重要作用。中国的保理业务尽管相对较晚，但后来居上，保理业务量自

2011 年开始跃居全球第一。

一、中国保理业务发展历程

（一）保理业务规模化发展历程

近 30 年以来，中国保理业务的发展先后经历了萌芽期（20 世纪 80 年代至 1992 年）、起步期（1993 年至 2000 年）、加速期（2001 年至 2014 年）、调整期（2015 年至今）四个阶段，逐步从婴儿学步期步入规模化发展期。

萌芽期（20 世纪 80 年代至 1992 年）：1987 年 10 月，中国银行与德国贴现和贷款公司（DISKO FACTORING BANK）签署国际保理总协议，中国保理业务开始萌芽。

起步期（1993 年至 2000 年）：1993 年，中国银行成为国内最早加入国际保理商联合会（Factors Chain International，FCI）[1]的会员单位，率先在国内开办了国际保理业务，中国保理业务进入起步期。

在保理初步发展阶段，我国保理业务规模、品种及服务水平都与国际同业相去甚远。FCI 统计数据显示，1993 年至 1999 年，我国每年的保理业务总量不到 1 亿美元。2000 年，中国保理业务突破了 1 亿美元，达到 1.97 亿美元（折合 2.12 亿欧元）。

加速期（2001 年至 2014 年）：自 2000 年以后，中国保理业务进入稳步上升发展通道，而 2010 年至 2014 年，中国保理业务更是处于加速增长期。2010 年，中国保理业务量[2]突破 1000 亿欧元，达 1545.50 亿欧元；2011 年，中国保理业务量[3]首次超过英国，跃居全球第一，并连续保持三年；2014 年，中国保理业务量为 4061.02 亿欧元，达到近 30 年以来的峰值。

调整期（2015 年至今）：2015 年至 2019 年，中国的银行保理业务发展开始呈现下降趋势，但是降幅逐年收窄，中国的保理业务总量（含商业保

---

[1] 1968 年，FCI 成立，总部设在荷兰阿姆斯特丹，FCI 成员国际保理业务市场份额超过 80%，会员单位超过 250 家，分布于全球 70 多个国家及地区。

[2] 2017 年之前，FCI 统计的中国保理业务数据仅包括银行保理，不含商业保理。

[3] 本书的保理业务量为 FCI 统计口径。

理）依然位居全球前列。但是，银行保理和商业保理业务的发展出现了分化。

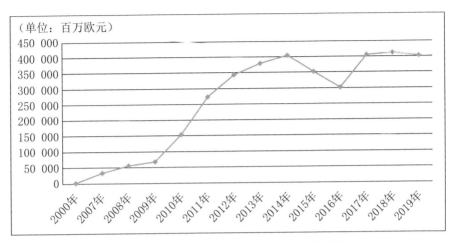

图 1-1　2000 年至 2019 年中国保理业务量[1]

　　与欧美等国家不同的是，中国保理业务从起步开始经历了 20 年以银行为保理主体的发展历程，商业保理起步较晚。2012 年 6 月，商务部展开商业保理试点工作，就此启动商业保理的发展，商业保理公司数量及业务量在此之后增速迅猛。

　　目前，中国的保理业务呈现银行保理与商业保理双轨并行发展模式，但银行保理占据主导地位，且中资银行占据了银行保理的绝对市场份额（近 99%）。

　　银行保理业务自 2014 年达到峰值后开始逐年下降，2018 年稍有提升后，2019 年继续下滑趋势。在此期间，商业保理逆势增长，自 2017 年开始连续五年高速增长，支撑了中国保理业务量的增长趋势。

---

　　[1]　根据 FCI 历年年度报告数据整理。

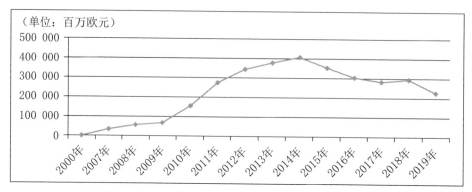

图1-2　2000年至2019年中国银行保理业务量〔1〕

2015年至2016年，受累于全球经济及贸易增速持续下行、世界经济复苏乏力、经济周期对贸易规模的影响、贸易保护主义抬头、信用风险事件频发等叠加因素影响，尽管全球保理业务规模仍位于高总量、稳增长运行，但是，受中国保理业务量大幅下降的影响，2016年，全球保理业务规模首次出现负增长，中国保理业务量为1.72万亿元，同比下降40.07%，而其中银行保理业务量出现整体约42%的较大降幅，但仍位居全球第二。

2017年，全球贸易出现回暖迹象，而新兴市场和发展中经济体在全球贸易复苏中起到了重要带动作用。FCI统计结果显示，2017年，中国重新成为全球第一大保理市场，保理业务量（含商业保理）止跌企稳，达到3.04万亿元（其中商业保理业务量达1万亿元），增幅显著，较2016年增长34%，占全球保理业务量的15.6%。

2018年，中国继续保持全球最大的保理市场地位，保理业务量为4115.73亿欧元，约占全球保理业务量的14.9%，同比增长1.5%。其中，银行保理业务量为2592亿欧元（折合2万亿人民币），商业保理业务量为1555.17亿欧元（折合1.2万亿人民币）；银行的国际保理业务量同比下降53%，而商业保理业务则有20%的增幅。

2019年，全球保理业务量达29 230亿欧元，同比增长超过5%，复合年增长率保持在9%上下。中国在FCI前十大会员单位中份额第一，占比达

---

〔1〕　根据FCI历年年度报告数据整理。

16%，但国际保理份额占比第三（9%）。中国保理业务量折合 4035.04 亿欧元，比 2018 年下降 2%。其中，银行保理业务量折合 2277.22 亿欧元，比 2018 年同比下降 12.14%。商业保理业务量为 1757.82 亿欧元，较 2018 年增长了 15%。国内保理业务量折合 3631.54 亿欧元，国际保理业务量折合 403.50 亿欧元。

（二）保理业务多样化发展历程

1. 保理产品丰富化

随着我国经济的快速增长及金融服务需求多样化，中国的保理产品日益丰富。中国保理已从初期的国际出口双保理产品为主的单一模式，发展到几乎涵盖了全球供应链金融论坛[1]发布的《供应链金融技术的标准定义》中主要的保理种类，同时还开发出中国特色的保理产品。例如，保理商围绕保理资金来源的保理资产证券化、再保理等。

2. 保理服务电子化

随着贸易数字化、电子商务及金融科技的迅速发展，中国保理数字化发展也已试水。例如，部分银行通过建立内部供应链金融平台或者利用第三方平台方式向客户提供在线保理服务，并尝试通过平台沉淀的大数据进行授信风险管理及融资服务。

为鼓励商业银行应收账款融资，解决中小企业融资难问题，中国人民银行征信中心也创建了应收账款融资服务平台，与银行合作为上游企业提供全流程在线反向保理。

3. 保理风险复杂化

高速发展的中国保理业务为保理商带来了盈利收入，但受全球经济环境、客户信用、法律法规、监管制度等多重因素影响，保理商面临着前所未有的风险管控难题。

---

〔1〕　全球供应链金融论坛成立于 2014 年 1 月，由国际金融服务贸易协会、欧洲银行协会、FCI、国际贸易和福费廷协会以及国际保理商组织（现已与 FCI 合并）共同倡导发起，并由国际商会银行委员会促成建立。

2012 年以来，随着宏观经济持续下行，部分行业、区域性风险频发，民间借贷、担保链风险持续发酵。保理业务，尤其是国内保理风险事件频发，保理业务的资产质量管控均承压较大。

2014 年以来，由于全球经济下行加剧，国内部分企业经营出现困难甚至破产倒闭。为获取融资，部分企业不惜采取伪造贸易背景等手段骗取保理融资，给保理商带来了巨大资金风险损失，因此，中国主要的银行保理商开始对保理业务"踩刹车"，包括提高保理业务准入门槛、调整收紧产品政策、加强风险控制措施等，这也是 2015 年至 2016 年中国的银行保理业务量急遽下滑的主要原因之一。

2020 年，新冠疫情暴发，在大部分国家封国、航运中断、物流受阻、逆全球化情绪上升等多重叠加因素下，全球部分重要供应链出现中断，企业不断面临账期延长的情况，众多大中型企业还因需求锐减而面临破产倒闭风险。国际市场上大宗商品融资客户遭遇了个别企业以虚假应收账款重复融资的巨额诈骗案，部分大宗商品融资银行因此退出市场。保理业务因此从业务量到风险管控等方面均遭受前所未有的挑战。中国作为全球最大的保理市场，保理业务将不可避免地受到新冠疫情所累而呈现下降。

4. 保理行业管理规范化

随着我国对外开放的程度加深、国际贸易量的快速增长、监管政策的调整，不但开办保理业务的银行日益增多，保理业务主体更是从银行扩展到商业保理公司。

2005 年，首家商业保理公司在天津成立；2009 年 10 月，经国务院同意，国家发改委批复同意天津滨海新区综合改革方案，允许在滨海新区设立保理公司；2012 年 6 月，商务部发布《关于商业保理试点有关工作的通知》，允许在试点地区设立商业保理公司。

在此阶段，保理的行业自律机制也得以发展。2006 年 11 月，由中国银行牵头，光大银行、中信银行等 12 家中外资银行在北京成立我国第一个保理业务同业组织"中国保理商协会"。2009 年 3 月 10 日，中国银行业协会在此基础上进一步组建了"中国银行业协会保理专业委员会"，并发布了相关行业规范。2012 年 11 月 26 日，我国第一个全国性商业保理行业自律组织"中国服务贸易协会商业保理专业委员会"成立。

在 2018 年 4 月 20 日之前，银行保理及商业保理的主管部门分属中国银保监会和商务部。2014 年 4 月，中国银监会公布《商业银行保理业务管理暂行办法》，旨在规范银行保理业务；2015 年 3 月，商务部发布《商业保理企业管理办法（试行）》。在此监管背景下，在对银行保理和商业保理的管理上，不同的主管部门的规章体现出不同的着眼点和关注点，在业务定义、业务分类、未来应收账款、转让登记、征信报送等方面均有所不同，这不利于建立健康一致的监管环境，容易造成监管空间错位，从而产生行业性的风险。

2018 年 4 月 20 日起，商业保理公司的经营和监管规则职责由商务部划给中国银保监会。这对于保持保理规范一致性，防范保理行业系统性风险具有重大作用。

二、中国保理业务面临的主要挑战

近 30 年以来，中国保理业务尽管飞速发展，但是，随着保理商、保理产品的多样化及国内外经济形势的复杂化等因素的影响，保理业务粗放型的发展模式面临了众多挑战，尤其是近五年以来保理行业的风险事件频发，这些挑战对保理业务的稳健安全、继续快速增长的能力带来了隐患，并将对中国保理业务的可持续性发展能力造成阻碍，主要包括以下几个方面。

（一）社会信用体系欠完善

良好的社会信用体系是保理业务健康稳健发展的前提条件。欧美发达国家经过多年实践，已建立起相对比较完善的社会信用体系，失信违约成本较高。我国政府近年来大力打造社会诚信体系建设，相关社会信用体系建设取得一定进展，但仍处于起步阶段，信用透明度低、失信成本低等信用问题严重制约保理业务的发展。

在国内贸易中，有别于国际贸易可以通过海运提单、报关单核查等手段核实贸易背景真实性，国内贸易的交易特点使得保理商很难通过交易文件表面核实贸易背景真实性。即使借助于税务局系统进行增值税发票核查、信用保险公司的信用保险作为风险缓释手段等，保理商仍然无法避免部分不法企业采取真开票假交易，或者先开票融资后恶意注销发票，或者买卖双方串通欺诈等方式骗取保理融资。

由于缺少足以震慑不法企业的信用体系，中国保理商在保理业务风险管控上无法全部依赖应收账款，仍需侧重对客户本身资信状况的考核，因此，保理授信无异于流贷授信，保理业务流程管控的繁琐度及复杂程度又高于流贷。出于风险防控等因素考虑，银行保理倾向于以大中型优质客户为主。商业保理公司尽管主要服务于中小企业，但较大程度上受制于自身资金规模及融资渠道。

（二）保理业务相关法律法规欠健全

在 2020 年之前，我国无专门针对保理业务的法律，相关法律条文散见在《合同法》《物权法》《民法通则》《民事诉讼法》《担保法》等法律中。尽管相关部委、地方政府、行业自律组织已出台了一些部门规章、地方性法规、行业自律规范用于规范保理业务的发展，但是这不足以解决保理纠纷中的一些核心法律问题，如保理业务范畴、应收账款转让通知的明确效力界定、应收账款转让登记的平台和形式的法律效力等。

2014 年以来，保理欺诈、信用风险、虚假贸易背景等纠纷逐年剧增，涉案金额巨大，尤其是保理业务集中的江苏、浙江、上海、广东、深圳等地。由于没有统一的关于保理纠纷司法解释，各地法院在裁决时也呈现差异性，更有地方法院因为不理解保理业务实质，作出了违背保理基础常识的错误裁决。

2020 年 5 月 28 日，十三届全国人大第三次会议表决通过《民法典》，并自 2021 年 1 月 1 日起施行。在《民法典》第三编合同编新增了四种合同，其中第十六章保理合同是唯一的全新合同。这些条文对保理行业具有重大意义，使得保理业务有法可依，有利于保理业务的合法合规健康运营。

（三）保理基础金融设施建设欠缺

中国保理商一直面临保理等相关贸易融资业务基础金融设施建设欠缺的

问题，包括客户尽职调查（尤其是跨境保理业务）、贸易背景核查、应收账款转让登记、会计处理原则、税收制度等方面存在的问题。

在客户尽职调查及贸易背景核查方面，国内保理商在跨境保理业务中面临诸多挑战，当然，这也是全球保理行业共性的挑战。目前，国家层面无整合的保理等贸易融资业务信息核查平台，保理商在物流，包括增值税发票等信息流的核查方面方法有限，限制了保理业务的发展。

在应收账款转让登记方面，商业保理公司的经营和监管规则职责由商务部划给中国银保监会之前，中国银保监会对银行保理应收账款转让登记事宜未做要求，但商务部则要求商业保理在其规定的系统中予以登记。因应收账款转让登记的法律效力尚未明确，有地方法院在裁决中认定即便债权转让在中国人民银行统一登记公示系统中进行了登记，也不能免除《合同法》规定的债权转让通知义务。实务中，为防范重复融资风险，不少商业银行和商业保理公司办理保理业务时，在中国人民银行动产融资统一登记公示系统对应收账款转让进行查询及登记。但此种登记的法律效力和规范性有待进一步明晰。

保理是基于应收账款转让的金融服务，因此确定应收账款转让的效力至关重要。这一方面需要法律层面对应收账款转让的具体事项予以明确，另一方面也需要政府公共部门提供法律认可的应收账款转让登记平台。

在会计处理原则上，保理业务无针对性的会计处理准则，导致实务中相同的保理业务品种可能有不同的会计处理方法，影响了保理业务的推广及经济资本占用的计算等。

在税收制度方面，就商业保理而言，"营改增"后，相关税务政策未对商业保理行业做明确的税目划分，导致商业保理行业面临被重复征税的问题，行业税赋水平提高。

（四）商业保理发展制度规范欠完善

我国商业保理发展颇具潜力。近年来，商业保理在行业自律机制及监管机构的行业规范、人才培养等方面均作出了诸多努力，但是由于时间短，尚需经验积累及更完善的制度规范。

商业保理面临诸多困境，包括资金规模、各地监管政策不一、财税外汇政策不配套、产品创新过度、融资渠道受限、风险控制难度大、竞争无序、人才匮乏等，这不利于商业保理的可持续发展。

由于以往银行保理与商业保理分别由中国银监会和商务部两个政府部门主管，相关的经营管理存在较大差异，尤其体现在业务定义、业务分类、未来应收账款、关于转让登记、征信报送等方面。2018 年 4 月 20 日起，商业保理公司的经营和监管规则职责由商务部划给中国银保监会，这有益于保持保理规范一致性，防范保理行业系统性风险。2019 年，中国银保监会办公厅出台了《关于加强商业保理企业监督管理的通知》。但商业保理公司在执行层面仍存在诸多不确定性，在监督层面也存在监管竞争或监管空白，亟须统一协调。

三、中国保理业务发展展望

在近 30 年的保理业务发展历程中，在经济全球化发展、中国经济腾飞等大背景下，尽管我国保理行业面临着不少挑战，但是，中国的保理商们也面临着前所未有的重大机遇，成就了目前中国保理业务量在全球的领先地位。这些机遇将对未来中国保理业务的稳健发展形成良好的推动。尽管 2020 年，由于新冠疫情的因素，全球保理业务量遭受了严重影响。但是，展望未来，可以预期的是，中国保理业务的发展潜力巨大，并将主要体现以下几个特征。

（一）保理业务潜在市场规模巨大

FCI 秘书长彼得·穆罗伊预计，到 2030 年全球保理业务总量将达到 10 万亿美元，复合年增长率增至 7%。中国的保理业务市场情况将如何呢？

由于保理业务与企业的经营交易、经济发展情况密切相关，因此，全球保理业务量受全球经济的影响明显，与各地区的经济发展程度、贸易交易额密切相关。一国的应收账款数额直接影响到该国的保理业务规模。

中国保理业务的潜在市场规模巨大。根据国家统计局数据，2012 年以来，全国规模以上工业企业的应收账款占流动资产的比重呈逐年增加的趋势。2019 年末，全国规模以上工业企业应收票据及应收账款 17.40 万亿元，比上年末增长 4.5%；而截至 2020 年 8 月末，全国规模以上工业企业应收账款 15.97 万亿元，同比增长 14.5%。这为中国保理业务提供了广阔的市场基础。

（二）保理业务良性发展的金融环境日趋改善

为确保我国保理业务的稳健发展，维护金融安全，国家相关部委、行业协会及监管机构连续出台了有利于保理业务发展的相关政策和管理制度，正在进一步搭建有利于保理业务稳健发展的平台及机制。这些措施对促进保理业务规范化发展、加大保理业务对实体经济的支持力度提供了支持，并建立了有利于保理业务良性发展的金融环境。部分重要措施包括以下几种。

在制度建设方面，《国务院关于印发社会信用体系建设规划纲要（2014—2020 年）的通知》提出了全面推动社会信用体系建设，包括加快征信系统建设、加快推进信用信息系统建设和应用、完善金融信用信息基础数据库、推动金融业统一征信平台建设、推进信用信息的交换与共享、建立健全信用法律法规和标准体系等内容。近年来，《征信业管理条例》等社会信用体系建设的相关配套制度和实施细则相继出台。

此外，政府层面从 2016 年开始，发布了系列推动供应链、供应链金融发展的指导意见或政策文件，规范供应链金融的发展，鼓励产品、技术等创新，并对风险管控给出指导意见。2020 年，新冠疫情暴发后，面对全球产业链因新冠疫情中断的困境、中小企业经营困难等问题，国家更是高度重视供应链金融，支持供应链产业链稳定、保护中小企业，发布的相关规章及法规比以往更具可操作性和前瞻性。

例如，2020 年 9 月 18 日，中国人民银行、工业和信息化部、司法部、商务部、国资委、市场监管总局、银保监会及外汇局共同发布《规范发展供应链意见》。《2020 年国际商会全球贸易金融调查报告》发现，银行提供的多数供应链金融技术是应收账款类融资。根据万联供应链金融研究院与中国人民大学中国供应链战略管理研究中心联合发布的《2019 中国供应链金融调研报告》，应收账款类融资同样在供应链金融技术中占比最大。大约

83.1%的供应链金融提供者使用了应收账款融资技术。《规范发展供应链意见》的出台及后续相关政策的落实将利好"保理"这一基于应收账款转让的综合性金融服务的发展，并将对资产质量安全及便利中小企业融资，维护金融安全起到重要推动作用。

在便利中小企业融资方面，《规范发展供应链意见》指出，"核心企业应严格遵守《保障中小企业款项支付条例》有关规定，及时支付中小微企业款项，合理有序扩张商业信用"，"推动金融机构、核心企业、政府部门、第三方专业机构等各方加强信息共享"，"探索提升供应链融资结算线上化和数字化水平"，"支持探索使用电子签章在线签署合同，进行身份认证核查、远程视频签约验证。支持银行间电子认证互通互认"，"提升应收账款的标准化和透明度"，"提高中小微企业应收账款融资效率。鼓励核心企业通过应收账款融资服务平台进行确权，为中小微企业应收账款融资提供便利，降低中小微企业成本。银行等金融机构应积极与应收账款融资服务平台对接，减少应收账款确权的时间和成本，支持中小微企业高效融资"，"维护产业生态良性循环。核心企业不得一边故意占用上下游企业账款、一边通过关联机构提供应收账款融资赚取利息。各类供应链金融服务平台应付账款的流转应采用合法合规的金融工具，不得封闭循环和限定融资服务方。核心企业、第三方供应链平台公司以供应链金融的名义挤占中小微企业利益的，相关部门应及时纠偏"。

在保理风险防范方面，《规范发展供应链意见》指出，"加强供应链金融配套基础设施建设"，"推动动产和权利担保统一登记公示"，"完善供应链金融政策支持体系"，"防范供应链金融风险"，"加强核心企业信用风险防控"，"严格防控虚假交易和重复融资风险"，"防范金融科技应用风险"，"严格对供应链金融的监管约束"，"强化支付纪律和账款确权。供应链大型企业应当按照《保障中小企业款项支付条例》要求，将逾期尚未支付中小微企业款项的合同数量、金额等信息纳入企业年度报告，通过国家企业信用信息公示系统向社会公示。对于公示的供应链大型企业，逾期尚未支付中小微企业款项且双方无分歧的，债券管理部门应限制其新增债券融资，各金融机构应客观评估其风险，审慎提供新增融资"，"加强供应链金融业务监管"。

例如，2020 年 7 月 5 日，国务院公布《保障中小企业款项支付条例》。该条例对机关、事业单位和大型企业和中小企业之间的支付期限及应收账款确权做了具体规定，这些规定均有利于中小企业的保理融资、有利于保理商的融资安全保障。例如，该条例第 8 条第 1 款规定，"机关、事业单位从中小企业采购货物、工程、服务，应当自货物、工程、服务交付之日起 30 日内支付款项；合同另有约定的，付款期限最长不得超过 60 日……"。第 14 条规定，"中小企业以应收账款担保融资的，机关、事业单位和大型企业应当自中小企业提出确权请求之日起 30 日内确认债权债务关系，支持中小企业融资"。

在系统建设方面，中国人民银行征信系统、全国企业信用信息公示系统（国家企业信用信息公示系统）中征应收账款融资服务平台、大湾区贸易金融区块链平台、国家外汇管理局跨境贸易区块链服务平台、海关总署的中国国际贸易单一窗口等项目相继上线运行。这些平台及系统建设将通过科技化手段便利保理服务、提高保理商的风险管控能力，并提升监管机构对保理业务的监督能力。

（三）保理业务稳健发展的法律环境趋于完善

为加强标准化建设，在保理业务定义、会计处理原则、经济资本占用等方面建立适合保理业务发展的标准化制度，监管机构分别针对银行保理业务及商业保理业务进行了制度规范。2014 年 4 月，中国银监会公布《商业银行保理业务管理暂行办法》。2019 年 10 月 18 日，中国银保监会办公厅发布《关于加强商业保理企业监督管理的通知》。

尽管如此，由于金融基础设施建设不完善等原因，近年来，针对保理纠纷案例日益增多，面对保理纠纷中纷繁复杂的问题，业内对保理立法的呼声越来越高。我国从最高人民法院到部分地方法院均公布了相关的指导建议，2018 年以来，最高人民法院民二庭深入展开了关于保理法律问题的系列调研工作，探讨在《民法典》分编中增加"保理合同"的可行性。这些均有益于促进保理纠纷审理过程中相关案件司法尺度的统一。

2020 年 5 月 28 日，《民法典》于十三届全国人大第三次会议审议通过，保理合同作为新增典型合同被纳入《民法典》，成为中国保理业务发展历程中的里程碑事件。《民法典》中保理合同的相关法条澄清了保理业务中受到关注的部分疑难问题，保障了善意保理人的权益，将为保理监管制度的修订及改善提供重要的立法依据，并将为促进并规范中国保理业务的发展起到重要作用。

（四）保理相关的信息技术环境飞跃发展

随着信息科技的飞速发展，电子商务的迅速崛起，在线贸易平台、分布式记账技术、光学字符识别、人工智能等技术均已在贸易金融的部分交易环节实现了应用。

应用科技解决方案不但操作便捷、改善用户体验，还可以减少操作时间及成本、降低操作风险及差错率、提高尽职调查准确率等。

信息化技术飞跃发展已然成为趋势，新冠疫情之后，数字化发展的速度呈现加速现象。信息技术将有利于保理商实时深入了解产业链的物流、信息流和资金流的运作，更准确地把握企业的融资需求，提高保理产品创新能力，防范保理业务的信用风险。

（五）保理行业的管理能力稳步提升

经过近30年的发展，保理商已经积累了相对丰富的经验，尤其是银行保理商，因此在内部制度建设、完善保理业务的全流程风险管控等方面，近年来均开始高度重视，包括但不限于客户准入、行业准入、贸易背景真实性核查、应收账款有效性查验（包括国内保理业务中增值税发票的融资时核查及融资后二次核验）、应收账款转让通知、应收账款回款监控等。

在产品创新方面，保理商也积极展开了保理产品创新，积极运用金融科技，提升保理服务数字化渠道服务水平。

在专业队伍建设方面，保理商同样也加强了包括保理营销、操作、贷后管理等保理综合性人才专业队伍建设。

在行业管理方面，中国银行业协会保理专业委员会及中国服务贸易协会商业保理专业委员会等专业性行业组织也相继建立了行业保理自律机制，以及保理业务规范、《商业保理术语》等标准化建设等工作。

中国的保理行业同时高度关注国际保理业务发展动态。目前，已有数位中国专家参与了国际商会、全球供应链金融论坛、FCI 等国际组织，部分专家还成为这些国际组织的领导层成员，参与供应链金融、保理等相关规则及实务的制定草拟等工作。这些工作将有利于发出中国的声音，反馈中国保理行业的诉求与建议，助力中国保理行业与国际接轨，以期实现中国保理业务的高质量、国际化、标准化发展。

保理行业在风险管控、产品创新、队伍建设等业务管理能力方面积累的经验至关重要。可以预期的是，保理行业的业务管理能力将稳步提升，并将为促进中国保理业务的法律法规、标准化、风险管控等建设方面提供宝贵的借鉴，为中国保理业务的稳健、可持续发展提供动能。

第二章

近年来涉保理合同纠纷司法裁判观点评析

丁俊峰[*]

---

* 丁俊峰，法学博士，长期从事贸易融资法律实务研究。

通过在中国裁判文书网以"保理有限公司"为关键词进行检索（当事人检索），我们发现，2019年度人民法院审结并作出判决的民事案件共计1817件，其中最高人民法院3件，高级人民法院6件，中级人民法院94件，基层人民法院1714件。因最高人民法院审理的3件案件均非保理纠纷，故本章主要以高级人民法院、中级人民法院和基层人民法院的判决作为分析样本。

一、商业保理公司涉诉案件司法审理概况

（一）2016年至2019年案件数量呈持续增长趋势

2016年诉讼主体涉及商业保理公司，法院审结并作出判决的民事案件为249件，分布地区前三位为：天津85件，广东47件，北京44件。2017年对应的案件数是486件，分布地区前三位为：北京137件，上海115件，江苏78件。2018年对应的案件数是1291件，分布地区前三位为：北京624件，上海246件，江苏93件。2019年对应的案件数是1817件，分布地区前三位为：河北1124件，江苏79件，北京（上海）78件[1]。通过对前述数据的分析，我们发现如下几个特点。

1. 商业保理公司涉诉的案件数量自2017年以后开始出现较大幅度递增

第一，诉讼案件数量的增减与保理行业业务量大小呈正相关。根据《中国商业保理行业发展报告（2017）》统计数据记载，2016年中国商业保理行业连续四年成倍增长，业务量已达5000亿元，融资余额超过1000亿元，2017年商业保理业务量达1万亿元。第二，诉讼案件数量的增减与从业机构

---

〔1〕 北京和上海并列第三，均为78件。

数量多少呈正相关。2017 年全国金融工作会议之后，商业保理企业数量出现爆发式增长。据中国银保监会有关部门负责人就《关于加强商业保理企业监督管理的通知》答记者问中的表述，截至 2019 年 6 月末，全国已注册商业保理企业 12 081 家，较 2018 年、2019 年初分别增加 4222 家和 540 家；全行业注册资金 8487 亿元，较 2018 年、2019 年初分别增加 1117 亿元和 457 亿元。2017 年全国注册的商业保理公司 8261 家。[1] 第三，保理立法及裁判指引缺失不利于商业保理公司进行法律风险防控。尽管相关部委、地方主管部门以及行业协会出台了规范文件，但不足以防控保理业务操作引发的主要法律风险，如保理交易的法律性质的界定，应收账款转让登记的法律效力等。天津、深圳前海等地方法院虽然出台了司法裁判指引，但未能形成全国范围内相对统一的裁判观点，影响力不够。此外，2018 年 4 月 20 日起，对商业保理公司的经营和监管规则的制定职责由商务部划给中国银保监会。中国银保监会办公厅于 2019 年 10 月发布《关于加强商业保理企业监督管理的通知》。在此之前长达五年之久的时间内，没有出台专门的关于商业保理公司监督管理的规章或者政策。当然，监管职责划转对于商业保理公司涉诉案件数量能够产生多大程度的影响，还有待后续观察。

2. 商业保理公司涉诉案件数量与地区保理业务发展水平相关

虽然广东特别是深圳地区注册的商业保理公司数量约占全国商业保理公司总数量的 70%，但广东地区商业保理公司涉诉案件并非全国最多。从近几年的统计数据可见，北京、上海、江苏等地是国内保理纠纷案件数量比较集中的地区。可见，商业保理公司在注册地之外从事保理业务是比较普遍的现象。此外，需要特别说明的是，虽然 2019 年河北地区商业保理公司涉诉案件数量剧增，且案件数量超过 1000 件，但经初步研判发现，河北地区商业保理公司涉诉案件数量剧增的主要原因是，出借人利用网络贷款平台完成出借义务后，借款人到期无力归还借款，则以商业保理公司的名义受让债权，其实质仍然是民间借贷纠纷。

---

[1]《银保监会有关部门负责人就〈关于加强商业保理企业监督管理的通知〉答记者问》，载 https://www.cnstock.com/v_news/sns_bwkx/201910/4446698.htm，最后访问日期：2020 年 9 月 2 日。

3. 商业保理公司涉诉案件数量的绝对数在基层人民法院

2017 年，全国基层人民法院案件数量为 492 件、中级人民法院案件数量为 37 件、高级人民法院案件数量为 3 件。2018 年，全国基层人民法院案件数量为 1366 件、中级人民法院案件数量为 131 件（其中一审案件数量为 23 件，二审案件数量为 108 件）、高级人民法院案件数量为 12 件（其中一审案件数量为 3 件，二审案件数量为 9 件）。可见，2018 年全国基层人民法院案件上诉率 7.9%，中级人民法院案件上诉率为 39%。2019 年，全国基层人民法院案件数量为 2310 件、中级人民法院案件数量为 138 件（其中一审案件数量为 39 件，二审案件数量为 96 件）、高级人民法院案件数量为 11 件（其中一审案件数量为 2 件，二审案件数量为 9 件）。可见，2019 年基层人民法院案件上诉率 4.2%，中级人民法院案件上诉率为 23%。结合全国法院相关统计结果，全国基层人民法院涉商业保理公司纠纷案件的上诉率要低于普通民事案件的上诉率。可以初步判断，人民法院对于保理合同纠纷处理结果的总体把握是符合商业模式设计初衷的，能够实现对于提供保理服务（融资）一方的司法保护。

（二）商业保理公司涉诉案件的主要特征

1. 诉讼主体、诉讼请求与裁判结果

因保理业务引发的纠纷，商业保理公司作为原告提起诉讼是比较常见的。2019 年商业保理公司涉诉案件中，保理公司作为原告的案件数量约为 1341 件，占比 73.8%；商业保理公司提出的诉讼请求会因为纠纷性质、保理业务类型而有所区别。例如，商业保理公司依据汇票提起诉讼的，一般是将票据的前手作为被告，要求其承担连带还款责任，款项利息计算标准多是参照同期贷款利率标准，而并不主张应收账款债权或者保理预付款返还。并且，不同的保理交易类型，商业保理公司起诉的被告和诉讼请求内容亦存在差异。

在有追索权保理当中，商业保理公司诉讼请求包括：（1）要求被告公司回购本案所涉应收账款；（2）要求支付违约金；（3）要求被告公司承担案件诉讼费、保全费、律师费、保全担保费、公告费等原告为实现债权所支付的费用；（4）判令其他被告对所负前述全部债务承担连带保证责任。在无追索权保理当中，商业保理公司诉讼请求内容包括：（1）要求支付保理融资款本金及逾期利息；（2）要求承担违约金（违约金按未付本金日息万分之五计算）；（3）承担因诉讼发生的律师费、诉讼费等费用。总体而言，商业保理公司的诉讼请求主要包括：（1）返还本金；（2）利息和违约金；（3）保理服务费、律师费等其他损失。保理案件裁判结果上，多数案件均支持应向商业保理公司返还本金和利息、违约金，但具体的利息、违约金的计算标准并不统一。

一般而言，保理合同纠纷案件的胜诉率是比较高的，初步分析，原因可能有：（1）因为商业保理融资原则上是期限为 6 个月左右的短期融资，融资时间较短，风险也比较可控。（2）商业保理中，第一还款来源是融资企业向其提供商品或者服务的供应商等核心企业，商业保理公司受让的只是融资企业对外已经产生的无争议的应收账款债权，而不是融资企业本身的经营风险。（3）国内商业保理公司多是采用有追索权保理业务，多数商业保理合同中也会约定融资企业具有回购应收账款的义务，进一步降低了商业保理公司的风险。（4）票据保理纠纷中由于票据的无因性的法律特征，商业保理公司规避了交易纠纷带来的风险。（5）人民法院在审理保理合同纠纷时，充分注意到保理业务具有融资功能，即商业保理公司开展业务的商业预期是能够收回保理融资款并获得资金利润。

2. 人民法院裁判思路分析

根据中国裁判文书网的关键词统计结果，我们发现，2016 年商业保理公司涉诉案件出现频率最高的关键词是合同、融资、利息、利率；2017 年商业保理公司涉诉案件出现频率最高的关键词是合同、融资、利息、利率；2018 年商业保理公司涉诉案件出现频率最高的关键词是合同、违约金、融资、合同约定；2019 年商业保理公司涉诉案件出现频率最高的关键词是利率、合同、利息、民间借贷。

保理纠纷属于一种合同纠纷，多数案件都涉及融资、利息和违约责任，其裁判结果表现出如下特点：第一，就案由角度而言，商业保理公司涉诉案件主要包括保理合同纠纷、合同纠纷（其他合同）、借款合同纠纷（民间借贷纠纷）、债权转让合同纠纷、票据付款请求权纠纷。相对而言，因保理交易引发的诉讼纠纷，上海地区法院以保理合同纠纷作为案由的数量较多。第二，就裁判结果角度而言，绝大多数判决均支持保理公司的本金返还和利息支付。由此可见，保理业务合同文本中约定了本金、利息；人民法院判决中利息/利率。本金返还等关键词高频出现；当事人（代理律师）诉讼请求的内容多是返本付息。在裁判文书的论理部分也能够看到这样的表述："保理合同生效后，保理商依约向应收账款的卖方支付保理预付款，保理商实际履行的是一种资金出借行为。"因此，当前保理纠纷的审理思路上，人民法院的裁判观念在一定程度上受借贷纠纷裁判观点的影响，借贷概念被放大化使用。保理业务脱离保理金融功能的本质，保理裁判亦会脱离保理交易规则的本质。

3. 案件事实呈现出的保理业务的特点

从收集的样本裁判文书来看：第一，商业保理公司的涉诉案件，绝大多数是基于保理业务发生的诉讼。并且保理合同纠纷以有追索权保理业务为主，这与国内保理业务以有追索权保理业务为主有关。第二，除保理业务之外，商业保理公司开展与票据有关的业务，比较常见的是基于基础交易合同直接背书受让票据作为应收账款转让。[1]第三，开展应收账款收购业务，直接购买债权。具体而言，一种是直接受让金钱债权，[2]另一种是受让经由P2P平台形成的打包金钱债权。[3]第四，开展应收账款资产证券化业务，比如，商业保理公司作为投资人机构开展资产证券化，还有直接作为管理人机构开展资产证券化。此外，还有很少一部分商业保理公司直接开展小额贷款业务、动产质押监管人业务[4]以及居间售房业务[5]。

---

〔1〕　如（2019）沪74民终254号、（2015）民二终字第134号。

〔2〕　如（2018）苏02民初165号。

〔3〕　如（2019）冀0304民初3039号、（2019）冀0304民初2600号、（2019）冀0131民初3817号。

〔4〕　如（2019）鲁01民终9676号。

〔5〕　如（2018）粤03民终22917号。

2019 年中国银保监会办公厅发布了《关于加强商业保理企业监督管理的通知》，对于商业保理公司在依法合规经营方面做了诸多规定，强调商业保理公司回归本源，专注主业，明确提出商业保理业务应当基于真实交易的应收账款，框定商业保理公司的经营范围除传统四大服务项目之外还包括客户资信调查与评估，与商业保理相关的咨询服务。最为重要的是开出了商业保理公司不得从事的经营行为负面清单。据此，2020 年以后的保理纠纷裁判中，上文所述案件中呈现出的商业保理公司开展的不同业务，会面临诸如超过经营范围的交易行为法律性质和效力的认定，非基于真实交易形成的应收账款转让的法律性质的认定，商业保理公司经营行为负面清单所涉业务的法律效力的认定等。

二、保理合同诉讼焦点问题及裁判观点

（一）焦点问题一：保理商行使追偿权与应收账款请求权的关系

1. 支持追索权与应收账款请求权合并审理

从样本案件来看，商业保理公司倾向于同时提出两项权利主张。对此，法院裁判多是认可该两种请求权是可以合并审理的。如（2019）粤 01 民终 8393 号案中，法院裁判认为，基于不同原因的两个债权请求权，均具备请求权基础，且法律对此并无明确限制，故可在禁止双重受偿的前提下均予以支持。也有判决明确了对于该两种请求权应合并审理的观点，如（2019）沪 74 民终 418 号案中，一审法院认为，两种法律关系共同构成了一笔完整的保理融资交易业务，具有整体性，在不违反相关法律规定的情况下，两种法律关系宜作一案处理。

实践中，亦存在保理商分别起诉的情形。如（2019）豫 01 民终 12602 号案中，案涉交易是一个有追索权的明保理业务。商业保理公司先提起一个诉讼向基础交易债权人主张尚欠的保理预付款，法院裁判认为构成借贷法律关系并判决返本付息。因基础交易债权人无力偿还，商业保理公司又起诉基础交易债务人给付应收账款（尚欠保理预付款数额）。该案一审法院的裁判观点有二：一是保理公司在本案中要求债务人清偿债务的诉讼请求能否得到

支持，取决于其另案提起诉讼是否应认定为已经行使了解除债权转让合同的权利，将债权返还给债权人。另案诉讼在性质上属于要求债权人归还保理预付款及利息的追索权，并非债权的反转让（合同约定了先后履行顺序）。二是对保理公司有追索权的保理业务中，在债权未获清偿的情况下，保理公司不仅有权请求基础合同的债务人向其清偿债务，同时有权向基础合同债权的让与人追索。

进一步而言，基础合同由债务人或者第三人提供了担保，随着主债权的转让，原则上从权利亦应当一并转让，由此亦产生了担保法律关系合并审理的问题。从样本案件来看，并未出现担保人对保理商提出是否合并审理或者管辖权异议的情况。如上所述，在两种不同请求权基础的权利一并主张时，因保理合同与基础合同中约定的争议解决条款不同，由此产生了，人民法院在一并审理时审查管辖权异议时应如何认定的问题。在调研中，这一问题一直是保理业界反映最为集中的问题之一。但从样本案件的情况来看，在诉讼中，发生管辖权争议的情形相对减少了。依笔者观点，保理商向保理合同约定的管辖法院或者法定管辖法院同时起诉应收账款债务人、债权人，在立案时，人民法院应当告知保理商其对应收账款债务人的诉讼不属于该院管辖，保理商有权撤回相应的诉讼请求（或者重新起诉）。如果保理商坚持起诉而应收账款债务人提起管辖权异议的，人民法院应当将全案移送至基础合同约定的管辖法院或者依据基础合同确定的法定管辖法院（笔者另文阐述具体内容）。

2. 保理商一并起诉时的诉讼请求及裁判文书认定

从样本案例情况来看，保理商在同时起诉时，有请求应收账款债务人、债权人承担连带责任的，也有请求应收账款债务人或者债务人承担给付应收账款债权或者保理融资款本息的，同时另一方在前者不能清偿的范围内承担还款责任（或者赔偿责任）。就统计上而言，司法裁判对于保理商主张连带责任多数是不予支持的。如（2019）沪74民终517号案中，法院裁判认为，连带保证责任系根据当事人在民事活动中自治、自愿约定而确定的责任，基础交易债权人并未签署保证合同表示愿意承担连带清偿责任，保理公司请求基础交易债权人承担连带清偿责任并无法律和合同依据。

应收账款债务人、债权人承担责任的范围、顺位和性质，与相应的保理合同条款的设计息息相关，而司法裁判对商事交易的意思自治保持着比较一贯的尊重。因此，不同的保理商或者针对不同行业的应收账款，有追索权保理交易结构的设计并不完全相同，包括但不限于应收账款支付+追索权（应收账款反转让或者应收账款回购+返还保理融资款及利息）的制度中进行选择和组合。

（1）司法裁判明确认定保理商不得重复受偿。如（2019）沪74民终263号案中，法院裁判认定，基础交易债权人支付融资本金及相应逾期利息的义务与基础交易债务人支付应收账款及相应逾期违约金的义务构成不真正连带义务，任何一方债务的清偿行为将导致另一方债务的减轻或消灭，保理公司不得重复受偿。如（2019）粤01民终8393号案中，法院裁判文书表述：保理公司在本案中可获取之主债权利益范围以判项第二项确定之金额为限，不可同时兼得判项第一项、第二项之利益（判决主文第一项是关于应收账款，第二项是关于保理预付款）。如（2019）沪74民终263号案中，法院裁判文书表述：基础交易债务人、债权人任何一方对上述第一项、第三项债务的清偿行为，构成另一方上述第一项、第三项债务的减轻或消灭，同时上述第二项逾期违约金、第四项逾期利息的计算基数于清偿次日相应减少，任何一方对上述第二项、第四项债务的清偿行为，构成另一方上述第四项、第二项债务的减轻或消灭，保理公司不得重复受偿。如（2019）渝05民终4740号案中，法院判决文书的表述：第二项确认保理公司享有的保理预付款及利息的数额；第三项是债务人向保理公司应当支付的应收账款数额；第四项是债权人向保理公司支付上述第二项判决确定的债务总额扣减第三项债务后的剩余部分；第五项是债权人对债务人就上述第三判项确定的债务范围内不能清偿的部分承担支付责任。

（2）保理合同约定债权人回购应收账款或者反转让应收账款条款，如（2019）京03民终9704号案中，法院裁判认为，基础交易债权人向保理公司承担回购责任后，保理公司对债务人享有的应收账款债权返还给债权人，债务人对保理公司的给付责任亦相应免除。在具体裁判文书的表述上，并未形成标准化的表述方式。如（2019）京03民终9704号案中，法院判决文书表述：债权人对上述第三项、第四项给付事项（应收账款债务）在保理融资本金2180万元及自2018年11月24日起至实际给付之日止以保理本金2180万元为基数，按照年利率18%标准计算的逾期回购罚息范围内对债务人的上述债务向保理公司承担回购责任。如（2019）沪74民终418号案中，法院判决文书表述：第一项是债务人应当偿还应收账款；第二项是若债务人届期未能足额履行上述第一项付款义务，债权人应在保理融资本金、律师费损失费、逾期违约金的范围内向保理公司归还债务人未履行部分的款项；第四项是若债权人履行了上述第二项付款义务，则保理公司享有的本判决第一项应收账款债权转回至债权人，免除债务人就该应收账款债权向保理公司的偿还责任。如（2018）苏02民初165号案中，法院裁判文书表述：第一项是债务人偿还应收账款；第二项是债权人对债务人第一项债务清偿不足部分在反转让价款范围内按照反转让价款与应收账款0.89∶1的比例向保理公司承担回购责任，并支付逾期支付反转让价款的违约金；第三项是债务人清偿部分或全部货款，则免除债权人对应比例或全部回购责任，债权人支付部分或全部反转让价款，则保理公司享有的对债务人对应比例或全部应收账款债权回转至债权人。

可见，保理商同时主张两个请求权之间的关系问题，在学理上涉及对保理交易结构法律性质的认识。一段时间以来，形成了让与担保说和债权转让说两种不同观点。对此，本章不专门介绍和分析。通过对样本案件的分析，本章至少可以得出以下几点结论：第一，在保理合同中未明确约定应收账款债务人、债权人承担连带责任的情形下，法院裁判一般不予支持保理商主张的应收账款债务人、债务人承担连带责任的诉求。第二，法院裁判观点旗帜鲜明地坚持保理商不得重复受偿的认识。值得注意的是，司法裁判充分尊重保理合同的约定，在裁判保理商受偿顺位上，第一顺位是应收账款债务人应当承担偿还应收账款的义务。第三，关于清偿范围上，已经初步形成了不真正连带责任承担的处理思路。在应收账款债务人履行债务之后，保理商对于债权人的请求权消灭；在应收账款债权人偿还融资款本息等费用后，视为从保理商处回购应收账款债权；在应收账款债务人不能承担全部还款责任时，应由债权人共同承担还款责任，对于债权人承担部分按照所占应收账款额度的比例，从保理商处回购（或者反转让）相应比例的应收账款债权。总之，在司法审判中，保理商的诉讼请求并不完全与裁判认识相一致，建议在审理程序中进行释明，在裁判文书中应当全部予以表述。

（二）焦点问题二：以基础合同（应收账款）作为抗辩事由

保理商取得基础合同中债权人的法律地位后，应收账款债务人向保理商主张的抗辩事由原则上是基于基础合同形成的对债权人的抗辩，范围应以基础合同债权为限。具体内容包括：因基础合同履行产生的诉讼时效完成的抗辩、债权不发生的抗辩、债权消灭的抗辩、基于形成权行使的抗辩（如合同被撤销、被解除、被撤销）、基于双务合同的抗辩（如同时履行抗辩、不安抗辩）以及诉讼程序上的抗辩（诉讼管辖协议的抗辩、仲裁的抗辩）等。在司法实践中，应收账款债务人对保理商提出的抗辩事由五花八门，但最为常见、典型的是应收账款债务人以保理商未完全履行对基础交易关系的审查义务、基础交易虚假为由，拒绝履行付款义务。从样本案例的研究分析来看，可以进一步区分为基础交易债权人提出抗辩事由还是基础交易债务人提出抗辩事由。

1. 基础交易债权人的主要抗辩事由

（1）基础交易虚假。如（2019）粤 03 民终 18077 号案中，基础交易合同的债权人主张其与保理公司所订立的《商业保理合同》无效，理由系该保理合同的基础合同即《承揽合同》并不真实存在，该合同项下的应收账款属虚构。对此，法院裁判认为，依据《合同法》第 52 条的规定，本案即使存在债权人利用欺诈手段导致保理公司与其签订保理合同的情形，因不存在损害国家利益等情形，故本案不存在法定的无效情形。且即使存在因债权人利用欺诈手段导致保理公司与其签订保理合同，亦属可撤销合同，债权人作为欺诈一方无权主张撤销，以此获利。如（2019）京 02 民初 73 号案中，基础交易的债权人抗辩保理合同中涉及的应收账款是无效、虚假的。法院裁判认为，诉争《委托加工合同》并非真实存在，但是并非当然导致诉争保理合同的合同性质发生变化。因为《委托加工合同》并非真实存在，只能说明保理融资人并非具有保理融资的意思表示，还要考察保理公司对《委托加工合同》并非真实存在主观上是否系明知，即保理公司亦不具有保理融资的意思表示，才能根据双方的真实意思表示判断合同的性质。债权人不具有保理融资的真实意思表示，构成了对保理公司的欺诈，保理商有权选择请求法院变更或者撤销或者继续履行保理合同。

（2）应收账款的转让未经公司内部决策同意。如（2019）粤03民终4103号案中，基础交易合同的债权人主张债权人转让债权（应收账款）无效，理由是该转让未经公司决策机关讨论通过。对此，法院裁判认为，交易一方内部的决策流程如何，作为外部交易对方通常没有审查与注意义务，除非法律对此有明确规定。而且，从证据角度来看，债权人亦没有提交任何证据证明债权人转让应收账款的行为系违反公司内部决策流程。故债权人的此项辩称纯属为抗辩而抗辩。

（3）应收账款债权为共有债权，一方债权人叙作保理业务，未取得另一方债权人的同意。如（2019）京02民终11701号案中，法院裁判认为，保理公司未能举证证明另一方债权人同意一方债权人代表承包联合体向保理公司转让涉案应收工程款债权的情况下，现有证据不足以证明一方债权人对涉案应收工程款债权享有单独处分即转让的权利。

（4）基础交易合同约定应收账款不得转让条款。如（2019）冀01民终4755号案中，法院裁判认为，基础交易债权人将应收账款转让给保理公司，该转让行为不符合案涉框架合同的约定，应无效。

2. 基础交易债务人的主要抗辩事由

（1）保理公司未尽审查义务，债权人涉嫌合同诈骗。如（2019）沪74民终14号案中，法院裁判认为，债务人所称的债权人涉嫌利用基础交易合同诈骗犯罪的行为与本案并非同一法律关系，并不影响保理公司寻求民事救济的权利；保理公司已对交易等相关情况进行了核查，其据此与债权人签署保理合同并无不当，债务人称保理公司未对合同尽审核之职实属过于苛求。司法实践中，应收账款债务人还会提出发票的记载内容如货号、品名记载不完全一致，保理商未按照商业银行法或者保理商内部的业务流程实施审查等理由。

（2）基础交易合同未履行或未收货。如（2019）沪 74 民终 14 号案中，法院裁判认为，债务人向保理公司出具的确认书，已使保理公司有充分理由相信应收账款真实存在，其不得再以涉案购销合同未完全履行进行抗辩。

（3）债务人签收应收账款转让通知、发出债务确认书（或者承诺书）的印章虚假或者并未作出真实意思表示。[1]

裁判中应收账款债务人、债权人提出的种种抗辩事由，普遍存在诉辩意见过于"业余"，为了抗辩而抗辩的问题。主要原因是有相当一部分当事人对于保理交易结构中不同法律关系联结带来的法律问题认识不清楚、研究不深入。根据样本案例初步分析有如下意见。

第一，应当明确抗辩事由的基本范畴。保理人取得基础合同中债权人的法律地位后，应收账款债务人向保理商主张的抗辩事由原则上是基于基础合同形成的对债权人的抗辩，范围应以基础合同债权为限。而保理人作为债权受让人，是否尽到审查义务，包括保理人开展业务中的监管规则，如商业银行法、商业保理公司监督管理办法等，并非基础交易合同关系中的抗辩事由。应收账款债务人以此作为对保理商付款请求权的抗辩理由，没有法律依据。在司法实务中，有不少裁判观点将之作为认定保理人分担（或者承担责任）的事实基础，混淆了民事责任和行政责任的界限。应收账款债务人据此向保理商拒绝付款，依法不应予以支持。

第二，虚假基础交易对保理合同效力的冲击程度应区别对待。应收账款债权人抗辩债权转让行为未经授权或者基础合同虚假，目的在于免除（或者减轻）保理合同项下的还款义务。法院裁判观点一般均未予以支持，笔者亦表示赞同。对于应收账款债务人主张基础交易虚假，包括尚未收到或者根本无货交易、虚构基础交易、签收应收账款转让通知或者出具确认承诺文件的并非授权人员（印章虚假）等，就当前的司法裁判观点而言，强调诚实信用原则应当贯穿于民事交易、民事程序始终，强化对守法守约者诚信行为的保护，加大对违法违约行为的制裁。在当事人之间合理分配责任，不能使不诚信的当事人因合同不成立、无效或者被撤销而获益。《民法典》第 763 条

---

[1] 参见陕西省高级人民法院（2021）陕民终 779 号民事判决书。

对当事人虚构基础交易的问题作出了明确的规定。

第三，在应收账款债务人抗辩中关于印章或者是否构成表见代理问题，涉及商事交易商的外观主义原则的运用。目前主流裁判观点是"认人不认章"。[1]具体而言，公章的效力不等于名义人意思表示的效力，不能以书面合同加盖了印章，就直接判定当事人的意思表示内容。印章的使用具有将名义人作为主体与书面意思表示内容相联结的效力，即作出该书面意思表示的主体与公章所示主体具有同一性。而意思表示的效力要根据其内容及形成过程进行综合判断，盖章行为只是把特定主体与特定意思表示内容联系到一起。在司法实务中，对公司印章等涉及交易外观主义的裁判规则尚无统一认识，还需要大量的司法裁判的经验积累，目前还是比较混乱的。此外，基础交易当事人还会提出"民刑交叉"的抗辩事由。就诉讼思路而言，在保理人提出付款请求时，对方当事人的"有效"抗辩应当是无付款义务或者付款条件尚未成就或者是付款数额有异议，而"民刑交叉"抗辩则会产生不应受理或者中止审理或者移送的结果。一旦该抗辩意见不被采纳，会导致当事人并未提出"有效"的抗辩事由。

（三）焦点问题三：名为保理实为借贷的合同效力

2015年最高人民法院发布的《关于当前商事审判工作中的若干具体问题》中关于保理合同纠纷案件的审理问题，专门针对虚构基础合同，以保理之名行借贷之实的情况，提出从是否存在基础合同、保理商是否明知虚构基

---

〔1〕　参见《最高人民法院关于适用〈中华人民共和国民法典〉合同编通则若干问题的解释》第22条规定："法定代表人、负责人或者工作人员以法人、非法人组织的名义订立合同且未超越权限，法人、非法人组织仅以合同加盖的印章不是备案印章或者系伪造的印章为由主张该合同对其不发生效力的，人民法院不予支持。合同系以法人、非法人组织的名义订立，但是仅有法定代表人、负责人或者工作人员签名或者按指印而未加盖法人、非法人组织的印章，相对人能够证明法定代表人、负责人或者工作人员在订立合同时未超越权限的，人民法院应当认定合同对法人、非法人组织发生效力。但是，当事人约定以加盖印章作为合同成立条件的除外。合同仅加盖法人、非法人组织的印章而无人员签名或者按指印，相对人能够证明合同系法定代表人、负责人或者工作人员在其权限范围内订立的，人民法院应当认定该合同对法人、非法人组织发生效力。在前三款规定的情形下，法定代表人、负责人或者工作人员在订立合同时虽然超越代表或者代理权限，但是依据民法典第五百零四条的规定构成表见代表，或者依据民法典第一百七十二条的规定构成表见代理的，人民法院应当认定合同对法人、非法人组织发生效力。"

础合同、双方当事人之间实际的权利义务关系等方面审查和确定合同性质。如果确实是名为保理、实为借贷的，仍应当按照借款合同确定案由并据此确定当事人之间的权利义务。这段表述是最高人民法院判定保理纠纷是否定性为"名为保理、实为借贷"的重要裁判思路。2020年《民法典》第763条规定应收账款债务人、债权人虚构应收账款的，应收账款债务人不得对抗保理商。应当说，《民法典》相对于之前的裁判认识而言，进一步明确了"应收账款不存在"场合下的法律适用。

1. 从保理业务的交易属性和业务环节完整性角度来判断

如（2019）豫01民初1457号案中，法院根据保理公司提供的证据材料，认定案涉保理合同的实际履行集中在保理融资方面，而其他保理业务环节有所欠缺，不符合保理业务的实质特征。需要注意的是，该案在认定案涉交易系名为保理、实为借贷的情形下，进一步认定案涉保理合同和担保合同系依法成立并生效的合同，双方均应履行，基础交易债权人未按约定还款，应承担还款及违约责任。还有裁判观点认为，通常情况下，应收账款先到期是保理融资设计的第一还款来源。但如果出现融资期限先于应收账款到期的情形，对于保理交易的法律性质的认定是否存在影响呢？如（2019）沪74民终823号案中，法院裁判认为，基础交易债务人开具的商业承兑汇票到期日为2017年3月5日，而保理合同约定融资届满日为2016年12月1日，若保理公司受让的应收账款超过该日未及时足额收回，保理公司即可主张基础交易债权人回购，可见融资期限与基础债权债务关系的履行期限不具有关联性，基础交易债权人实际需按照固定的融资期限偿还本息，故本案虽名为保理法律关系，实际上应以借款法律关系认定双方的权利义务。

2. 法院裁判判断交易性质的基本步骤

首先，应当从整体交易结构出发，解剖交易环节中的各方主体在交易中发挥的作用，而不能仅仅根据当事人起诉主张的合同双方当事人之间的法律关系性质进行审理。如（2016）京03民初94号案中，保理公司与P2P网络借贷结合的情形下，保理公司与平台投资人均委托平台公司匹配交易对手，平台公司通过系统撮合，自动生成平台投资人与保理公司之间的电子《应收账款转让及回购协议》，约定由保理公司将其保理业务项下的应收账款转让给平台投资人，平台投资人同时委托保理公司代为管理和催收应收账款，期限届满后保理公司溢价回购应收账款。对此，法院裁判认为，保理公司收到的转让款实际为借款，其应支付的回购款实际为还款，回购溢价率实际为利率，回购溢价款实际为利息。主要理由包括，基础合同标的缺乏真实性与针对性；保理公司与平台投资人之间并无应收账款转让回购的意思与行为；保理公司与平台投资人的权利义务符合民间借贷法律关系的特征。

其次，依据《民法典》第 146 条确定真实法律关系。上述案件中，法院裁判认为，虚伪表示背后隐藏的民事法律行为体现了双方当事人的真实意思，原则上不应否定其效力，而应当按照该行为自身的效力要件予以判断。

最后，该真实交易行为是否违反了刚性金融监管要求。上述案件中，法院裁判认为，从涉案交易模式的实际影响来看，虽然存在期限拆分、归集资金的情形，但是通过设立风险备付金额的方式起到了增进借款人信用的效果，与《网络借贷信息中介机构业务活动管理暂行办法》对网络借贷平台信息中介的定位存在冲突，且《网络借贷信息中介机构业务活动管理暂行办法》仅系部门规章，不属于《合同法》第 52 条第 5 项中"法律、行政法规"的范畴，不宜仅以交易行为违反《网络借贷信息中介机构业务活动管理暂行办法》规定即否定其效力。故上述违反监管规定的行为既未损害平台投资人利益，亦未产生系统性风险，故不存在《合同法》第 52 条第 4 项损害社会公共利益导致合同无效的情形。

无论是《民法总则》《合同法》还是《民法典》对于法律行为效力的认定，均有明确的法律规定。在保理交易中，交易环节的完整性和具体规则设计是否能够直接影响保理交易法律属性的认定，需要进一步斟酌。从法律上讲，因交易文本设计影响交易法律性质认定的最主要的法条依据是通谋虚伪意思表示规则。因此，应当从认定当事人意思表示角度出发，而不是简单地、单独地从某一交易环节的完整性或者个别交易规则得出结论。在多数情况下，保理交易构成虚伪行为，真实行为一般都被认定为借贷。而关于借贷合同的效力判断，司法实践中应当结合借款性质（为生产、经营需要的临时周转性借款）、借款来源（禁止转贷）、借款用途（禁止从事违法犯罪活动）、是否违背社会公序良俗（扰乱金融秩序）、是否违反法律或行政法规等强制性规定（如金融主管部门禁止企业间办理或变相办理融资借贷业务）以及是否存在《民法典》第 154 条规定的其他无效情形综合进行判断。此外，上文提及的（2019）豫 01 民初 1457 号案件，在认定保理合同无效之后，运用了法律行为效力转换规则，认定保理合同项下的担保合同继续有效，并为借贷合同的履行承担担保责任。这一做法值得肯定，需要注意的是，应当甄别担保人的担保意思表示，是为保理合同的履行抑或保理融资人的还款提供担保。

（四）焦点问题四：与票据有关的保理纠纷

1. 票据付款请求权与保理付款请求权的关系

在保理合同有效、票据作为应收账款债务人支付手段的场合，保理人作为应收账款债权票据持有人身份提出的请求权与作为保理合同的债权人提出的请求权到底是并存关系、选择关系还是排斥关系。在司法实务中，有裁判观点认为当事人具有选择权。如（2019）沪 74 民终 825 号案中，法院裁判认为，本案系票据追索权纠纷，保理公司与保理融资人之间保理合同的性质是保理合同还是借款合同，不影响本案票据追索权纠纷的审理，保理公司有权依据票据法向其前手及出票人主张票据责任，因此，保理公司依据票据关系起诉票据当事人的还款责任。在法院判决之后，保理公司又依据保理合同起诉基础交易债权人承担逾期资金占用费、逾期违约金、催收费、实现债权的费用等。法院裁判认为，保理公司在另案提起的票据诉讼与本案诉讼，系基于不同的法律关系提起的不同诉讼，故保理公司基于其与基础交易债权人之间签订的保理合同主张违约金并不属于重复诉讼。

保理人取得基础交易合同形成的票据权利，保理人主张票据付款权利形成票据付款请求权。在这一类案件中，被告一方的抗辩理由主要包括以下几种类型。

第一，抗辩保理公司取得票据未支付对价。如（2019）京 03 民终 1807 号案中，对方当事人提出本案系保理合同纠纷，保理公司未举证证明履行保理合同义务，其取得票据没有支付对价。对此，法院裁判认为，案涉电子商业承兑汇票到期被拒绝付款，基础交易债务人作为出票人、基础交易债权人作为背书人，保理公司要求出票人承担兑付责任、背书人承担连带责任，应予以支持。持相同裁判观点的还有（2019）沪 74 民终 825 号案，法院裁判认为，保理公司基于保理合同受让债权，以此取得相关票据。保理公司也已根据保理合同的约定，向基础交易债权人支付相应的保理融资款，已给付了双方均认可的对价。

第二，抗辩保理公司取得的票据并未基于真实交易关系产生。如（2019）沪 74 民终 825 号案中，法院裁判认为，保理公司与基础交易债务人并非票据上的直接前后手，双方之间并无基础交易关系。基础交易债务人称无真实交易，即便该主张属实，亦不得以此对抗保理公司。基础交易债务人也无证据证明保理公司明知该情形而取得涉案票据。

第三，抗辩保理公司取得票据应视为履行了清偿保理融资款的义务。如（2019）沪 74 民终 418 号案中，法院裁判认为，因系争交易各方并未约定交付票据后基础债权即消灭，保理公司亦未实现票据付款请求权，表明其未能收回基础交易债权人转让的应收账款，故其有权在既享有保理融资款追索权又享有票据追索权的情形下择一行使，其可主张保理融资款追索权。

2. 无基础交易的"票据保理"或者票据贴现业务

在保理交易中，还存在运用票据的融资功能，进行票据贴现或者直接流转票据的方式。从收集的样本案例来看，主要存在以下几个问题。一是对于保理公司向应收账款债权人主张票据权利与其向应收账款债务人、债权人主张保理合同项下权利之间的关系如何认定。实践中，保理公司依据保理法律关系起诉基础交易债务人、债权人承担连带责任等，案件受理后，保理公司又依据票据法律关系，以应收账款债权人作出票据付款人提起诉讼，请求支付票据款项。如（2018）粤 0304 民初 15831 号案中，保理公司作为商业承兑汇票持有人，以票据权利无法实现为由在深圳市福田区人民法院提起诉讼，深圳市福田区人民法院以该案与（2019）粤 03 民终 18077 号案件构成重复诉讼为由，裁定驳回保理公司的起诉。

二是对于该类交易形态，交易合同效力的认定。司法实践中，有法院裁判仅对保理公司持有票据作形式审查，对于保理公司取得票据的交易模式或者交易的本质不作具体分析。如（2019）鄂01民终2764号案中，借款人与保理公司签订《质押借款协议》，约定由借款人向保理公司借款，并将汇票背书转让给保理公司，背书依次连续。法院裁判认定保理公司享有票据权利并支持其诉讼请求。也有案件中，法院裁判直接根据保理公司持有票据（且并未进一步查明票据取得原因）认定其享有票据法上的权利，支持保理公司的票据付款请求权，如（2019）陕01民终926号案[1]中。并且在债权人对保理公司取得票据合法性提出抗辩时，如（2019）渝01民终8814号案中，法院裁判认为，对于监管机构要求从事保理业务而对客户及交易等相关情况尽职调查、材料审核，属于业务指导及监管规定，目的在于防止客户恶意骗取融资。即使保理公司的保理业务存在前述瑕疵，也不构成票据法上的重大过失，不影响其享有票据权利。与此相反，也有法院运用穿透式审判方式，查明案涉交易的本质。

如（2019）川01民终15689号案中，法院裁判认为双方签订的《票据融资理财委托协议》虽名为委托协议，但从协议内容及履行方式上看，实际系票据贴现协议。因票据贴现属于国家特许经营业务，而保理公司并未提交证据证明其已取得中国人民银行票据贴现业务许可，故案涉行为属于向不具有法定资质的当事人进行"贴现"的行为，应当认定为无效。

笔者认为，相对而言，保理业务中加入票据元素，更多的是为了发挥票据的融资功能而不是支付功能。因此，对于案件裁判发现票据发挥融资功能的场合下，应当谨慎对待交易本质的判定，确定票据在保理业务中发挥的功能和作用。一般而言，主要交易结构包括：（1）先保理后票据，即在保理人从应收账款债权人处受让应收账款之后，应收账款债务人向保理人签发/转让票据；（2）先票据后保理，即应收账款债务人向债权人签发/转让票据，保理人从债权人处（背书）受让票据支付的应收账款；（3）只有票据，即应收账款债务人向债权人签发/转让票据，保理人从债权人处受让票据应

---

[1] 类似案件如（2018）鲁14民初194号、（2018）黑01民初891号、（2019）最高法民终290号、（2019）粤01民终6809号等。

付款。

　　保理人基于合法有效的保理业务取得票据的场合，即上述交易结构（1）。保理人有权提出票据付款请求权诉讼。对此，2015 年最高人民法院（2015）民二终字第 134 号案件已经明确表达这一观点。在该案中，作为被告一方的票据出票人提出了诸多抗辩事由，包括基础交易虚假且保理人明知、保理人取得票据未支付对价、保理合同签订双方共同欺诈债务人、债务人没有实际使用保理预付款等。需要注意的是，应区别票据法律关系的抗辩与保理合同项下的抗辩的区别。在以票据付款请求权为基础的诉讼中，应收账款债务人拒绝向保理人付款，应当对保理人并非合法取得票据权利负有举证责任。进一步而言，对于保理人主张票据付款请求权或保理合同项下的请求权，是否构成重复诉讼，笔者同意上文例举案例的裁判观点。

　　出现上述交易结构（2）和（3）的场合，出票与应收账款债权是否存在对应关系以及是否存在真实的基础交易关系，可能会产生不同的法律后果。在不存在真实基础交易关系的情形下或者应收账款因应收账款债务人的出票而"休眠"的情形下，保理公司的付款行为构成实质上的票据"贴现"。根据《关于加强商业保理企业监督管理的通知》的规定，保理公司不得经营因票据或其他有价证券而产生的付款请求权开展保理融资业务。《九民纪要》第 101 条第 1 款规定：票据贴现属于国家特许经营业务，合法持票人向不具有法定贴现资质的当事人进行"贴现"的，该行为应当认定无效，贴现款和票据应当相互返还。因此，保理公司不能开展无基础交易的票据保理或者票据贴现业务，商业保理公司与应收账款债权人签订的保理合同必须基于真实应收账款，而票据只能作为一种结算方式存在于主合同或从合同的相关条款中。

　　（五）焦点问题五：利息（率）、违约金、保理服务费以及其他费用的裁判观点

　　关于利息（率）、违约金、保理服务费计算比例调整问题，从样本案例情况来看，法院裁判一般根据商业保理公司主张的利息加违约金比例调整为年利率 24% 计算。如（2019）沪 74 民终 680 号案中，法院裁判认为，关于

保理预付款利息及滞纳金的计算标准，根据保理合同的约定，需要承担年利率18%的保理利息及每日万分之五的滞纳金，约定的标准过高，依法调整为年利率24%的标准计算。值得关注的是，即便是在某些保理交易中，当事人在保理合同中并未约定利息，而是约定了保理服务费或者逾期管理费等，法院裁判中也一般按照借贷利息的认定思路进行裁判。如（2019）渝05民终1426号案中，法院裁判认为，本案的融资费和逾期管理费，均以本金为基数，按照一定利率标准进行计算，其实质仍然属于本金的孳息，应当参照借款利率的标准确认其计收标准是否过高。经过计算，该两项的计收标准之和超过了按照年利率24%计收的利息标准，确实过高，应当进行调整。如（2018）沪74民初597号案中，法院裁判认为保理公司提供融资服务，已经收取了比较高的保理费，现仍要主张每日万分之八的高额违约金，会导致双方当事人权利义务失衡，酌情调整违约金标准为每日万分之六。

关于预先扣付保理服务费的问题。对于保理公司在融资放款时预先扣除保理服务费的，法院裁判以实际放款的融资款金额为本金。如（2019）粤03民终2321号案中，保理公司实际发放的融资款已经预扣了资金服务费和调查费用，法院裁判认为，如果发放融资款时即要支付融资利息和融资费用，则实际上剥夺了融资人对于部分融资款的期限利益，因此应返还的融资款应当以实际发放的金额为准。如（2019）沪74民终823号案中，保理合同约定保理公司在发放保理融资款时直接从保理融资款金额中预先扣除50%融资利息。法院裁判认为，预收的保理服务费及利息应当在本金中予以扣除。

关于保理合同项下实现债权的费用问题。如果律师费是在诉讼过程中因实现债权而支出的合理费用，符合律师费收费标准，且保理人实际支付，法院裁判予以支持。如（2018）粤03民初1165号案中，关于律师费，因该案中委托合同约定的律师费支付条件尚未成就且未实际支付，因此对于律师费法院不予支持。需要特别说明的是，关于诉讼保全保险费用的承担。如（2018）沪74民初597号案中，当事人对诉讼保全保险费的承担并未明确约定，且当事人也可以选择以自己的财产作为财产保全担保，这种情形下，诉讼保全保险费并不属于诉讼引发的必然费用。如（2018）津01民初823号案中，关于诉讼担保费用负担问题，法院裁判认为，该费用系原告当事人为实现债权而发生的费用，属于原告的损失，但是因原告违法放贷，该费用应当由保理公司自行承担。如（2018）苏 02 民初 165 号案中，法院裁判认为，诉讼财产保全保险费，因为以保函形式提供担保并非保理公司采取担保的唯一方式，并非必然产生的费用，且双方并未就该费用的承担进行明确约定，因而对于该费用法院不予支持。

根据样本案例的裁判观点，可以看出无论是在利息、违约金、赔偿金等计算标准上还是在预扣利息、保理服务费上，法院的裁判观点基本是一致的，即不得超过民间借贷 24% 的利率标准（4 倍 LPR 利率）。需要注意的是，在有追索权保理合同纠纷中，保理人会主张两种不同的请求权。在计算标准上，不应当直接或者简单地将两者相加之后认定是否超过上述"上限"。笔者认为，正确的做法是，保理预付款相关的利息、违约金、赔偿金应当在保理人向应收账款债权人提出的请求权中审查认定是否超过"上限"，而应收账款相关的利息、违约金、赔偿金应当在保理人向应收账款债务人提出的请求权中审查认定是否超过"上限"。因为上述两部分的利息、违约金、赔偿金并非同时用于支付给保理人的。

通常情况下当事人在保理合同中专门约定调查费、律师费、差旅费、公告费、送达费、诉讼费等费用的承担。从样本案例的裁判观点来看，法院裁判普遍认为保理合同有约定，应当尊重当事人的约定并予以支持。笔者认为，严格从法理上讲，保理合同中约定的各类费用的法律属性可进一步分类：（1）诉讼费用（包括案件受理费、诉讼保全申请费等）系具有公法性质的因诉讼而发生的费用，根据《诉讼费用交纳办法》规定，原则上适用"败诉方负担"规则；（2）律师费属于可能与合同目的指向的履行利益无关的实际损失；（3）诉讼过程中发生的调查费、差旅费、公告费、送达费、鉴定费在性质上不属于诉讼费用，根据《诉讼费用交纳办法》第 12 条第 1 款规定，适用"谁主张、谁负担"的规则。总之，（1）和（3）均属于诉讼程序中发生的，法院依据司法裁判权有权在当事人之间进行分担，无须根据当事人之间的合同约定。而对于律师费的"可赔偿性"判断应区分事实因果关系和可预见性限制，即便当事人在合同中未作明确约定，也不能完全排除律师费的赔偿责任。并且律师费不宜简单地以已经发生或者支付为前提，合理的、确定的、必然发生的律师费可以认定为当事人的实际损失。至于诉讼保全保险费，不属于诉讼程序中发生的费用，故应从区分事实因果关系和可预见性限制进行判断是否属于当事人的实际损失。除非当事人有明确约定，故一般应不予支持。

（六）焦点问题六：商业保理公司直接从事借贷业务

司法实务中，法院对于商业保理公司直接从事借贷业务的效力的裁判认识也并未完全一致。有法院裁判对于商业保理公司从事借贷业务予以认可。如（2019）粤03民终14995号案中，法院裁判认为，本案系借款合同纠纷。涉案《借款合同》《保证合同》《质押合同》系各方当事人真实意思表示，除逾期罚息的约定过高不符合法律规定外，其他部分不违反法律法规强制性规定，合法有效，各方当事人应依约履行。法院裁判结论支持了本金及24%的利息。[1]与借贷类似的是保理公司受让普通金钱债权（基础交易系贷款合同），如（2019）沪74民终45号案中，法院裁判认为，保理公司受让取得对案涉《贷款合同》项下的债权及从权利，于法不悖。[2]

也有法院裁判对商业保理公司从事借贷业务持否定观点的，如（2019）京民终322号案中，法院裁判认为，保理公司向外出借款项的行为属于超越经营范围从事了国家特许经营业务，即银行业金融机构的业务活动，其行为扩大了借贷风险、破坏了正常的金融秩序，违反了法律强制性规定。因双方当事人签订的《借款合同》无效，合同中关于借款利息、逾期罚息的约定亦应无效。[3]如果仍然按照合同约定的年利率12%计算利息、按照年利率24%计算逾期罚息，不符合法律关于无效合同的处理原则。

就行政监管角度而言，中国银保监会办公厅于2019年发布的《关于加强商业保理企业监督管理的通知》明确规定了商业保理企业不得发放贷款或

---

〔1〕 持类似裁判观点的还有（2019）黔01民终4920号、（2019）豫01民初1461号、（2019）豫01民初1456号、（2018）粤03民终23806号等。

〔2〕 持类似裁判观点的还有（2019）渝01民终2472号。

〔3〕 持类似裁判观点的还有（2018）津01民初823号。

受托发放贷款。《九民纪要》以及最高人民法院发布的相关司法政策，对于高利转贷、职业放贷亦表明了明确的司法态度。保理行业开展与应收账款相关的资金融通服务的，即保理公司开展的融资服务应当与应收账款关联（"有场景"的借贷业务），而贷款业务是不需要其他交易结构参与的资金交付（"无场景"的借贷业务）。因此，商业保理公司直接从事或者受托从事借款交易，与监管部门的要求相违背。可以预计，在今后一段时间内，商业保理公司直接从金融借款业务，将可能会因为违反行政监管规定而被否定合同效力。

（七）焦点问题七：保理公司开展新类型业务

1. 保理业务与P2P网络借贷的结合

保理公司受让平台公司的金钱债权后，保理公司以金钱债权受让人的身份起诉债务人还款。如（2019）冀01民终9974号案中，法院裁判认为，借款人向出借人借款的行为，是双方真实意思表示，双方已经形成借贷合同关系，出借人已经实际给付借款，后保理公司通过依法受让取得该债权，借款人与保理公司之间债权债务关系明确，借款人应当向保理公司承担其还款责任。而对于保理公司通过平台公司转让应收账款进行融资的法律性质认定，如（2016）京03民初94号案中体现出的交易模式，保理公司与平台投资人均委托平台公司匹配交易对手，平台公司通过系统撮合，自动生成平台投资人与保理公司之间的电子《应收账款转让及回购协议》，约定由保理公司将其保理业务项下的应收账款转让给平台投资人，平台投资人同时委托保理公司代为管理和催收应收账款，期限届满后保理公司溢价回购应收账款。对此，法院裁判认为，保理公司与平台投资人之间系"名为应收账款转让回购，实为借贷"，则合同效力应当按照其背后隐藏的民间借贷行为来判断，该民间借贷行为本身并未违反法律、行政法规的强制性规定，应认定为有效，故应以真实的法律关系来对待并审理。

2. 保理公司提供中介服务

如（2019）京03民终10143号案中展现的交易结构是保理公司就某融资项目将信托公司推荐给甲方，提供中介服务，现已完成服务，但是未向保理公司支付服务费。因而起诉要求在收取的"千分之三"信托报酬 934.5 万元中给付"千分之二"623 万元作为保理公司的服务费。法院裁判予以支持。

如上所述，中国银保监会办公厅于 2019 年发布了《关于加强商业保理企业监督管理的通知》，之后多个省市区亦发布了地方性的商业保理企业监管规则，保理企业在进行业务创新时应当遵循监管的要求。当前，司法审判与金融监管相互配合的趋势越加紧密，强调穿透式审判思维，对于保理企业直接从事"无场景"的借贷业务包括受让借贷合同债权，或者从事监管规则允许范围之外的业务，面临司法裁判认定无效的法律风险将进一步加大。

【关联法条】

▶法律法规

《民法典》

第一百四十六条　行为人与相对人以虚假的意思表示实施的民事法律行为无效。

以虚假的意思表示隐藏的民事法律行为的效力，依照有关法律规定处理。

第七百六十三条　应收账款债权人与债务人虚构应收账款作为转让标的，与保理人订立保理合同的，应收账款债务人不得以应收账款不存在为由对抗保理人，但是保理人明知虚构的除外。

▶部门规范性文件

《关于加强商业保理企业监督管理的通知》

（三）商业保理业务是供应商将其基于真实交易的应收账款转让给商业保理企业，由商业保理企业向其提供的以下服务：

1. 保理融资；

2. 销售分户（分类）账管理；

3. 应收账款催收；

4. 非商业性坏账担保。

商业保理企业应主要经营商业保理业务，同时还可经营客户资信调查与评估、与商业保理相关的咨询服务。

（四）商业保理企业不得有以下行为或经营以下业务：

1. 吸收或变相吸收公众存款；

2. 通过网络借贷信息中介机构、地方各类交易场所、资产管理机构以及私募投资基金等机构融入资金；

3. 与其他商业保理企业拆借或变相拆借资金；

4. 发放贷款或受托发放贷款；

5. 专门从事或受托开展与商业保理无关的催收业务、讨债业务；

6. 基于不合法基础交易合同、寄售合同、权属不清的应收账款、因票据或其他有价证券而产生的付款请求权等开展保理融资业务；

7. 国家规定不得从事的其他活动。

▶ "两高"规范性文件

《关于当前商事审判工作中的若干具体问题》

七、关于保理合同纠纷案件的审理问题

……

第一，关于保理合同的案由问题。

相对于传统合同类案件而言，保理合同案件属于新的案件类型。由于《合同法》未就保理合同作出专门规定，其属于无名合同，加之现行的案由规定中尚无"保理合同"的专门案由，所以有的法院直接将保理合同的案由确定为借款合同。

需要指出的是，保理法律关系的实质是应收账款债权转让，涉及到三方主体和两个合同，这与单纯的借款合同有显著区别，故不应将保理合同简单视为借款合同。

在保理合同纠纷对应的案由方面，最高人民法院已将此纳入到新修订的案由规定中予以考虑，在新的案由规定尚未出台之前，可将其归入"其他合同纠纷"中。

应注意的是，实务中确实有部分保理商与交易相对人虚构基础合同，以保理之名行借贷之实。对此，应查明事实，从是否存在基础合同、保理商是否明知虚构基础合同、双方当事人之间实际的权利义务关系等方面审查和确定合同性质。如果确实是名为保理、实为借贷的，仍应当按照借款合同确定案由并据此确定当事人之间的权利义务。

第二，要正确认识保理的交易结构和当事人之间的权利义务关系。

保理合同涉及保理商与债权人、保理商与债务人之间不同的法律关系。债权人与债务人之间的基础合同是成立保理的前提，而债权人与保理商之间的应收账款债权转让则是保理关系的核心。

在合同效力上，只要不具有《合同法》第五十二条规定的合同无效情形，均应当认定有效。对于未来债权能否作为保理合同的基础债权的问题，在保理合同订立时，只要存在基础合同所对应的应收账款债权，则即使保理合同所转让的债权尚未到期，也不应当据此否定保理合同的性质及效力。

在确定当事人的权利义务方面，法院应当以当事人约定及《合同法》中有关债权转让的规定作为法律依据。债务人收到债权转让通知后，应当按照通知支付应收账款。当然，债务人依据基础合同享有的抵销权及抗辩权，可以对抗保理商，但保理商与债务人另有约定的除外。

第三，要正确认识保理合同与基础合同的关系。

基础合同的存在是保理合同缔约的前提。但是，二者并非主从合同关系，而是相对独立的两个合同。应当看到，二者有关权利义务关系的约定存有牵连。实践中，如果保理商明知基础合同约定应收账款债权不得转让，但仍然受让债权的，应当注意：

一方面，前述约定并不当然影响保理合同的效力；另一方面，保理商以保理合同为依据向基础合同债务人主张债权的，并不能以此约束债务人，债务人仍可以此抗辩。债权人、债务人及保理商就基础合同的变更作出约定的，依其约定处理。如果无三方约定，保理商受让债权后，债务人又与原债权人变更基础合同，导致保理商不能实现保理合同目的，保理商请求原债权人承担违约责任或者解除保理合同并赔偿损失的，应当支持。

《九民纪要》

101.【民间贴现行为的效力】第一款　票据贴现属于国家特许经营业务，合法持票人向不具有法定贴现资质的当事人进行"贴现"的，该行为应当认定无效，贴现款和票据应当相互返还。当事人不能返还票据的，原合法持票人可以拒绝返还贴现款。人民法院在民商事案件审理过程中，发现不具有法定资质的当事人以"贴现"为业的，因该行为涉嫌犯罪，应当将有关材料移送公安机关。民商事案件的审理必须以相关刑事案件的审理结果为依据的，应当中止诉讼，待刑事案件审结后，再恢复案件的审理。案件的基本事实无须以相关刑事案件的审理结果为依据的，人民法院应当继续审理。

【典型案例】

1. 彭某等与安鑫达公司合同纠纷［广东省广州市中级人民法院（2019）粤01民终8393号民事判决书］

基本案情

【法院查明事实】2016年9月1日至2017年2月27日期间，沃特玛公司向福正达公司发送《外协加工订单》6份，福正达公司向沃特玛公司陆续交付货物并开具增值税专用发票，累计金额5 347 685.21元。2017年5月23日，沃特玛公司和安鑫达公司签订了编号为AXD-FXBL-WTM001的《反向保理战略合作协议》，由安鑫达公司给予沃特玛公司2亿元授信额度，该等额度用于沃特玛公司向安鑫达公司推荐的供应商提供保理融资，沃特玛公司同意并确保应收账款到期时将款项支付给安鑫达公司。合同约定，发生争议由合同签订地广州市黄埔区人民法院管辖。后沃特玛公司推荐其供应商福正达公司向安鑫达公司申请保理融资。2017年6月6日，安鑫达公司与福正达公司签订了编号AXD-SZFZD-20170531的《公开型有追索权国内保理合同》。该保理合同约定：福正达公司将对沃特玛公司的应收账款转让给安鑫达公司，向安鑫达公司申请保理融资。安鑫达公司向福正达公司授予保理融资额度3000万元；授信期限自2017年6月6日起至2018年6月5日止；保理服务费按不低于保理融资金额的年利率12%计算。如福正达公司未按该保理合同约定到期退还安鑫达公司保理融资本金的，安鑫达公司有权向福正达公司按凭证记载（安鑫达公司出具的《应收账款转让申请保理公司审核意见》）利率上浮50%计收罚息。如果应收账款到期日，沃特玛公司未足额支付应收账款，福正达公司有义务回购，退还相应的保理融资本金、支付利息；合同还约定，发生争议由合同签订地广州市黄埔区人民法院管辖。2017年6月6日，安鑫达公司分别与彭某、杨某友、刘某签订了编号为AXD-SZFZD-20170531-5-1、AXD-SZFZD-20170531-5-2、AXD-SZFZD-20170531-5-3的《最高额保证合同》。彭某、杨某友、刘某自愿对福正达公司在保理合同项下的全部债务提供连带保证责任担保，最高担保金额均为3000万元。2017年11月24日，福正达公司向安鑫达公司提交编号为AXD-SZFZD-20171121-2的《应收账款转让申请书》，向安鑫达公司申请发放保理融资款500万元；2017年11月28日，安鑫达公司出具了编号为AXD-SZFZD-20171121-4的《应收账款转让申请保理公司审核意见》，同意向福正达公司发放保理融资款500万元，保理服务费按保理融资款的16%/年在放款前一次性收取；同日，福正达公司向沃特玛公司以特快专递形式送达了编号为AXD-SZFZD-20171121-3的《应收账款债权转让通知书》，通知沃特玛公司应收账款转让给安鑫达公司，沃特玛公司签收了该通知书。2017年11月29日，福正达公司把基于上述应收账款结算的商业承兑汇票背书转让给安鑫达公司（出票人：沃特玛公司，汇票号：×××，金额：500万元，出票日：2017/11/06，到期日：2018/03/19）。同日，安鑫达公司通过平安银行网银转账向福正达公司指定账户一次性全额发放了约定的保理融资款项，即500万元。安鑫达公司放款后，福正达公司也按照年利率16%的标准向安鑫达公司支付了保理融资利息251 111.11元，支付利息截止日期为2018年3月19日。2018年3月19日，即保理融资本金到期日及商业承兑汇票到期日，沃特玛公司没有向安鑫达公司支付应收账款；安鑫达公司要求福正达公司回购，但福正达公司也没有向安鑫达公司支付商业保理融资回购款。2018年3月22日，安鑫达公司向沃特玛公司、福正达公司通过特快专递方式送达了《应收账款逾期通知书》，催促沃特玛公司支付应收账款；催促福正达公司支付保理融资本金及逾期罚息，并告知其相关的法律后果。《反向保理战略合作协议》《公开型有追索权国内保理合同》及上述三份《最高额保证合同》均约定了因上述合同发生纠纷时，由沃特玛公司等承担律师费等实现债权的费用。

裁判要点

【一审裁判要点】安鑫达公司与沃特玛公司签订了编号为 AXD-FXBL-WTM001 的《反向保理战略合作协议》，约定由安鑫达公司给予沃特玛公司 2 亿元授信额度，该等额度用于沃特玛公司向安鑫达公司推荐的供应商提供保理融资，沃特玛公司同意并确保应收账款到期时将款项支付给安鑫达公司。安鑫达公司与福正达公司以此为基础，签订《公开型有追索权国内保理合同》，约定福正达公司将对沃特玛公司的应收账款转让给安鑫达公司，向安鑫达公司申请保理融资。安鑫达公司向福正达公司授予保理融资额度 3000 万元；授信期限自 2017 年 6 月 6 日起至 2018 年 6 月 5 日止，并于 2017 年 11 月 24 日，由福正达公司向安鑫达公司提交编号为 AXD-SZFZD-20171121-2 的《应收账款转让申请书》，向安鑫达公司申请发放保理融资款 500 万元；2017 年 11 月 28 日，安鑫达公司出具了编号为 AXD-SZFZD-20171121-4 的《应收账款转让申请保理公司审核意见》，同意向福正达公司发放保理融资款 500 万元，保理服务费按保理融资款的 16%/年在放款前一次性收取；同日，福正达公司向沃特玛公司以特快专递形式送达了编号为 AXD-SZFZD-20171121-3 的《应收账款债权转让通知书》，通知沃特玛公司应收账款转让给安鑫达公司，沃特玛公司签收了该通知书，可以证明安鑫达公司已尽到通知义务。2017 年 11 月 29 日，福正达公司把基于上述应收账款结算的商业承兑汇票背书转让给安鑫达公司（出票人：沃特玛公司，汇票号：×××，金额：500 万元，出票日：2017/11/06，到期日：2018/03/19）。同日，安鑫达公司通过平安银行网银转账向福正达公司指定账户一次性全额发放了约定的保理融资款项，即 500 万元。安鑫达公司已充分履行了上述合同的保理及放款义务，但沃特玛公司未及时履行待应收账款到期时将款项支付给安鑫达公司的义务，理应承担相应法律责任；福正达公司亦未在沃特玛公司拒绝履行付款给安鑫达公司相应账款之后按照安鑫达公司的催告以及合同约定履行回购义务，亦应承担回购责任。彭某、杨某友、刘某分别与安鑫达公司签订有《最高额保证合同》，约定对编号 AXD-SZFZD-20170531 的《公开型有追索权国内保理合同》项下的债权本息承担最高额连带保证责任，安鑫达公司诉请其三人对福正达公司因本案所负回购责任承担连带清偿责任，于法有据，一审法院予以支持。安鑫达公司诉请福正达公司自 2018 年 3 月 20 日起以保理融资本金 500 万元为基数，按照年利率 24% 计付罚息，有合同依据，一审法院予以支持。福正达公司已将应收账款对应债权转让给安鑫达公司，因此，安鑫达公司有权向沃特玛公司追索该笔应收账款依照《反向保理战略合作协议》所约定的每日万分之五的违约金。因双方在上述多份合同中均约定了发生纠纷时由对方承担实现债权的相关费用，包括但不限于律师费，因此安鑫达公司诉请沃特玛公司等承担律师费及财产保全费、担保费于法有据，但因安鑫达公司只能提供 10 万元的律师费发票，诉请的其余 7 万元部分，暂无证据支持，因此，法院支持 10 万元律师费的诉请及保全费、担保费。

【二审裁判要点】本案为合同纠纷。根据 2017 年《民事诉讼法》第 168 条之规定，第二审案件的审理应当围绕当事人上诉请求的范围进行。综合当事人的诉、辩意见，本案二审的争议焦点为被上诉人能否同时向原审被告沃特玛公司和福正达公司主张权利和上诉人承担清偿连带责任时应当向被上诉人支付利息的标准。

本案案涉合同，为应收账款债权人与保理商签订的，约定将其与债务人订立的基础合同所产生的应收账款债权转让给保理商，并由保理商向债权人提供融资服务的合同。因债权转让的事实已通知债务人，且合同约定应收账款到期无法从债务人处得到受偿时，债权人应当向保理商回购案涉债权，故本案所涉合同性质为公开型有追索权保理合同。故作为保理商的被上诉人基于债权转让取得了要求作为应收账款债务人的原审被告沃特玛公司清偿基础合同项下债务的权利，并基于保理合同约定取得了要求作为应收账款债权人的原审被告福正达公司回购债权的权利，虽然这是基于不同原因的两个债权请求权，但均具备请求权基础，且法律对此并无明确限制，故可在禁止双重受偿的前提下均予以支持。由于一审判决主文第五项已明确被上诉人获得清偿债务的上限，排除了双重受偿的可能，故一审判决对此认定及处理无误，上诉人的此项上诉理由不能成立，法院不予支持。

至于利息标准问题，案涉保理合同约定原审被告福正达公司违约不履行回购义务时，应当按凭证记载利率（年利率16%）上浮50%向被上诉人计付利息，因此，一审法院判决原审被告福正达公司按年利率24%的标准向被上诉人支付利息并无不当。上诉人作为原审被告福正达公司的连带责任保证人，亦应当以此标准承担连带保证责任。故上诉人关于应当按照年利率16%支付的上诉请求不能成立，法院亦不予支持。

2. 龙力公司与国立保理公司、海奥公司等其他合同纠纷［上海金融法院（2019）沪74民终263号民事判决书］

基本案情

【一审法院查明事实】2017年5月18日，国立保理公司与龙力公司、海奥公司签订《国内有追索权明保理合同》（编号GL-YW-201705-004）及相关业务文件附件，约定：海奥公司将其与龙力公司于2016年12月19日签署的《购销合同》（编号LL-XXXXXXXXXXX）项下数额为3750万元，到期日为2018年3月5日的部分应收账款及该应收账款所享有的全部债权及从属权利等相关权益转让给国立保理公司，龙力公司同时参与确认；国立保理公司向海奥公司提供保理融资本金3000万元，保理融资年利率为6%，海奥公司应于每月第15日支付，最后一期利随本清等；各方同时约定了相关违约责任。国立保理公司与海奥公司一并就上述应收账款转让在中国人民银行征信中心办理了应收账款转让登记。同日，程某博与国立保理公司签订了《连带保证合同》（编号GL-YW-201705-005），承诺为海奥公司在上述《国内有追索权明保理合同》项下的全部债务提供连带责任保证担保，保证期间两年，担保范围为主合同项下国立保理公司对海奥公司的全部债权，包括但不限于保理融资本金、保理融资利息、业务手续费、应收账款催收费、逾期利息、违约金、赔偿金及国立保理公司为实现债权而支出的费用（包括但不限于律师费、诉讼费、公告费、财产保全费等）。国立保理公司于2017年9月7日依约向海奥公司拨付了保理融资本金3000万元。现涉案应收账款已全部到期，但龙力公司未按约支付货款，海奥公司亦未向国立保理公司支付应收账款回购价款，应承担相应的违约责任。此外，国立保理公司为实现债权支付律师费37 500元。

一审法院另查明：（1）涉案《国内有追索权明保理合同》同时约定，应收账款到期之日龙力公司仍未足额付款的，国立保理公司有权向海奥公司追索，要求海奥公司立即支付回购价款，回购价款包括国立保理公司实际发生的追索费用、其他应付费用、应收账款催收费、业务手续费、保理融资利息、保理融资本金等，国立保理公司有权同时向龙力公司进行催讨和追索；若保理融资到期日国立保理公司未收回全部保理融资本金的，海奥公司应按未受偿本金总额的0.1%/日支付逾期利息，自保理融资到期日的次日起算；龙力公司逾期支付应收账款的，应向国立保理公司支付逾期金额0.1%/日的违约金；海奥公司应按照保理融资金额的1%/年向国立保理公司支付保理业务手续费，支付方式与融资利息相同，若国立保理公司未按时足额收回全部保理业务手续费的，海奥公司应按照国立保理公司未受偿的保理业务手续费总额的0.1%/日支付逾期保理业务手续费，自保理融资到期日的次日起算；海奥公司应按每日3333.33元的金额向国立保理公司支付应收账款催收费，支付方式与融资利息相同，逾期支付的，应向国立保理公司支付逾期金额0.1%/日的违约金；龙力公司、海奥公司出现违约情形时，国立保理公司有权要求赔偿给国立保理公司造成的全部经济损失和追索债权与从属权利而发生的费用（包括诉讼费、财产保全费、公告费、律师费等）。合同中关于利率、其他费用等内容的约定均体现为填空或选择形式。（2）2017年5月18日，国立保理公司与龙力公司、海奥公司另签订《代付款协议》，约定由龙力公司代海奥公司向国立保理公司履行上述《国内有追索权明保理合同》项下的保理融资利息、业务手续费、应收账款催收费，支付方式、金额以及利息和收费标准与《国内有追索权明保理合同》一致，该协议不免除海奥公司的相应付款责任和其他合同义务，协议未尽事宜按《国内有追索权明保理合同》执行。（3）涉案融资到期日与涉案应收账款到期日相同，均为

2018年3月5日；龙力公司、海奥公司未向国立保理公司支付自2018年1月1日起的融资利息、保理业务手续费、应收账款催收费。

【二审法院另查明事实】山东省临邑县人民法院已于2019年2月11日裁定受理对海奥公司的破产清算申请。

裁判要点

【一审裁判要点】涉案《国内有追索权明保理合同》《代付款协议》《连带保证合同》系当事人的真实意思表示，内容不违反法律、行政法规的强制性规定，依法成立后各方当事人均应恪守。根据涉案合同的约定及中国人民银行征信中心的登记记载，海奥公司将对龙力公司的涉案应收账款转让给了国立保理公司以获取融资，龙力公司在应收账款到期后应径行向国立保理公司履行全额付款义务，海奥公司需向国立保理公司支付融资本金的前提是龙力公司未足额付款，上述约定及登记内容明显不符合借款及应收账款质押担保的法律特征。国立保理公司在受让应收账款的同时，也要承担应收账款债务人的信用风险，故法律并未禁止当事人受让的应收账款债权金额高于其对外支付的融资款，龙力公司在所有合同文本中也无任何为海奥公司的债务提供担保的意思表示，故对其此节抗辩意见不予采纳。现国立保理公司按约履行了放款义务，而龙力公司、海奥公司未按时向国立保理公司支付相应款项，显属违约，理应承担相应的违约责任。国立保理公司的各项诉请均有当事人间的明确约定为凭，且主张的融资利息、业务手续费、应收账款催收费及相应逾期利息的金额未超出约定的范围及法律允许的限度，于法无悖，一审法院予以支持。龙力公司、海奥公司、程某博关于各项费用的计算基数应仅按融资本金计算、格式合同、国立保理公司未实际催收应收账款等抗辩意见，缺乏事实及法律依据，故一审法院不予采纳。龙力公司应依约向国立保理公司支付应收账款及逾期违约金，海奥公司应依约向国立保理公司支付融资本金及逾期利息，双方还应共同向国立保理公司支付欠付的融资利息、业务手续费、应收账款催收费及相应逾期利息或违约金，并共同依约偿付国立保理公司的律师费损失。但需要注意的是，海奥公司支付融资本金及相应逾期利的义务与龙力公司支付应收账款及相应逾期违约金的义务构成不真正连带义务，任何一方债务的清偿行为将导致另一方债务的减轻或消灭，国立保理公司不得重复受偿。此外，程某博作为海奥公司的连带责任保证人，亦应在约定的保证范围内承担连带清偿责任。

【二审裁判要点】各方签订的《国内有追索权明保理合同》《代付款协议》《连带保证合同》均系当事人的真实意思表示，故各方当事人均应予以恪守。本案中，国立保理公司与龙力公司、海奥公司已在《国内有追索权明保理合同》《代付款协议》中就涉案融资利息及逾期利息、业务手续费及相应逾期利息、应收账款催收费及相应违约金、律师费的支付标准予以明确约定，国立保理公司与程某博签订的《连带保证合同》亦将上述事项均列入了程少博须承担担保责任之范围，综据上述，龙力公司上诉称其不应承担涉案融资利息、业务手续费、应收账款催收费、律师费于约相悖且该等费用的支付标准亦尚属合理范畴，故法院对其相关上述理由不予采纳。但需要指出的是，国立保理公司基于《国内有追索权明保理合同》《代付款协议》自2018年3月6日（保理融资到期日次日）起收取的融资本金逾期利息、业务手续费逾期利息、应收账款催收费违约金之和应以融资本金为计算基数，现国立保理公司既已以融资本金3000万元为基数，按年利率24%计算收取自2018年3月6日起至实际清偿日止的融资本金之逾期利息，则其同期再以实际欠付业务手续费为计算基数，按年利率24%计算收取自2018年3月6日起至实际清偿日止的欠付业务手续费之逾期利息显属过高，法院对此不予支持。同理，法院对国立保理公司以实际欠付应收账款催收费为计算基数，按年利率24%计算收取自2018年3月6日起至实际清偿日止的应收账款催收费之违约金亦不予支持。

关于海奥公司所述对其计收的利息及违约金应于2019年2月11日停止计算，法院认为，按照《企业破产法》第46条之规定，海奥公司所述既有事实依据亦有法律根据，应予变更。

第三章
保理立法重要条文解读

丁俊峰[*]

*丁俊峰，法学博士，长期从事贸易融资法律实务研究。

根据《中央有关部门贯彻实施党的十八届四中全会〈决定〉重要举措分工方案》，最高人民法院作为民法典编纂工作的参加单位，各审判部门根据其业务分工，积极配合做好民法典草案条文建议、调研和论证工作。[1]2018 年 9 月，最高人民法院民二庭提交了《关于民法典合同编总则部分与增设保理合同的研究意见》。在该份意见中附保理合同章立法草案建议稿（以下简称最高人民法院建议稿），共计 6 条，具体内容包括：（1）保理合同的定义；（2）保理合同的内容和形式；（3）应收账款转让通知的效力；（4）有追索权保理；（5）无追索权保理；（6）保理登记与重复转让。2018年 12 月，十三届全国人大常委会第七次会议对民法典合同编进行第二次审议，专章规定保理合同，该审议稿基本采纳了最高人民法院建议稿。2020年 4 月 20 日至 21 日，全国人大宪法和法律委员会召开会议，并最终形成了提请十三届全国人大第三次会议审议民法典草案。[2]

一、对《民法典》保理合同章条文之简要解读

2018 年 12 月提交审议的《民法典合同编（草案）（二次审议稿）》首次将保理合同作为专章（第十六章）写入了民法典草案，并就保理的定义

---

[1]　2017 年 9 月，最高人民法院在向全国人大常委会法制工作委员会关于民法典合同编草案（2017 年 8 月 8 日民法室室内稿）的征求意见回函中建议增加保理合同作为有名合同，最高人民法院民二庭专门撰写了《关于民法典合同编分则部分增设"保理合同章"的研究意见》。在该份研究意见中，提出增设具体条款的内容：（1）增加保理合同关系的界定条款；（2）增加保理合同性质认定条款；（3）增加未来债权对保理合同效力影响条款；（4）增加基础交易合同禁止转让对保理合同效力影响条款；（5）增加基础交易合同的变更效力的条款；（6）增加保理人的救济条款。2018 年 5 月，最高人民法院在向全国人大常委会法制工作委员会关于民法典各分编草案的征求意见回函中建议增加保理合同作为有名合同。

[2]　由于《民法典》第 767 条"无追索权保理"和第 769 条适用债权转让的兜底规定在实务中争议不大，本章不予讨论，因此后文将围绕争议较大的条文展开。

与标的、虚构应收账款的法律后果、转让通知的效力、有追索权保理与无追索权保理的法律构造、保理登记与重复转让等内容作出了明确规定。2019年12月公布的《民法典（草案）》在二次审议稿的基础上，增加规定了保理合同的内容与形式、应收账款转让通知后应收账款债权人与债务人协商变更的效力、兜底条款等三项内容。2020年5月28日十三届全国人大第三次会议表决通过的《民法典》关于保理合同的规定，在原九个条文的基础上仅进行了部分文字上的微调。《民法典》保理合同章的规定主要强调了以下五个方面的内容。

（一）保理合同的基础是应收账款债权让与

《民法典》第761条就保理合同的定义作出明确规定。正如有学者所言，债权让与是保理合同的要素，即"不让与，非保理"。而保理合同定义上列明的资金融通、管理与催收、付款担保等保理服务内容属于保理合同的偶素，非经约定不包含在合同内容之中，但要成立保理法律关系，需要包括其中的一项或以上内容，即保理人应当提供至少一项保理服务方能成立保理法律关系。

需要注意的是，保理业务经营许可对于保理人的法律主体资格有重要影响。地方金融监管机构履行对保理机构的具体监管职责，而各地监管机构对于保理人（商业保理公司）的设立条件并不相同。比如，有地方规定，商业保理公司向地方监管机构报告（会签），再向市场监督管理机关申请设立；还有地方规定，商业保理公司设立（开展保理业务）须得监管机构批准。由此，保理人的法律适格性会成为具体审判工作中，人民法院评价行政监管与民事审判关系的考量因素，如未经审批从事相关保理业务的行为，因违反监管要求可能影响交易行为的效力评价或者使保理人对损失承担相应民事责任。

此外，《民法典》还规定了"将有的应收账款"转让给保理人。实务中，银行等金融机构需审慎把握应收账款的范围，被转让债权应当以存在真实的基础贸易背景为前提。对于无效合同中的金钱给付请求权，以及未来应收账款的适格性标准和让与效力发生的时点等问题，《民法典》保理合同章并未明确回应，有进一步解释的空间。

（二）虚构基础交易合同的法律后果

《民法典》第 763 条规定了应收账款债权人与债务人虚构应收账款叙作保理业务的问题。对于该条的理解，在保理人不知虚构的情况下，保理合同与基础交易合同之间具有相对独立性，基础交易合同债权虚假的，并不当然影响保理合同的成立和生效。从文义解释上，该条适用的法律要件是应收账款债权人、债务人双方均明知且积极（包括消极）共同虚构应收账款，而不仅仅是应收账款债权人或者债务人单方虚构。此时，即便应收账款是虚构的，保理人有权向债务人主张应收账款债权。且就侵权法角度而言，债务人虚构应收账款，无论是基于故意还是过失，均应对保理人未受清偿的损失承担赔偿责任。

需要注意的是，就行政监管角度而言，银行作为交易结构的设计者，有较高的专业能力和商业经验，其对于基础交易真实性往往负有更高的审查义务。一旦未尽审查义务，本质上违反了监管要求，可能承担相应的行政责任，并不影响银行债权的行使。但司法实务中，如果银行未尽合理审查义务，应当知道却不知道应收账款虚构的事实，法院可能认定其对损失的发生具有一定过错，而判其分担相应的损失。因此，在保理业务设计中，银行可以在合同中明确其应当履行的审查义务内容，并确认完成了相应的审查义务。在诉讼中，银行应当积极向法庭举示证据，证明其已经完成了对应收账款真实性的审查。

（三）有追索权保理项下的请求权行使规则

《民法典》第 766 条规定了有追索权保理中，保理人行使权利的方式和后果。保理合同"入典"以后，实务界和学术界围绕有追索权保理项下请求权的行使规则展开了热烈的讨论。实际上，该条并未就长期以来广泛存有争议的有追索权保理的法律性质进行正面回应，但通过对现有裁判思路的梳理，本条应当理解为，除当事人另有约定的以外，保理人有权请求应收账款债务人向其履行第一顺位的付款义务，并在债权未获完全清偿时向应收账款债权人行使追索权，而在应收账款债务人履行义务超出应收账款债权人的责任范围时，保理人负有向债权人返还超出债权人责任范围款项的义务。这一立法解决了实务中银行在诉讼中的"掣肘"问题。从而，人民法院可以受理银行同时向应收账款债权人、债务人提出的诉讼请求，不再"担忧"银行多重收益的问题。此外，《民法典》第768条还规定了应收账款重复转让时权利实现的顺位标准。

(四) 对约定应收账款不得转让情况的处理

《民法典》第769条还设置了兜底条款，明确了保理合同章与合同编债权转让部分构成特别规定与一般规定的关系。其中，合同编债权转让部分的通知制度、债务人对受让人的抗辩、抵销等均是基础性制度，在保理合同章中应得到贯彻和遵循。例如，当事人在合同中约定债权不得转让的（参见《民法典》第545条第1款），原则上债权是不能转让的。但如果债权人对外转让金钱债权的，无论受让人是否明知或者应知，均不得对抗受让人（参见《民法典》第545条第2款）。实务中，由于基础合同往往是核心企业与供应链上下游企业之间签订的，核心企业在合同订立上具有较强的主导性。一旦基础合同约定了不可转让条款，银行对于是否可以承接该债权叙作保理业务，饱受争议。根据该条立法规定，银行受让的应收账款多是金钱债权。应收账款债权人与债务人在基础合同中约定应收账款不得转让的，不影响保理业务的开展。这一立法对于银行开拓保理业务量、增强小微企业的融资能力意义重大。

(五) 保理人向应收账款债务人发出债权转让通知的规定

此外，我们还应当关注到《民法典》保理合同章中立法条文体现了保理交易特殊性的内容。以保理人通知应收账款债务人的制度予以说明（参见《民法典》第764条）。比较而言，合同编债权转让部分的表述是"债权人转让债权，未通知债务人的……"（《民法典》第546条第1款），该条并未正面规定债权转让的通知主体，但通常认为债权人是通知主体。而保理合同章中明确了"保理人向应收账款债务人发出应收账款转让通知的……"这一立法解决了应收账款债权人怠于通知债务人或者虚假通知债务人的问题。因此，应当认为在保理交易中，银行（保理人）向应收账款债务人发出债权转让通知的，对应收账款债务人发生转让的法律效力。需要注意的是，银行在通知应收账款债务人时"附有必要凭证"的内容应当尽可能具体全面，可以包括但不限于应收账款债权人知悉债权转让并由银行通知债务人的文件、保理合同文本、基础合同关键内容以及应收账款偿还的数额、期限、方式等核心信息。

二、《民法典》第 761 条保理合同概念的规定

《民法典》第 761 条规定："保理合同是应收账款债权人将现有的或者将有的应收账款转让给保理人，保理人提供资金融通、应收账款管理或者催收、应收账款债务人付款担保等服务的合同。"本条是关于保理合同概念的规定。笔者在调研保理行业时发现，无论是银行保理还是商业保理，普遍反映需要解决保理合同纠纷的案由问题、保理合同纠纷的管辖问题以及保理人起诉的请求权竞合问题等。就法律角度而言，行业反映的问题是期望明确保理交易结构的法律性质。保理交易同时具备融资、委托代理、担保、应收账款催收管理等服务要素，是以合同形式表现的应收账款转让与综合性金融服务的叠加，具有混合合同的属性。[1]在立法技术层面上，典型合同的立法具有相对清晰的标准，[2]而保理合同作为非典型合同，在权利设置、对外效力等方面不具有典型性。因此，保理合同立法能否"入典"面临的首要问题是非典型合同能否"入典"，保理交易的法律性质如何表述的问题。

（一）本条的背景

本条关于保理法律性质的界定揭示了保理交易中当事人所负担的区别于其他合同的，决定保理合同关系所固有和必备的义务内容。从德国法来看，根据保理合同中约定的风险分配方式不同，区分为真正保理和非真正保理，真正保理属于买卖行为，标的物为债权；非真正保理，涉及信贷行为与担保

---

〔1〕　黄和新：《保理合同：混合合同的首个立法样本》，载《清华法学》2020 年第 3 期。
〔2〕　石宏：《合同编的重大发展和创新》，载《中国法学》2020 年第 4 期。

性债权让与相连接，在法律上归类于贷款合同。2001 年《联合国国际贸易中应收款转让公约》以及 2013 年《国际保理通则》将应收账款上设定担保权纳入"转让"的含义之中，保理业务分为应收账款转让型保理和应收账款让与担保型保理。而国内对于保理交易的法律性质存在不同的认识，如对于债权转让+保理融资，应认定为有偿债权转让+金融借款法律关系，其中有追索权保理中追索条件的约定可视为债权转让所附解除条件；对于债权转让+催收管理与应收账款有关的账户或者债权转让+应收账款托收，符合信托法律关系构成要件的，应认定为信托关系。[1] 由此可见，保理交易合同中当事人义务的确定不具有彻底性和唯一性。在立法技术上，试图以单一的立法条文对保理交易的法律性质进行界定，存在困难。因此，在国际层面上，有关国际保理的法律规则并未直接对保理作出定义，而是根据保理合同的主要内容对保理的定义进行表述。国内监管机构的规范性文件和地方法院先行司法指导性意见，亦采取了类似的规范体例。

(二) 保理合同概念界定的三方面考量

第一，在定义保理合同时，试图区分真正的保理交易与"名为保理实为借贷"行为。调研中发现，司法实务中有观点认为，保理就是保理人提供的融资，应当认定为借贷。在具体案件裁判中，有裁判文书论理部分表述："保理合同生效后，保理商依约向应收账款的卖方支付保理预付款，保理商实际履行的是一种资金出借行为。"保理纠纷的裁判思路在一定程度上受借贷纠纷裁判观点的影响，借贷关系中的概念（利息等）被"放大化"使用。虽然最高人民法院于 2015 年发布的《关于当前商事审判工作中的若干具体问题》中专门针对虚构基础合同、"以保理之名行借贷之实"问题，提出了裁判指引，[2] 但是从我们研究的案件样本来看，不同法院的裁判观点也不完

---

〔1〕 关于保理合同的法律属性的争议，形成了债权转让说、委托代理说、债权质押说、债权让与担保说、清偿代位说等。具体介绍参见陈学辉：《国内保理合同性质认定及司法效果考证》，载《西北民族大学学报（哲学社会科学版）》2019 年第 2 期。

〔2〕 从是否存在基础合同、保理商是否明知虚构基础合同、双方当事人之间实际的权利义务关系等方面审查和确定合同性质。如果确实是名为保理、实为借贷的，仍应当按照借款合同确定案由并据此确定当事人之间的权利义务。

全统一。同时，随着国家金融政策的调整，金融监管与司法裁判的互动和影响越发明显，司法裁判应当凸显服务国家金融战略的功能。对于"名为保理实为借贷"的交易结构应当彰显更加明显的司法态度。因此，方案一明确将"名为保理实为借贷"排除在真正的保理合同之外，为保理行业积极开展真正的保理业务，服务小微企业融资提供指引性规范。还明确规定对名为保理，但实际上不构成保理合同法律关系的，按照实际法律关系处理。

第二，关于保理合同中保理人主给付义务内容的认识。保理交易中保理人的主给付义务包括"提供资金融通、应收账款管理或者催收、应收账款债务人付款担保等服务"，保理业务实质上是应收账款转让与融资、委托代理、应收账款催收与管理等服务要素的组合。在保理合同定义时，明确保理合同的主给付内容，有利于确定保理合同专有的权利义务内容，从而区别保理合同与非保理合同。如果应收账款债权人未转让应收账款，则不能构成保理交易。对于保理人的主给付义务，国际统一私法协会 1988 年发布的《国际保理公约》要求保理人至少需要履行列举的两项内容，FCI 2010 年颁布的《国际保理通则》只要求保理人至少履行一项内容；国内监管机构的规范性文件对此没有明确规定；国内保理交易实践中，亦不强制要求保理人必须提供两项以上的服务内容。因此，方案二延续国内监管机构的规范性文件的表述方式"保理人提供×××等服务的合同"。一方面不直接回应争议问题，另一方面可以为解释保理合同的适用范围预留空间。在具体保理交易中，如果保理人不提供"应收账款债务人付款担保"，则是有追索权保理；如果保理人不提供"资金融通"，保理人可能提供的是到期保理或者预付保理服务（无追索权保理）；如果保理人只提供"资金融通"，而不提供其他保理服务，亦是被允许的。正如有学者所言，《民法典》第 761 条规定的保理合同的四项内容，如果保理人只提供一项服务，则应在"资金融通"和"应收账款债务人付款担保"中选择其中之一；保理人在不提供上述两项服务内容的前提下，不得任意选择"应收账款管理或者催收"中的一项作为保理合同内容。[1]对此

---

〔1〕　方新军：《〈民法典〉保理合同适用范围的解释论问题》，载《法制与社会发展》2020 年第 4 期。

解读，本章持赞同观点。2019 年 10 月中国银保监会办公厅发布的《关于加强商业保理企业监督管理的通知》亦规定商业保理企业不得专门从事或受托开展与商业保理无关的催收业务、讨债业务。

第三，关于叙作保理业务的应收账款范围。应收账款是会计学术语，在法律上表现为债权。结合国际规则和国内监管机构的规范性文件的表述，特别是《动产和权利担保统一登记办法》，我国在解释论上基本承认保理合同的客体既包括销售货物，也包括提供服务，甚至包括由相关设施的租赁所产生的金钱债权或者收益。明确保理合同的应收账款范围，需要说明以下两个问题。

（1）将来的应收账款能否纳入保理业务范围。在调研中发现，无论是银行保理还是商业保理行业，均强烈主张明确将来的应收账款也应当纳入保理业务范围。在具体的保理业务中，保理人通过整体让与的方式针对未来债权开展保理业务的做法是非常普遍的。[1]但根据《商业银行保理业务管理暂行办法》第 13 条规定以及保理行业的发展现状，在将来的应收账款转让条件尚不明确的情况下，能否直接规定将来的应收账款可以叙作保理业务，存在较大争议。中国银行业协会 2016 年印发的《中国银行业保理业务规范》第 10 条规定，"……银行可以受让未来应收账款，但不得针对未来应收账款发放保理融资……"。而 2019 年 10 月中国银保监会办公厅发布的《关于加强商业保理企业监督管理的通知》没有对此作出明显限定。此外，有地方法院的研究观点认为，《商业银行保理业务管理暂行办法》第 13 条"旨在引导保理商控制经营风险，并不涉及合同效力判断。……增加自身经营风险的同时，也会带来额外收益和正外部效应，司法不宜过度介入市场主体给予商业判断做出的选择"。[2]由此可见，无论是保理行业还是审判实务，对于将来的应收账款叙作保理业务均出现放宽的趋势。

并且就其他国家或地区立法例而言，《澳门商法典》第 872 条第 1 款、

---

〔1〕 具体介绍参见方新军：《〈民法典〉保理合同适用范围的解释论问题》，载《法制与社会发展》2020 年第 4 期。

〔2〕 江苏省高级人民法院民二庭课题组：《国内保理纠纷相关审判实务问题研究》，载《法律适用》2015 年第 10 期。

《俄罗斯联邦民法典》第 826 条均有规定；国际公约层面上，《联合国国际贸易中应收款转让公约》《国际保理公约》都规定了将来债权的转让。因此，方案三明确了应收账款包括现有的和将来的应收账款。但在当前金融宏观调控政策发生重大调整的背景下，将来的应收账款范围是否需要作出进一步限定，则是价值选择问题。可能作出的选择有两种思路，一是现在或者将来的应收账款可以叙作保理业务，但对于将来的应收账款，保理人只能提供为应收账款债务人付款担保（可以包括应收账款催收或管理）的服务，而不能提供资金融通服务；二是针对将来应收账款大体可以划分成已有基础关系的将来应收账款和没有基础关系的将来应收账款两类，前者系债权在将来发生，但作为其发生原因的法律关系客观存在而且内容明确，同时将来权利发生也具有极大盖然性，则具有可转让性。[1]后者是仅有事实关系，而无法律原因且未发生的、纯粹的将来债权，能否作为保理标的物，尚需要进一步研究论证。

笔者认为，应当区分未来应收账款的形态区别认定。对于仅有未来订立合同意向的约定，其确定性和特定性较弱，一般认为是无基础的将来债权，双方尚无开展保理业务的基础，构成借贷法律关系。而对于附生效条件或附始期的合同所生债权，基础法律关系已然存在，若将来特定事实的出现有极大可能性的，也可成为让与的标的。[2]对于已经成立但尚未履行或部分履行的合同，其基础法律关系存在，买方可以基于有效成立的基础合同要求卖方发货或者提供相应服务，卖方亦可请求买方支付相应的价款。此时，应收账款是否产生需要结合合同的实际履行情况加以判断，但这并不影响保理合同的效力。需要注意的是，在此情形下保理商的付款请求权只有待应收账款实际产生并得以确定之后才得以主张。而对于未来收费权，尽管它是基于政府特许经营权产生的收费权，[3]就会计记账角度而言，其属于投资权益而不是

---

〔1〕 参见韩海光、崔建远：《论债权让与的标的物》，载《河南省政法管理干部学院学报》2003年第 5 期。

〔2〕 参见崔建远：《合同法总论（中卷）》，中国人民大学出版社 2012 年版，第 468 页。

〔3〕 高圣平：《民法典担保物权制度修正研究——以〈民法典各分编（草案）〉为分析对象》，载《江西社会科学》2018 年第 10 期。另有观点认为，收费权与一般合同债权并无二致，参见谭九生、蒲红华：《公路收费权质押贷款担保若干问题的探讨》，载《当代法学》2003 年第 1 期。

应收账款的范畴。〔1〕但我们不应拘泥于收费权法律性质的差异而将其一概排除在保理业务的范畴以外。天津市高级人民法院发布的《保理纪要（一）》就明确肯定了保理商受让的标的包括"公路、桥梁、隧道、渡口等不动产收费权让渡产生的债权"。对于未来收费权开展保理业务的，其适格条件与前述基于合同行为产生的债权并无二致，保理商应当综合判断该收费权成立的基础，并结合商事交易惯例合理核定融资额度。

（2）票据债权是否作为保理标的物。参考国内监管机关的规范性文件，均将因票据产生的付款请求权排除在保理业务范围之外。对此，有学者认为，对于保理业务而言，并非票据债权不能成为保理合同的客体，而是票据债权的转让需符合票据法的专门规定。〔2〕在调研中发现，保理合同纠纷涉及票据的场合主要有两种，一是包括保理人取得基础交易合同形成的票据权利，二是无基础交易的"票据保理"或以保理形式开展票据贴现业务。前者是保理人基于合法有效的保理业务取得票据，在诉讼中基于票据请求权基础或者保理合同产生的请求权基础主张权利；后者是票据与应收账款不存在对应关系以及是否存在真实的基础交易，可能会产生不同的法律后果。在无真实基础交易关系场合下，保理人的付款行为构成实质上的票据"贴现"。参照《九民纪要》第101条第1款规定：票据贴现属于国家特许经营业务，合法持票人向不具有法定贴现资质的当事人进行"贴现"的，该行为应当认定无效，贴现款和票据应当相互返还。因此，本章认为，对票据债权让与的限制属于管理性的强制性规范，原则上不影响保理合同效力的观点，需谨慎对待。

三、《民法典》第763条虚构应收账款的规定

《民法典》第763条规定："应收账款债权人与债务人虚构应收账款作为转让标的，与保理人订立保理合同的，应收账款债务人不得以应收账款不

---

〔1〕 崔建远：《关于债权质的思考》，载《法学杂志》2019年第7期。
〔2〕 方新军：《〈民法典〉保理合同适用范围的解释论问题》，载《法制与社会发展》2020年第4期。

存在为由对抗保理人，但是保理人明知虚构的除外。"本条是关于保理中虚构应收账款的规定。当事人以基础交易合同虚假为由，主张案涉保理合同无效，是较为常见的保理合同纠纷类型。应收账款不存在可能有两种不同的场景，一是应收账款债权始终不能确定地发生，二是交易当事人故意虚构基础交易，这两种情况不能在一个条文中作出规定。并且对于第二种场景下，涉及的主要问题是责任的承担方式，可由司法政策性文件予以具体明确。

域外立法例中，在不存在真实的应收账款的场合下，不同的立法例存在不同的规定方式。一种方式是统一规定通谋虚伪意思表示不得对抗善意第三人，包括虚构基础交易合同这一情形，如《奥地利普通民法典》第916条第2款、《日本民法典》第94条第2款等；另一种方式是针对虚构基础交易合同作出特别规定，如《德国民法典》第405条[1]；还有一种方式是受让人有权请求债务人承担侵权的损害赔偿责任。就法律责任承担方式角度而言，基本共识是针对本条规定的情形，债务人应当向保理人承担责任，区别在于所承担的责任是必须履行本不存在的应收账款所对应的债务，还是对受让人承担侵权赔偿责任。本条最终采取的是债务人不得以应收账款不存在为由对保理人提出抗辩的方式，有助于实践中债务人承担责任数额的确定。

司法实务中，对本条的理解可分解为三个层次。

（1）保理人不知道或者不应当知道基础交易虚构。尽管基础交易的真实存在是保理合同有效成立的前提和基础，但是应收账款债权人与债务人虚构基础交易时，作为善意第三人的保理人仍然有权主张保理合同项下的权利。保理人不知道或者不应当知道应收账款系虚构的场合下，无论是应收账款债权人单方虚构应收账款作为转让标的，抑或债权人和债务人共同虚构应收账款作为转让标的，均构成应收账款不存在的客观事实。在保理合同法律关系下，保理人构成意思表示错误，可行使合同撤销权。[2]需要注意的是，应收

---

[1]　《德国民法典》第405条规定，债务人出具关于债务之文书者，如于文书提出时而为债权让与，债务人不得对新债权人主张债的关系成立或者承认系出于虚伪，或与原债权人曾有债权不得让与的约定。但新债权人于债权让与时明知或者可得而知其情事者，不在此限。参见黄薇主编：《中华人民共和国民法典合同编释义》，法律出版社2020年版，第607页。

[2]　参见最高人民法院（2019）最高法民申2994号民事裁定书、最高人民法院（2019）最高法民申1533号民事裁定书。

账款债权人和债务人共同虚构应收账款作为转让标的时，保理人可基于保理合同（应收账款付款请求权）请求债权人履行付款义务，[1]责任范围以虚构的应收账款数额为限。司法实践中，若保理人以应收账款债权人、债务人共同侵权为由请求债权人和债务人承担连带赔偿责任，[2]有法院认为，应收账款债务人不顾应收账款金额的真实性进行确认并加盖公章的行为具有重大过错，且其行为足以使保理人相信并确认基础交易项下的合格应收账款。因此，应收账款债务人应当对保理人的损失承担侵权损害赔偿责任。[3]在诉权行使方式上，基于不同的请求权规范基础，保理人享有复数请求权，既可以提起合同之诉，也可以提起侵权之诉，两者并不相悖。[4]由于我国广泛采纳旧诉讼标的理论（实体法所规定的请求权在诉讼法上即对应形成诉讼标的），[5]当事人不得同时以两个诉由起诉。保理人在违约之诉败诉后，可再以侵权提起后诉。然而，请求权相互影响说也并非完美，为纠正其在理论上的自我割裂及其在实践中的异化，新近主张常常致力于统合法律效果，强化对受害人的保护。"汝给我事实，我给汝法律"，但这样的理想图景仍有待实体法与程序法的改革方能实现。[6]

（2）若保理人明知或者应知基础交易不存在的，保理合同无效，其不得要求应收账款债务人还款。保理人明知或者应知基础交易虚构的场合下，即本条保留的"保理人明知虚构的除外"的但书。此规定与《民法典》第146条关于通谋虚伪意思表示的规定一脉相承。保理人与应收账款债权人（融资申请人）在作出通谋虚伪意思表示时，保理合同不发生效力。尽管保理合同无效的效力存在绝对无效（德国）和不得对抗善意第三人说（奥地利、日

---

[1] 参见最高人民法院（2014）民二终字第271号民事判决书。

[2] 关于债权侵权责任，学界和实务界普遍认可第三人故意侵害债权的应当承担侵权责任。参见杨立新、李怡雯：《债权侵权责任认定中的知悉规则与过错要件——（2017）最高法民终181号民事判决书释评》，载《法律适用》2018年第19期。

[3] 参见上海市第二中级人民法院（2015）沪二中民六（商）终字第386号民事判决书。

[4] 叶名怡：《〈合同法〉第122条（责任竞合）评注》，载《法学家》2019年第2期。

[5] 李浩：《不当得利与民间借贷的交集——诉讼实务中一个值得关注的问题》，载《清华法学》2015年第1期；王亚新、陈晓彤：《前诉裁判对后诉的影响——〈民诉法解释〉第93条和第247条解析》，载《华东政法大学学报》2015年第6期。

[6] 叶名怡：《〈合同法〉第122条（责任竞合）评注》，载《法学家》2019年第2期。

本）两种立法例，但虚构行为在合同当事人之间绝对无效已经达成一致。[1] 保理人明知虚构仍与应收账款债权人（融资申请人）订立保理合同受让应收账款的，双方当事人之间不成立保理合同法律关系，保理人与应收账款债权人（融资申请人）之间的权利义务关系应当按照当事人之间的真实意思表示加以确定，通常表现为民间借贷或者金融借款法律关系。

（3）保理人作为开展保理业务的有专业能力和经验的市场主体，对基础交易的真实性负有合理审查义务。保理人明知应收账款虚构与保理人怠于履行审查义务不同。《商业银行保理业务管理暂行办法》第 14 条、第 15 条明确了商业银行办理保理业务时对基础交易真实性的审核义务，商业银行应当"重点对交易对手、交易商品及贸易习惯等内容进行审核，并通过审核单据原件或银行认可的电子贸易信息等方式，确认相关交易行为真实合理存在，避免客户通过虚开发票或伪造贸易合同、物流、回款等手段恶意骗取融资"。据此，保理合同签订前，保理人通常会结合历史交易情况、市场同类交易情况、客户预留印鉴、商品出入库情况、发票信息等审核基础交易合同，确认应收账款真实性。虽然上述规定是监管机构对保理人开展经营活动制定的监管规则，保理人未履行监管要求应承担相应的行政责任，但在保理交易中，保理人的审查义务系保理人的权利，如果负担该类审查义务的主体没有履行审查义务，其承担法律的不利益。需要注意的是，实务中，当事人以金融机构未履行审查义务为由主张不承担付款责任的案件并不鲜见。不过有法院判决依据行政监管法律法规认定金融机构怠于履行审查义务，进而判令金融机构承担责任。笔者认为，应当澄清行政监管规范对民事交易行为效力、履行及责任的影响。在行政监管规范对当事人合同权利义务之间的影响法律依据不明确时，不能当然以行政监管要求作为商事审判中当事人过错、责任认定的依据。保理人未充分履行对基础交易的审核义务时，法律后果是保理人分担自身发生的相应损失，而不能成为当事人拒绝付款的抗辩理由。

---

[1] 包晓丽：《保理项下应收账款转让纠纷的裁判分歧与应然路径》，载《当代法学》2020 年第 3 期。

四、《民法典》第764条关于保理人发出转让通知应表明身份的规定

《民法典》第764条规定："保理人向应收账款债务人发出应收账款转让通知的，应当表明保理人身份并附有必要凭证。"该条是关于保理人发出转让通知应表明身份的规定。在调研中发现，保理行业普遍反映，保理业务开展存在诸多欺诈风险。比如，应收账款债权人虚构交易，伪造债务人印章在应收账款转让通知送达回执上盖章，伪造送货单、验收单、对账单等。因此，若立法能够明确保理人作为债权转让通知义务主体，能够有效降低保理业务操作性的法律风险。

首先，欺诈风险是保理人开展业务过程中最常见、风险系数最高的经营风险和法律风险，属于行业发展的"痛点"，符合制定法律及司法政策的基本目的。

其次，域外比较法上，在一般的债权转让中，对于转让通知的发出主体，有不同的立法例，如《日本民法典》第467条第1款规定通知发出主体限于让与人，《瑞士债务法》第167条规定让与人或者受让人均可发出转让通知。《联合国国际贸易中应收款转让公约》第13条第1款和第17条第7款规定，让与人当然可以发出转让通知，受让人发出转让通知的必须附有必要凭证，受让人未提出必要凭证的，转让通知不发生效力……保理合同立法并未突破既有立法的制约，应当更加主动融入国际贸易规则当中，优先采纳国际贸易规则和惯例。

最后，保理业务实操中，保理人更有动力主动发出转让通知，特别是隐蔽型保理，由保理人发出转让通知更加符合交易结构的设计。因此，最高人民法院建议稿第3条规定，让与人可以单独或者与保理人共同向应收账款债务人发出债权转让通知。保理人向应收账款债务人发出债权转让通知的，应当明示保理人身份并附债权让与的必要凭证。

发出转让通知的主体包括三种情形，让与人单独发出，让与人和受让人共同发出，受让人单独发出。在前两种场合下，对于发出通知并未附加表明身份和必要凭证的限制。而对于受让人单独发出的场合，则需要对于必要凭证的内容以及债务人对必要凭证的审核义务程度作出进一步研判。《民法

典》保理合同章第 764 条立法亦是如此。必要凭证的内容一般包括两类：一是保理人、让与人之间形成的书面文件，包括保理合同或债权转让通知书等，二是让与人向保理人申请叙作保理业务时提交的与基础贸易相关的书面文件，包括基础交易合同或贸易单据等。保理人单独发出转让通知时，仅向应收账款债务人提供了上述第一类凭证，不构成充分的必要凭证，转让通知不发生效力，债务人可以向让与人履行债务，债务人也有权要求保理人在合理期间内提供充分的必要凭证，并在保理人提供之前有权拒绝履行。需要注意的是，由保理人发出债权转让通知，是保理交易中的特殊规定，不能当然反推适用于一般债权转让当中。在一般债权转让中，发出让与通知的主体原则上应当限于让与人。

五、《民法典》第 765 条基础交易合同协商变更或者终止对保理人效力的规定

《民法典》第 765 条规定："应收账款债务人接到应收账款转让通知后，应收账款债权人与债务人无正当理由协商变更或者终止基础交易合同，对保理人产生不利影响的，对保理人不发生效力。"本条是关于基础交易合同协商变更或者终止对保理人效力的规定。根据一般债权转让规则的原理，让与通知为债权让与对债务人生效的要件，学理上并无争议。应收账款债务人接到债权让与通知后，有权向保理人主张抗辩、抵销。债权转让规则中有争议的是，让与通知是否同时为让与人和受让人之间债权让与的生效要件；或者，让与通知是否构成受让人得以对抗其他第三人的要件，[1]学界形成了合同发生说和通知要件说。《民法典》第 546 条第 1 款对《合同法》第 80 条第 1 款作出修改，进一步明确了债权人转让债权，未通知债务人的，受让人仍能取得债权，仅是该转让对债务人不发生效力。这一立法例采纳了合同发生说观点。进而，在受让人与转让人的关系中，为进一步加强受让人的地位保障，也需要在交易制度设计上以受让人取得债权为出发点作出相应的制度安排。

---

〔1〕　徐涤宇：《〈合同法〉第 80 条（债权让与通知）评注》，载《法学家》2019 年第 1 期。

"为保障受让人获得债权利益，当转让债权不存在、价值降低或者第三人主张权利时，让与人依据债权转让合同对受让人负有瑕疵担保责任。虽然《民法典》对此未明确规定，但《民法典》第 646 条结合出卖人瑕疵担保责任，可以推导出让与人的瑕疵担保责任。"[1]让与人违反负有保持转让债权价值的义务的行为是否对受让人发生效力？从国内有关保理合同纠纷处理的司法实践来看，存在不同的观点，肯定说认为变更或者终止基础交易合同对受让人发生效力，受让人有权向让与人主张解除保理合同并要求损害赔偿，或者要求让与人承担违约责任。[2]否定说认为让与通知到达债务人后，让与人和债务人协商变更或终止基础交易合同，不能对抗保理人，除非保理人明确表示同意。[3]

本章赞同否定说，在债务人收到转让通知之前，由于债权转让对债务人不发生效力，故让与人免除债务或者与债务人协商变更或者终止债权的行为，即使导致受让人利益受损，该行为对受让人发生效力。在债务人收到转让通知后，未经受让人同意，让与人作出的此等不利于受让人利益的行为，虽然在让与人和债务人之间具有效力，但对受让人不发生效力，受让人仍有权向债务人主张原转让债权。最高人民法院司法判决亦持有相同的观点。[4]本条制定中，借鉴了其他国家及地区立法和国际贸易立法的主流立法例，从解释论上增加了受让人同意该等行为的可能性，以及让与人与债务人之间的行为对受让人并无不利，该等行为自然能够对受让人发生效力的适用空间。

司法实务中，需要注意以下几个问题：第一，在债权转让合同生效后，

---

〔1〕 朱虎：《债权转让中的受让人地位保障：民法典规则的体系整合》，载《法学家》2020 年第 4 期。

〔2〕《保理纪要（二）》第 5 条第 1 款第 2 项规定："债权人变更基础合同的行为导致应收账款的有效性、履行期限、付款方式等发生重大变化，致使保理商不能实现合同目的，保理商可以向债权人主张解除保理合同并要求赔偿损失，或者要求债权人依照保理合同约定承担违约责任。"

〔3〕 贺小荣主编：《最高人民法院民事审判第二庭法官会议纪要 追寻裁判背后的法理》，人民法院出版社 2018 年版，第 278 页。

〔4〕 中国平煤神马集团物流有限公司、中国平煤神马能源化工集团有限公司金融借款合同纠纷，(2018) 最高法民再 129 号民事判决书：在发出债权通知之前，债权人与债务人修改基础交易合同抗辩事由对债权受让人有效；在发出转让通知之后，债权人与债务人修改基础交易合同抗辩事由对债权受让人不具有效力，除非债权受让人表示同意。

受让人取得债权，但因让与通知尚未送达债务人，即便让与人与债务人协商变更或者终止基础交易合同导致受让人利益受损，该行为对受让人发生效力，受让人所取得债权相应变动，受让人仅能依法解除债权转让合同或者请求让与人承担违约责任。

第二，本条规定实质上有条件地承认了即便未经保理人同意，让与通知发出后，应收账款债权人与债务人之间协商变更或者终止基础交易合同对保理人发生效力的可能。此种场合下，立法条文设计中设置了"正当理由"和"不利影响"两个限制条件。就司法裁判的角度而言，可以预见司法裁判中支持应收账款债权人、债务人有正当理由协商变更或者终止基础交易合同，对保理人未产生不利影响的裁判并不会普遍存在。毕竟让与人、债务人对于"正当理由"和"是否产生不利影响"的证明责任较大，法院裁判标准亦有待进一步发展。

第三，保理人取得应收账款权利的范围。由于债权转让仅引起具体的债权移转于保理人，让与人仍然是基础关系（如合同）的当事人，需要确认哪些权利仍然属于让与人，哪些权利属于保理人。除了法律明确保理人取得与债权有关的从权利，专属于让与人的除外，但基础交易合同的很多权利并非债权的从权利，让与人由此保留了一定范围的权利。一般认为，受让人承受让与债权的一切法律地位，包括由该债权所发生的结果债权。例如，债务人由于拒绝履行、迟延履行或其他债务不履行所引起的违约责任以及费用返还请求权、代位物返还请求权。而由于未按约定履行或瑕疵履行等引起的权利行使，如减价、解除，在同样的范围内影响到让与人与受让人的法律地位。学界区分为债权关联权利和合同关联权利。[1]债权关联性权利原则上随债权转让而转移至受让人处，合同关联性权利，例如解除权、撤销权会导致合同关系的全部内容随之改变，受让人不因取得债权而自动取得该权利。

第四，本条针对的情形在一般债权转让中亦会发生，如果在其他债权转让中出现类似的问题，可以参照本条处理。

---

〔1〕 参见朱虎：《债权转让中的受让人地位保障：民法典规则的体系整合》，载《法学家》2020年第4期。

六、《民法典》第 766 条有追索权保理的规定

《民法典》第 766 条规定："当事人约定有追索权保理的，保理人可以向应收账款债权人主张返还保理融资款本息或者回购应收账款债权，也可以向应收账款债务人主张应收账款债权。保理人向应收账款债务人主张应收账款债权，在扣除保理融资款本息和相关费用后有剩余的，剩余部分应当返还给应收账款债权人。"域外立法例中，有的以有追索权保理为原型规定保理人有追索权，但合同另有约定的除外；有的以无追索权保理为原型规定保理人无追索权，但合同另有约定的除外；还有的同时规定有追索权保理和无追索权保理，以供当事人选择。[1]《民法典》第 766 条仅对有追索权保理业务的核心内容进行了描述，但未对其法律性质作出认定。[2]调研中发现，即便是有追索权保理业务，因具体的合同条款设计以及案件事实的不同，并不能当然得出一个普遍定性。故有追索权保理合同的法律性质，实质上是一个判断形式意思表示下是否存在实质法律关系的问题，进而判断是按照形式意思表示内容发生法律效力，还是按照可能存在的实质权利义务关系发生法律效力。

笔者认为，针对保理业务中的应收账款转让，需要从法律性质的认定和交易目的两个层次予以考察。在交易目的上，无应收账款不能发生保理业务，即保理交易应以应收账款转让为前提，但此交易结构的涉及能否得出保理交易的法律性质是债权转让呢？就保理人的追索权而言，类似于融资业务中常见的"回购条款"，基于保理人的主张产生相应的合同义务，是保理人基于风险控制"加挂"的权利保障措施，追索权本身并不对保理合同法律性质的认定产生影响。抛开追索权而言，有追索权保理与无追索权保理并无本质区别，都是以保理合同为基础，应收账款债务人的加入构成了债法上的

---

[1] 黄薇主编：《中华人民共和国民法典合同编释义》，法律出版社 2020 年版，第 613 页。

[2] 从已有的司法裁判观点分析，我国司法裁判对于有追索权保理合同法律性质认定主要有四种观点，即"以让与债权为担保的借贷关系""以转让债权为间接给付的借贷法律关系""附有转换为借贷合同约定的债权转让法律关系"以及"附担保条件的债权转让法律关系"。具体内容参见李忱：《论有追索权保理的法律性质——基于司法审判观点的实证研究》，载《浙江金融》2018 年第 8 期。

涉第三人利益的合同关系，由应收账款债务人向保理人履行付款义务。

司法实务中，应注意以下几个问题：第一，调研中发现，保理人提起诉讼的案件，多数案件是同时提起两项请求权，法院裁判多是认可这两项请求权是可以合并审理的。[1]《担保制度司法解释》第 66 条第 2 款[2]的规定持相同观点。保理人既享有对应收账款债务人的付款请求权，又享有对债权人（保理融资申请人）的价款返还请求权，但两者的合同依据不同。前者基于基础交易合同产生，后者基于保理合同产生，此两项请求权具有相互独立性。需要强调的是，此处的债务人不能清偿应当理解为到期后保理商向债务人主张履行而未获清偿这一客观事实，而无需以诉讼等方式提出，也不要求客观不能清偿。这两项请求权均作为保理融资款及相应费率的回收保障和手段，在范围上应当以保理融资款本息和相关费用为限，应收账款债权人或债务人一方对保理人履行义务，则另一方免除相应的清偿责任。

第二，同时提起两项请求权的裁判文书主文的表述。应收账款债务人、债权人承担责任的范围、顺位和性质，与相应的保理合同条款的设计息息相关，而司法裁判对商事交易的意思自治保持着比较一贯的尊重。在调研中发现，裁判文书主文的表述并非整齐划一的，更多是根据保理合同的约定进行选择和组合。从现有的裁判文书来看，法院裁判观点旗帜鲜明地坚持保理人不得重复受偿的认识。同时充分尊重保理合同的约定，在裁判保理人受偿顺位上，第一顺位是应收账款债务人应当承担偿还应收账款的义务。尽管保理人往往希望诉诸连带责任规则实现自己的权利，但从民法基本原理与探求当事人真实意思表示出发，既有裁判共识认为，债权人在债务人未能清偿的范围内承担补充责任。[3]需要注意的是，这不同于一般保证中的补充责任，融资申请人（债权人）并不享有先诉抗辩权。债务人不能清偿应当理解为到期后保理人向债务人要求履行而未获清偿这一客观事实，而无需以诉讼等方

〔1〕 如（2019）粤 01 民终 8393 号民事判决书、（2019）沪 74 民终 418 号民事判决书。

〔2〕《担保制度司法解释》第 66 条第 2 款规定："在有追索权的保理中，保理人以应收账款债权人或者应收账款债务人为被告提起诉讼，人民法院应予受理；保理人一并起诉应收账款债权人和应收账款债务人的，人民法院可以受理。"

〔3〕 贺小荣主编：《最高人民法院第二巡回法庭法官会议纪要（第一辑）》，人民法院出版社 2019 年版，第 50 页。

式提出，也不要求客观不能清偿。[1]此处的"补充"强调顺位的先后性，实际上构成不真正连带之债。关于清偿范围，同样初步形成了不真正连带责任承担的处理思路。在应收账款债务人清偿之后，保理人对于债权人的请求权消灭；在应收账款债权人偿还融资款本息等费用后，视为从保理人处回购应收账款债权；在应收账款债务人不能承担全部还款责任时，应由债权人共同承担还款责任，对于债权人承担部分按照所占应收账款额度的比例，从保理人处回购（或者反转让）相应比例的应收账款债权。由于保理人的诉讼请求与裁判认识并不完全一致，建议在审理中进行释明，在裁判文书主文中应当全部予以表述。

七、《民法典》第 768 条应收账款债权重复转让的规定

《民法典》第 768 条规定："应收账款债权人就同一应收账款订立多个保理合同，致使多个保理人主张权利的，已经登记的先于未登记的取得应收账款；均已经登记的，按照登记时间的先后顺序取得应收账款；均未登记的，由最先到达应收账款债务人的转让通知中载明的保理人取得应收账款；既未登记也未通知的，按照保理融资款或者服务报酬的比例取得应收账款。"在保理交易实践中，应收账款重复转让是较为普遍的。最高人民法院立法建议稿采纳了应收账款转让登记制度，民法典予以吸收。正如全国人大常委会法制工作委员会在民法典条文释义中对于立法例所做的立法选择理由，采取登记在先的方式，保理人调查成本、监督防范成本、实现债权的执行成本都是最低的，并且有助于防止债权人和其他人串通损害保理人的道德风险，提高债权的流通和担保价值，最终降低债权人的融资成本。[2]《民法典》第 768 条立法明确规定了均未登记的和既未登记也未通知的场合下的优先顺位和受偿方式。

本条是应收账款债权重复转让的规定，其"入典"原因主要考虑以下因素：第一，保理合同"入典"主要基于保理合同交易规则与法定债权转让一般规则相比存在特殊性，所以应予以专门规定。应收账款转让登记在实务中已

---

〔1〕 参见最高人民法院（2014）民二终字第 271 号民事判决书。

〔2〕 参见黄薇主编：《中华人民共和国民法典合同编释义》，法律出版社 2020 年版，第 617 页。

经存在大量的实践操作，而一般债权转让并无登记的规则和实践需要。

第二，调研中发现，有地方法院反映应收账款转让后办理出质登记的，会导致保理人与质押权人之间的优先权冲突的问题。目前，中国人民银行关于应收账款质押登记制定了专门的规范性文件，但应收账款转让没有具体的规范。就相关立法例而言，《美国统一商法典》第九章、《联合国国际贸易中应收款转让公约》均有应收账款登记制度的内容。我国民法典合同编保理合同章确立应收账款转让登记制度，有利于厘清债权转让与通知和应收账款登记对债务人效力的区别，明确应收账款转让登记与应收账款质押的受偿顺位。

第三，在保理交易实践中，应收账款重复转让是较为普遍的。以中企云链"云信"交易模式为例，应收账款多次转让项下的保理融资，保理行与再保理行的权力可能发生冲突。我国《民法典》第546条第1款规定了债权人转让债权，未通知债务人的，该转让对债务人不发生效力，但对于债务人以外的第三人的效力，未作特殊规定。司法实务当中，并未采取登记优先原则。至于采取合同优先原则还是通知优先原则，存在争议。对于受让同一笔应收账款的多个保理人之间的优先顺位的确定，不同的立法例存在不同的观点。有的采取转让合同成立在先的规则，例如《德国民法典》；有的采取通知在先的规则，例如《意大利民法典》第1265条、《希腊民法典》第460条等；有的采取登记在先的规则，例如《美国统一商法典》第9–323条（a）、《联合国国际贸易法委员会担保交易示范法》第18条等。

基于上述理由，我们建议引入应收账款转让登记制度，具体建议分为两款：一是明确了应收账款债权人转让应收账款于保理人，应当在法定登记平台办理转让登记；未办理登记的，不影响保理合同效力。二是应收账款债权人将同一应收账款重复转让，导致多个保理人主张权利的，已登记的先于未登记的受偿。均已登记的，按照登记的先后顺序受偿。《民法典》第768条同样采取了转让登记制度。正如全国人大常委会法制工作委员会在民法典条文释义中对于立法例所做的立法选择理由，采取登记在先的方式，保理人调查成本、监督防范成本、实现债权的执行成本都是最低的，并且有助于防止债权人和其他人串通损害保理人的道德风险，提高债权的流通和担保价值，最终降低债权人的融资成本。[1]该条立法进一步明确规定了均未登记的和既未登记也未通知的场合下的优先顺位和受偿方式。

在具体法条理解上需要重点把握以下两个方面的问题：第一，对应收账款转让登记的认识。《民法典》物权编担保物权分编的修改主要集中在动产担保交易制度的完善。虽然没有重构统一动产担保物权体例，但基于所有权保留、融资租赁、保理业务等交易中所有权或者应收账款在经济功能上起着担保功能，《民法典》已经朝着动产担保交易的方向改变了既有的交易规则，采取了与动产抵押权一样的登记对抗主义模式。具体而言，《民法典》第 641 条第 2 款、第 745 条已经与《民法典》第 403 条趋同，基本实现了动产担保设立、公示规则上的统一。[2]借助于登记公示方法的引入，所有权保留、融资租赁不再是"隐蔽"的交易。需要注意的是，不动产登记簿采取物的编成，每项不动产都具有相应的登记页，同时实行"交易登记制"，登记机构负有一定程度的审核义务，物权变动模式采取登记生效主义。包括应收账款在内的动产登记和权利担保登记，采取人的编成，为每一个担保人设立一个登记页，实行"声明登记制"。当事人自助登记，登记机构提供登记平台，登记簿仅是提醒第三人关注动产和权利上存在其他人的权利负担。据此，两种登记虽然公用"登记"之名，但登记机构、具体规则和效力截然不同，前者是真正的登记，后者作为警示登记更类似于"备案"。[3]应收账款转让登记并非担保物权的设立，但登记产生对抗效力，登记的时间决定了实现应收账款债权的优先顺位。

第二，重复转让条件下的受偿顺序。因《民法典》统一采取了登记对抗主义，登记时间的先后就成为动产担保权之间发生冲突时确立彼此之间优先顺位的客观标准。在"先登记者优先规则"之下，《民法典》第 414 条第 1 款第 1 项、第 2 项确立了已经登记公示的动产担保权，可对抗其后登记公示的动产担保权；亦可对抗其他未登记公示的动产担保权，而不管后者的设

---

[1] 参见黄薇主编：《中华人民共和国民法典合同编释义》，法律出版社 2020 年版，第 617 页。

[2] 高圣平：《民法典动产担保权优先顺位规则的解释论》，载《清华法学》2020 年第 3 期。

[3] 朱虎：《债权转让中的受让人地位保障：民法典规则的体系整合》，载《法学家》2020 年第 4 期。

立先后。《民法典》第414条第2款规定，"其他可以登记的担保物权，清偿顺序参照适用前款规定"，如采取功能主义的担保物权观念，无须区分担保型的和完全型的债权转让，也可纳入该款中的"担保物权"，得出相同的结论。[1] 保理交易中应收账款重复转让的场合下，前手保理人、后手保理人受让同一应收账款，已经进行转让登记的优先于未进行转让登记的保理人受偿；均已经登记，登记时间在先的优先于登记时间在后的保理人受偿。但是保理业务的核心是债权转让，债权转让中存在通知债务人的可能性。在无法依据登记时间确定优先顺位的前提下，通知在先的方式确定优先顺位的效率肯定是高于应收账款转让协议成立的先后的。本条依次采纳了登记在先和通知在先的规定。本条规定是债权转让一般规则的反映，在保理交易之外的其他债权转让中，可以类推适用受让人顺位的确定。需要注意的是，未登记的动产担保权之间的优先顺位，《民法典》第414条第1款第3项采取了"平等受偿"的立法态度。根据这一立法理念，保理交易中，关于应收账款重复转让均未办理转让登记也未通知场合下，前手保理人、后手保理人按照保理融资款或者服务报酬的比例取得应收账款。根据比例平等受偿适用于保理交易，而对于其他一般债权转让交易，不能当然适用本条规则。

【关联法条】

▶法律法规

《民法典》

　　第七百六十一条　保理合同是应收账款债权人将现有的或者将有的应收账款转让给保理人，保理人提供资金融通、应收账款管理或者催收、应收账款债务人付款担保等服务的合同。

　　第七百六十二条　保理合同的内容一般包括业务类型、服务范围、服务期限、基础交易合同情况、应收账款信息、保理融资款或者服务报酬及其支

---

　　〔1〕　朱虎：《债权转让中的受让人地位保障：民法典规则的体系整合》，载《法学家》2020年第4期。

付方式等条款。

保理合同应当采用书面形式。

第七百六十三条 应收账款债权人与债务人虚构应收账款作为转让标的，与保理人订立保理合同的，应收账款债务人不得以应收账款不存在为由对抗保理人，但是保理人明知虚构的除外。

第七百六十四条 保理人向应收账款债务人发出应收账款转让通知的，应当表明保理人身份并附有必要凭证。

第七百六十五条 应收账款债务人接到应收账款转让通知后，应收账款债权人与债务人无正当理由协商变更或者终止基础交易合同，对保理人产生不利影响的，对保理人不发生效力。

第七百六十六条 当事人约定有追索权保理的，保理人可以向应收账款债权人主张返还保理融资款本息或者回购应收账款债权，也可以向应收账款债务人主张应收账款债权。保理人向应收账款债务人主张应收账款债权，在扣除保理融资款本息和相关费用后有剩余的，剩余部分应当返还给应收账款债权人。

第七百六十七条 当事人约定无追索权保理的，保理人应当向应收账款债务人主张应收账款债权，保理人取得超过保理融资款本息和相关费用的部分，无需向应收账款债权人返还。

第七百六十八条 应收账款债权人就同一应收账款订立多个保理合同，致使多个保理人主张权利的，已经登记的先于未登记的取得应收账款；均已经登记的，按照登记时间的先后顺序取得应收账款；均未登记的，由最先到达应收账款债务人的转让通知中载明的保理人取得应收账款；既未登记也未通知的，按照保理融资款或者服务报酬的比例取得应收账款。

第七百六十九条 本章没有规定的，适用本编第六章债权转让的有关规定。

▶**部门规章**

《商业银行保理业务管理暂行办法》

第十三条 商业银行应当根据自身内部控制水平和风险管理能力，制定适合叙做保理融资业务的应收账款标准，规范应收账款范围。商业银行不得基于不合法基础交易合同、寄售合同、未来应收账款、权属不清的应收账款、因票据或其他有价证券而产生的付款请求权等开展保理融资业务。

未来应收账款是指合同项下卖方义务未履行完毕的预期应收账款。

权属不清的应收账款是指权属具有不确定性的应收账款，包括但不限于已在其他银行或商业保理公司等第三方办理出质或转让的应收账款。获得质权人书面同意解押并放弃抵质押权利和获得受让人书面同意转让应收账款权属的除外。

因票据或其他有价证券而产生的付款请求权是指票据或其他有价证券的持票人无需持有票据或有价证券产生的基础交易应收账款单据，仅依据票据或有价证券本身即可向票据或有价证券主债务人请求按票据或有价证券上记载的金额付款的权利。

第十四条　商业银行受理保理融资业务时，应当严格审核卖方和/或买方的资信、经营及财务状况，分析拟做保理融资的应收账款情况，包括是否出质、转让以及账龄结构等，合理判断买方的付款意愿、付款能力以及卖方的回购能力，审查买卖合同等资料的真实性与合法性。对因提供服务、承接工程或其他非销售商品原因所产生的应收账款，或买卖双方为关联企业的应收账款，应当从严审查交易背景真实性和定价的合理性。

第十五条　商业银行应当对客户和交易等相关情况进行有效的尽职调查，重点对交易对手、交易商品及贸易习惯等内容进行审核，并通过审核单据原件或银行认可的电子贸易信息等方式，确认相关交易行为真实合理存在，避免客户通过虚开发票或伪造贸易合同、物流、回款等手段恶意骗取融资。

▶司法解释

《担保制度司法解释》

第六十六条　同一应收账款同时存在保理、应收账款质押和债权转让，当事人主张参照民法典第七百六十八条的规定确定优先顺序的，人民法院应予支持。

在有追索权的保理中，保理人以应收账款债权人或者应收账款债务人为被告提起诉讼，人民法院应予受理；保理人一并起诉应收账款债权人和应收账款债务人的，人民法院可以受理。

应收账款债权人向保理人返还保理融资款本息或者回购应收账款债权后，请求应收账款债务人向其履行应收账款债务的，人民法院应予支持。

▶ **行业规定**

《中国银行业保理业务规范》

第十条

(二) 保理业务操作规程至少应包含以下内容：

......

6. 应收账款转让及通知债务人：除单笔核准外，原则上应要求债权人对指定债务人的应收账款整体转让。银行可以受让未来应收账款，但不得针对未来应收账款发放保理融资。

......

▶ **国际条约与惯例**

《国际保理通则（2019）》

第一条　保理合约与应收账款

保理合约是指一项契约，供应商据此可能或者将要向一家保理商转让应收账款（本规则视为"应收账款"，该词视上下文不同，有时也指应收账款的部分)，不论其目的是否为了获得融资，至少需要满足以下一项职能：应收账款分户账管理；应收账款催收；坏账担保。

第十二条　转让

（i）应收账款的转让意味着并构成通过各种方式的对与应收账款相关的所有权利、权益及所有权的转让。根据本定义，对应收账款提供担保权亦被视作应收账款的转让。

（ii）鉴于进口保理商受让了应收账款的完全所有权，因此其有权以自己的名义单独，或与出口保理商和（或）供应商联名起诉或执行催收，其有权以出口保理商名义或以该供应商名义对债务人的付款票据进行收款背书，且进口保理商享有运输中所有的留置权和停运权，以及未获付款的供应商对于已被债务人拒收或退回的货物的一切其他权利。

（iii）所有的应收账款转让必须采用书面形式。

《联合国国际贸易中应收款转让公约》

第 2 条　应收款的转让

在本公约中：

（a）"转让"系指一人（"转让人"）以协议方式向另一人（"受让人"）转移该转让人应从第三人（"债务人"）获得一笔款额（"应收款"）的全部或部分合同权利或其中的未分割权益。作为对债务或其他义务的担保而产生的应收款权利应视为转移；

（b）就初始受让人或其他任何受让人作出的转让（"后继转让"）而言，作出转让者为转让人，转让的对方为受让人。

【典型案例】

1. 四川浩普瑞公司与深圳阜鼎汇通公司、荆州沃特玛公司等其他合同纠纷 ［上海金融法院（2019）沪 74 民终 418 号民事判决书］

基本案情

【法院查明事实】 2017 年 4 月 1 日，荆州沃特玛公司向四川浩普瑞公司背书转让汇票号码为×××的电子商业承兑汇票，出票人和承兑人均为深圳沃特玛公司，收票人为荆州沃特玛公司，票据金额为 500 万元，汇票到期日为 2018 年 2 月 24 日，后四川浩普瑞公司又于 2017 年 4 月 21 日向深圳阜鼎汇通公司背书转让了该汇票。2017 年 4 月 1 日，荆州沃特玛公司向四川浩普瑞公司背书转让汇票号码为×××的电子商业承兑汇票，出票人和承兑人均为深圳沃特玛公司，收票人为荆州沃特玛公司，票据金额为200万元，汇票到期日为2018年3月24日，后四川浩普瑞公司又于2017年4月27日向深圳阜鼎汇通公司背书转让了该汇票。2017年4月1日，荆州沃特玛公司向四川浩普瑞公司背书转让汇票号码为×××的电子商业承兑汇票，出票人和承兑人均为深圳沃特玛公司，收票人为荆州沃特玛公司，票据金额为200万元，汇票到期日为2018年3月25日，后四川浩普瑞公司又于2017年4月27日向深圳阜鼎汇通公司背书转让了该汇票。上述三张电子商业承兑汇票到期后，深圳阜鼎汇通公司提示付款均未获兑付。

另查明，《商业保理业务合同》第4.1条约定："四川浩普瑞公司负有以双方约定价款向原告回购应收账款的义务，四川浩普瑞公司向深圳阜鼎汇通公司履行完毕回购义务后，深圳阜鼎汇通公司将已受让的应收账款转回给被告四川浩普瑞公司……"第5.2条约定："……对于深圳阜鼎汇通公司已发放的保理融资款，若买家（包括荆州沃特玛公司）在约定期限内不能足额偿付应收账款，深圳阜鼎汇通公司有权向四川浩普瑞公司追索该笔保理对应的未偿融资款及相关费用。"第10条约定："如四川浩普瑞公司未能按照约定时间清偿保理融资款及相应的各种费用……自逾期之日起，逾期违约金按未偿保理融资款本金的0.3%按日收取……"第14.2条约定："因任何一方违反本合同任一约定导致损失，应由违约方承担。违约损失包括但不限于逾期违约金、催收费、公证费、律师费、诉讼费、调查取证费、财产保全费、评估拍卖费等。"深圳阜鼎汇通公司为实现本案债权支出律师费15万元。贺某江向原告出具的《最高额担保函（不可撤销）》约定的2.4万元最高额度为保理融资款本金余额最高限额。

裁判要点

【一审法院裁判要点】深圳阜鼎汇通公司与四川浩普瑞公司签订的《商业保理业务合同》《应收账款转让协议》，深圳阜鼎汇通公司与四川浩普瑞公司共同向荆州沃特玛公司出具的《应收账款转让通知书》，贺某江向原告出具的《最高额担保函（不可撤销）》，均系各方当事人的真实意思表示，且于法无悖，故依法成立有效，各方当事人理应恪守。荆州沃特玛公司辩称其非涉案保理合同当事人，深圳阜鼎汇通公司无权在本案中向其主张权利，四川浩普瑞公司亦辩称若深圳阜鼎汇通公司基于债权转让关系起诉，则其非本案适格被告。本案系保理合同纠纷，深圳阜鼎汇通公司与四川浩普瑞公司因签订《商业保理业务合同》而形成保理融资法律关系，四川浩普瑞公司与荆州沃特玛公司之间因应收账款转让而形成债权债务法律关系，该两种法律关系共同构成了一笔完整的保理融资交易业务，具有整体性，在不违反相关法律规定的情况下，两种法律关系宜作一案处理，因此，对两被告的上述辩称，不予采信。荆州沃特玛公司辩称系争交易名为"应收账款保理"实为"票据贴现"，但未提供各方具有将系争交易模式约定为"票据贴现"的意思表示的依据，故法院对其该项辩称亦不予采信。

【二审法院裁判要点】首先，《商业保理业务合同》《应收账款转让协议》《应收账款转让通知书》系各方当事人的真实意思表示，且于法无悖，故依法成立有效，各方当事人理应恪守。因深圳阜鼎汇通公司在保理融资到期后，未足额收回应收账款，故其有权按照涉案《商业保理业务合同》的约定行使追索权。上诉人四川浩普瑞公司虽辩称其向深圳阜鼎汇通公司背书转让涉案三张电子商业承兑汇票的行为应视为履行了清偿保理融资款的义务，但本院认为，因系争交易各方并未约定交付票据后基础债权即消灭，深圳阜鼎汇通公司亦未实现票据付款请求权，表明其未能收回四川浩普瑞公司转让的应收账款，故其有权在既享有保理融资款追索权又享有票据追索权的情形下择一行使，主张保理融资款追索权。其次，深圳阜鼎汇通公司为实现本案债权支出律师费15万元，符合《商业保理业务合同》的约定，由四川浩普瑞公司承担。另外，深圳阜鼎汇通公司受偿后，不影响四川浩普瑞公司基于其与荆州沃特玛公司的基础债权债务关系主张相关权益。最后，深圳阜鼎汇通公司已撤回对深圳沃特玛公司行使追索权的诉讼，上诉人四川浩普瑞公司无证据证明深圳阜鼎汇通公司与深圳沃特玛公司达成庭外和解，因此，深圳阜鼎汇通公司不存在两次诉讼重复获益的行为。

2. 仁合立信公司与祥润公司、辅仁集团企业借贷纠纷 [河南省郑州市中级人民法院（2019）豫01民初1457号民事判决书]

基本案情

【法院查明事实】2017年12月16日，仁合立信公司与祥润公司签订《国内保理业务合同》，约定甲方（仁合立信公司）按照每次《应收账款转让申请核准书》核准的金额给予乙方（祥润公司）融资；本合同项下的保理业务属于有追索权保理；任何一方违反本合同的约定、陈述、保证，视为该方违约，违约方应当依法或依本合同的约定承担相应的违约责任；乙方未按期偿还本合同项下融资本金及融资利息的（含被宣布提前到期），甲方自应支付日起，有权对逾期的金额（以截至逾期当日应付的本息额为基数）按日万分之五的比例收取逾期利息，按每日千分之四的比例收取逾期违约金。该合同附件四《应收账款转让申请核准书》载明仁合立信公司同意给予祥润公司保理融资金额为5000万元，融资手续费率为2.5%（期初一次性收取），融资利率为9.5%/年，融资利息按季收取，收取日为每个自然季度末月20日。仁合立信公司于2017年12月21日向祥润公司指定账户转入保理融资借款5000万元，祥润公司于同日向仁合立信公司出具《借款借据》，载明借款期限为：自2017年12月21日起至2018年12月21日止，金额5000万元。

关于前述《国内保理业务合同》，辅仁集团向仁合立信公司出具《担保书》一份，内容为辅仁集团承诺对前述合同项下祥润公司应承担的融资本金、延期手续费、违约金等承担连带保证责任。

2018年12月6日，仁合立信公司核准祥润公司的申请，同意将前述款项的还款日延期至2019年11月21日，辅仁集团就此向仁合立信公司出具《承诺书》一份，内容为承诺已知悉延期事宜，并确认继续对案涉保理融资业务提供不可撤销的连带责任保证担保。合同到期后，祥润公司未归还保理融资借款本金，未按约定向仁合立信公司支付延期手续费，仅支付延期期间的利息至2019年3月21日，此后未再支付后续利息，辅仁集团亦未履行保证责任，仁合立信公司催要未果，遂诉至法院。

本案另查明，原被告约定因案涉《国内保理业务合同》和《担保书》

发生的争议，应向协议签订地人民法院起诉，案涉《国内保理业务合同》和《担保书》的签订地均为郑州市郑东新区商务内环 1 号千玺广场×××室。

裁判要点

【法院裁判要点】根据已查明的事实，本案争议焦点为，案涉保理合同及担保合同是否有效？

首先，关于案涉融资款项的性质，根据《关于当前商事审判工作中的若干具体问题》的规定，对于实务中存在的"以保理之名行借贷之实"的情况，"应查明事实，从是否存在基础合同、保理商是否明知虚构基础合同、双方当事人之间实际的权利义务关系等方面审查和确定合同性质。如果确实是名为保理、实为借贷的，仍应当按照借款合同确定案由并据此确定当事人之间的权利义务"。根据仁合立信公司提供的证据材料，案涉《国内保理业务合同》的实际履行集中在保理融资方面，而其他保理业务环节有所欠缺，不符合保理业务的实质特征，因此本案融资款项名为保理、实为企业间的资金借贷。

其次，原被告签订案涉国内保理业务合同及担保书内容不违反法律规定，又系双方真实意思表示，仁合立信公司在协议签订后按照约定将相应保理融资款项转入祥润公司指定账户，履行了合同义务。被告辅仁集团主张案涉《国内保理业务合同》和《担保书》系无效合同，但未能举证证明其主张。根据 2015 年《民事诉讼法解释》第 90 条的规定，辅仁集团应承担举证不能的不利后果。因此，案涉《国内保理业务合同》和《担保书》系依法成立并生效的合同，双方均应履行，被告祥润公司未按约定还款，应承担还款及违约责任，被告辅仁集团亦应当承担连带保证责任。

关于被告应承担的逾期违约金标准及期限。案涉《国内保理业务合同》约定违约方应按每日千分之四的比例支付逾期违约金，该约定标准超出了法律保护的范围，法院结合相关法律规定，综合考量企业间资金借贷的合理成本、费用等因素，酌定本案借款逾期违约金按年利率 24% 计算，祥润公司已支付利息至 2019 年 3 月 21 日，违约金应当自该日起计算。被告祥润公司经法院合法传唤无正当理由未到庭参加诉讼，不影响法院对本案的审理。

第四章

《民法典》第 761 条之将来应收账款

赵申豪[*]

---

[*] 赵申豪，中山大学法学院副教授。

2019 年，我国保理业务总量达到了 4035.04 亿欧元，再次高居全球第一，占全球总量 13.83%。[1]在保理业务中，叙作保理的债权不仅是现实的应收账款，实务中不乏保理商以将来应收账款叙作保理业务。[2]根据深圳前海合作区人民法院的统计，自 2014 年至 2018 年审理的所有保理合同纠纷案件中，35.29% 的案件所涉应收账款为将来应收账款。[3]

尽管"以将来应收账款叙作保理"是常规的商业操作，但在规范层面，将来应收账款保理的效力却存在争议。《商业银行保理业务管理暂行办法》第 13 条第 1 款规定，商业银行不得基于未来应收账款而开展保理融资业务。但是，部分地方法院制定的规范性文件却承认了将来应收账款保理合同的效力。[4]规范上的相互矛盾导致了司法实务上的同案不同判。有法院就以"将来应收账款实际不存在"为由否认保理合同的效力。[5]但是，也有法院认为，《商业银行保理业务管理暂行办法》性质属于部门规章，不得作为否定保理合同效力的根据。[6]《民法典》的保理合同章回应了上述争议，其第

〔1〕 See "FCI Annual Review 2020", https://fci.nl/en/news/press-release-today-fci-publishes-2020-global-factoring-annual-review, last visited 19-08-2020.

〔2〕 参见徐燕：《我国保理业务发展研究》，载《金融研究》2003 年第 2 期。

〔3〕 参见包晓丽：《保理项下应收账款转让纠纷的裁判分歧与应然路径》，载《当代法学》2020 年第 3 期。

〔4〕 《前海保理裁判指引（试行）》第 2 条、第 12 条，《保理纪要（一）》第 2 条，《保理纪要（二）》第 3 条。

〔5〕 参见"中国工商银行股份有限公司临武支行、郴州市姣龙矿业有限公司与临武县泡金山铅锌矿有限公司、邝发良等金融借款合同纠纷"，湖南省郴州市中级人民法院（2017）湘 10 民终 2234 号民事判决书。

〔6〕 参见"永丰余（上海）商业保理有限公司与上海赛科利汽车模具技术应用有限公司合同纠纷"，上海市浦东新区人民法院（2015）浦民六（商）初字第 S19410 号民事判决书；"南京新一棉纺织印染有限公司、合肥科技农村商业银行股份有限公司宁国路支行合同纠纷"，安徽省合肥市中级人民法院（2018）皖 01 民终 981 号民事判决书；"平安银行股份有限公司武汉分行、大唐河南能源有限责任公司合同纠纷"，湖北省高级人民法院（2017）鄂民终 3113 号民事判决书。此外，根据《中国银

761 条规定，保理合同的标的物不仅包含现有的应收账款，也包含将有的应收账款。该规定使得"将来应收账款保理的有效性"这一问题得到了解决，但同时又带来了一系列的新问题。

在《民法典》公布以前，虽然缺乏专门的保理法律法规，但由于保理合同的主体结构是债权让与，因此基本可通过《合同法》第 79—87 条予以调整。然而，《合同法》第 79—87 条以现实债权为预设的调整对象，考虑到现实债权与将来债权在特定性、债务人的确定性等方面存在差异，将之适用于将来债权，难免产生抵牾。《民法典》虽将保理合同的标的物拓展至将来债权，却未增设相应的调整规则，既有理论对这方面的研究也多有不足。规范与理论层面的双重缺位，势必会导致法律适用上的不确定性，进而对日益增长的将来应收账款保理业务造成不利影响。有鉴于此，本章拟对将来应收账款保理在法律适用中可能遇到的诸问题予以分析，以期对司法实务有所裨益。

"将来应收账款"并非一个法学术语，《民法典》也没有对它给出明确的定义。因此，在分析具体问题之前，有必要先界定将来应收账款的内涵与外延。此外，对于将来应收账款在保理业务中的具体作用，也应当简单介绍。

一、《民法典》中的将来应收账款的外延界定

"将来应收账款"一词有不同的称谓。《民法典》使用的是"将有的应收账款"，也有裁判使用"未来应收账款"[1]或"将来的应收账款"[2]，为行文方便，本章统一称为"将来应收账款"。笔者认为，《民法典》第 761 条

（接上页）行业保理业务规范》第 10 条相关规定，银行可以受让未来应收账款，但不得针对未来应收账款发放保理融资。可见，《商业银行保理业务管理暂行办法》第 13 条之所以禁止银行以将来债权开展保理业务，只是因为银行资金具有公共性，为公共利益考虑应禁止这种风险较大的业务，但不禁止单纯的受让将来债权。

〔1〕 参见"大唐河南能源有限责任公司、平安银行股份有限公司武汉分行合同纠纷再审审查与审判监督民事裁定书"，最高人民法院（2018）最高法民申 4586 号民事裁定书。

〔2〕 参见"花旗银行（中国）有限公司重庆分行与重庆龙城精锻机械有限公司董建平等金融借款合同纠纷一审民事判决书"，重庆市渝北区人民法院（2016）渝 0112 民初 2929 号民事判决书。

的将来应收账款，是广义的概念，具体包含以下外延。

（一）狭义的将来应收账款

应收账款本是会计学术语。在会计学上，应收账款是企业因销售商品、提供服务或办理工程结算等业务，应向对方收取的款项。它具有以下特征：第一，应收账款是企业基于日常经营活动而有权收取的款项；第二，应收账款以企业已提供商品或服务为前提；第三，应收账款是流动资产，通常可在短期内变现。[1]而对于将来应收账款，《商业银行保理业务管理暂行办法》第 13 条第 2 款规定，它是指合同项下卖方义务未履行完毕的预期应收账款。可见，该条的将来应收账款仍然是现实债权，只不过因卖方尚未履行对待给付义务，买方享有履行抗辩权。有实务裁判也认为，将来应收账款是"仅签订了买卖合同，但尚未供货而产生的应收账款"。[2]

从会计学上，很容易理解将来应收账款的"将来性"。根据《企业会计准则》，会计核算以权责发生制为基础，凡在本期发生应归属于本期的收入，不论是否在本期已实际收到或未收到的货币资金，均应作为本期的收入处理。正因如此，只有当卖方已履行了合同中对应的义务，该债权才可以被作为应收账款列入资产负债表中。而当卖方尚未履行对应的义务时，该债权尚未变成应收账款，因此具有将来性。

（二）将来债权

除狭义的将来应收账款外，《民法典》中的将来应收账款还包括将来债权。"将有的应收账款"一词在《民法典》中一共出现了两次，分别是《民法典》第 440 条与第 761 条。《民法典》第 440 条是关于应收账款质押的规范，该条未对应收账款下定义，但根据《动产和权利担保统一登记办法》第 3 条第 1 款，应收账款是指应收账款债权人因提供一定的货物、服务或设施而获得的要求应收账款债务人付款的权利以及依法享有的其他付款请求

---

〔1〕　［美］卡尔·S. 沃伦、詹姆斯·M. 里夫、菲利普·E. 费斯：《会计学》，杜兴强、郭剑花、雷宇译，中国人民大学出版社 2008 年版，第 204 页。

〔2〕　参见"北京银行股份有限公司天津和平支行与中再资源再生开发有限公司、天津乾坤特种钢铁有限公司等合同纠纷二审民事裁定书"，最高人民法院（2016）最高法民终 6 号民事裁定书。

权，包括现有的以及将有的金钱债权（将来债权）。依体系解释，《民法典》与《动产和权利担保统一登记办法》对"应收账款"一词的定义理应相同，因此，《民法典》上的将来应收账款也应包括将来债权。而且，依历史解释，在该条前身《民法典合同编（草案）（二次审议稿）》第 552 条之一中，立法者所使用的术语是"将来发生的债权"，后来为了术语的统一才改用了"将有的应收账款"。

将来债权有别于狭义的将来应收账款。后者是基于已生效的合同而享有的债权，仍属于现实债权，只不过由于债权人尚未履行对待给付义务，而使得债务人享有履行抗辩权。而所谓将来债权，是指签订债权让与或质押合同时尚未生效，但将来有可能发生的债权。[1] 有学者认为，将来债权也包括"债权已经存在但是履行期未至等情形"。[2] 但根据债法原理，履行期尚未届满只导致是否享有履行抗辩权的问题，并不影响债权的现实存在。[3]

实践中常见的将来债权包括：（1）附停止条件债权；（2）附始期债权；（3）已有基础法律关系，但因欠缺一定事实而尚未发生的债权（如继续性合同债权）；（4）仅有事实关系而无法律关系存在，且未发生的债权（如有待缔结的雇用合同所涉及的债权）。[4] 有学者以"是否有基础法律关系"为标准，把将来债权分为有基础法律关系的将来债权与无基础法律关系的将来债权（也称为纯粹将来债权）。前者是指产生债权的基础法律关系已存在，仅根据某一事实（如特定事由之发生或时间之经过等）是否发生就可生效的债权，上述前三种即属于此类；后者是指产生债权的基础法律关系尚未存在的债权，上述第四种即属于此类。[5] 纯粹将来债权又可分为有事实基础的纯粹将

---

〔1〕 申建平：《论未来债权让与》，载《求是学刊》2007 年第 3 期。

〔2〕 韩海光、崔建远：《论债权让与的标的物》，载《河南省政法管理干部学院学报》2003 年第 5 期。

〔3〕 参见申建平：《债权让与制度研究——以让与通知为中心》，法律出版社 2008 年版，第 117 页。

〔4〕 参见张道周：《应收账款管理契约之研究》，台湾大学 2001 年硕士学位论文。

〔5〕 参见黄立：《民法债编总论》，中国政法大学出版社 2002 年版，第 616 页、第 617 页。德国民法理论上也采用这种分类方式。Larenz, Lehrbuch des Schuldrechts, Band I, Allgemeiner Teil, 14. Aufl., C. H. Beck 1987, S. 584f. 转引自朱晓喆：《资产证券化中的权利转让与"将来债权"让与——评"平安凯迪资产支持专项计划"执行异议案》，载《财经法学》2019 年第 4 期。此外，孙森焱教授对于将来债权的分类采用了"三分法"，将它分为：（1）基础法律关系已经存在、将来依特定事由而发生之

来债权与无事实基础的纯粹将来债权。[1]前者如公路收费权,它虽然无基础法律关系,但有"公路"这一事实作为支撑,从而具有较大的实现可能性;后者如将来订立劳动合同而产生的劳动债权,其将来实现的可能性相对较小。

当然,将来债权在不同法域中内涵亦不同。在英国法上,基于既有合同关系而在将来肯定会产生的请求权,被认为属于现实债权。[2]因此,至少附期限的债权不属于将来债权。另外,美国法也认为附条件、附期限的债权不属于将来债权,它们的调整规则与无基础法律关系的将来债权迥异。[3]

(三) 本章聚焦的重点

基于上文分析,《民法典》第 761 条的将来应收账款,不仅包含狭义的将来应收账款,也包含将来债权。但是,本章所研究的重点是将来债权保理,而非狭义的将来应收账款保理。理由如下:

保理的主体结构是债权让与。因此,将来应收账款保理的效力等问题,实际上等价于将来应收账款的可让与性等问题。由于狭义的将来应收账款属于现实债权,因此,从解释论上看,它具有可让与性是毋庸置疑的。此外,对于狭义的将来应收账款保理实务中所遇到的让与通知、债务人抵销权等问题,也可以直接适用债权让与的相关规定 (《民法典》第 545—549 条)。

诚然,应收账款与狭义的将来应收账款虽然都属于现实债权,但两者仍然存在区别。在前者中,债权人已履行对待给付义务,债务人负有无条件付款的义务;在后者中,债权人未履行对待给付义务,债务人是否付款,既取决于其自身资信,也取决于债权人资信。由此可见,对保理商而言,以后者

(接上页) 债权,比如股利分配请求权、保证人的代位求偿权; (2) 基础法律关系尚未存在,但成立债权的要件已部分存在、待将来补正要件方可成立之债权,比如将来行使撤销权或者解除权,即可发生之返还请求权之债权; (3) 基础法律关系尚未存在,但将来有可能发生之债权,比如将来倘若成立借贷关系,就可成立相应债权。参见孙森焱:《民法债编总论 (下册)》,法律出版社 2006 年版,第 781-782 页。

〔1〕 参见谢在全:《民法物权论 (下册)》,中国政法大学出版社 2011 年版,第 1017 页。

〔2〕 参见董京波:《资产证券化中的将来债权转让制度研究》,载《中国政法大学学报》2009 年第 2 期。

〔3〕 [美] A. L. 科宾:《科宾论合同 (一卷版) (下册)》,王卫国等译,中国大百科全书出版社 1998 年版,第 300-303 页。

叙作保理所面临的风险更大。正因如此，《商业银行保理业务管理暂行办法》第13条第1款禁止商业银行基于未来应收账款而开展保理融资业务。

但是，应收账款与狭义的将来应收账款间的区别，只会导致交易安排与合同条款方面的不同。具言之，在狭义的将来应收账款保理中，为防范债权人违约带来的风险，双方一般会约定，如果应收账款债权人与应收账款债务人就基础合同的履行、付款等产生纠纷，致使应收账款债务人不履行付款义务，则该笔保理业务由无追索权保理变为有追索权保理，保理商可直接向债权人追偿。[1]但是，在法律适用层面，两者所遇到的法律问题都是现实债权让与中的一般性问题，也有可资适用的规范，不具有特殊性，因此不是本章研究之重点。

二、将来债权在保理融资中的意义

保理的一般交易结构是，债权人将其对于特定债务人基于买卖合同等而享有的债权转让给保理商，保理商提供融资、应收账款催收等服务。除现实债权外，实务中不乏保理商以将来债权叙作保理。[2]"很长一段时间里，将来债权让与被认为系无效，因为单纯对期待利益的让与被认为可能具有投机性。但是，面对商业尤其是银行业压倒一切的实际需要，对将来债权让与的理论上和政策上的反对终于全部消失。其中，保理业务的发展对传统民法理论的冲击是关键原因。"[3]商业实践之所以青睐于将来债权保理，主要是基于交易效率的考量。

具体说来，在实践中，保理合同有两种签订方式：一种是逐笔债权签订保理合同，即针对现实产生的债权逐笔签订保理合同；另一种是一揽子保理合同，即将已经产生的和将要产生的债权作为一个整体签订保理合同。第二种方法可以避免逐笔债权签订合同而带来的繁琐，而且有利于保理商利益之

---

[1] 参见《关于应收账款银行保理业务的监管提示》，载 http://www.csrc.gov.cn/pub/beijing/xxfw/bjfxjs/201503/t20150309_269859.htm，最后访问日期：2020年9月9日。

[2] 参见徐燕：《我国保理业务发展研究》，载《金融研究》2003年第2期。

[3] 参见〔德〕海因·克茨：《欧洲合同法（上卷）》，周忠海、李居迁、宫立云译，法律出版社2001年版，第392-395页。

保护，一旦将来债权实际发生，保理商对该债权的权利从合同订立时起即有效，这在让与人破产或者有第三人对该债权主张权利时会对保理商比较有利。[1]实务中，将来债权保理具体有两种交易模式。

第一种交易模式是，买卖双方建立有稳定长期的业务关系，买方依市场情况，不定时、不定量地向卖方采购货物或服务，逐笔付款。对卖方而言，如果等到买卖合同订立时才逐笔转让应收账款，不仅手续上过于繁琐，且融资额度有限。因此，实务中的通常做法是，卖方与保理商约定一定期限内的可循环动用之额度，以该额度为上限，卖方将对于买方的应收账款转让给保理商。[2]这时候，叙作保理的债权是将来债权。如果买卖双方间已存在继续性合同关系，则该将来债权是有基础法律关系的将来债权；如果买卖双方尚未签订合同（而只是存在稳定的业务关系），则该将来债权是纯粹将来债权。将来债权保理对于初创型中小企业的意义尤为重大。这些企业既缺少不动产与机器设备，也没有既存的应收账款，将来债权是唯一可用来融资的手段。[3]

第二种交易模式是，我国实践中发展而来的 POS 保理模式。POS 保理模式具体是指，商户将其未来一段时间内可能通过 POS 机获得的将来债权提前转让给保理商，保理商提供融资。[4]这一基于无基础法律关系的将来债权而开展的保理模式为解决小微商户融资难问题提供了有效路径。

这两种交易模式的主要区别是：将来债权的债务人是否特定。在第一种交易模式中，即使买卖双方尚未成立合同关系，但基于稳定长期的业务关系，将来债务人是确定的；而在第二种交易模式中，商户的将来债务人是数量众多的不特定的第三人，将来债务人无法特定。在债权让与中，"通知债

---

〔1〕 参见［英］弗瑞迪·萨林格：《保理法律与实务》，刘园、叶志壮译，对外经济贸易大学出版社 1995 年版，第 120-122 页。但是，也有学者不同意这一观点，认为保理商对该债权的权利应该在将来债权产生时有效。参见方新军：《〈民法典〉保理合同适用范围的解释论问题》，载《法制与社会发展》2020 年第 4 期。对这一问题，后文会详细分析。

〔2〕 参见林发立：《最高法院对于将来债权让与通知之见解对于金融实务之影响》，载《万国法律》2010 年第 171 期。

〔3〕 参见王文宇：《从资产证券化论将来债权之让与——兼评 2001 年台上字第 1438 号判决》，载王文宇：《民商法理论与经济分析（二）》，中国政法大学出版社 2003 年版，第 235 页。

〔4〕 参见上海市第一中级人民法院（2015）沪一中民六（商）终字第 640 号民事判决书。

务人"是对抗债务人的要件，也是债权变动的公示手段，有着重要的法律意义。而在第二种交易模式中，由于将来债务人不确定，因此无法预先通知债务人，由此将导致"通知债务人"在第二种交易模式中事实上无法操作，这是两种模式的区分意义。至于具体的法律问题与解决方法，后文会详细分析。

三、将来债权让与的法律效力

由于将来债权保理的主体结构是将来债权让与，因此将来债权保理的法律效力等价于将来债权让与的法律效力。对这一问题，应区分处分行为与负担行为而定。

（一）《民法典》公布前将来债权让与的法律效力

在《民法典》公布前，关于"将来债权让与是否有效"这一问题，规范层面与司法实践层面都存在争议。

1. 将来债权让与在规范层面的争议

在规范层面，2015 年《关于当前商事审判工作中的若干具体问题》[1]承认了将来债权的可让与性，但前提是将来债权存在对应的基础合同，可见，该文件中所谓的可以让与的将来债权，只是指附条件或附期限的将来债权。根据《动产和权利担保统一登记办法》第 2 条第 2 项的规定，将来债权可用于质押，一般来说，可质押的财产以其具有可让与性为前提，因而可认为《动产和权利担保统一登记办法》也承认了将来债权的可让与性。此外，部分地方法院也认可了将来债权的可让与性。深圳前海合作区人民法院《前海保理裁判指引（试行）》第 12 条规定："认定保理合同效力时应当以《中华人民共和国合同法》第五十二条为依据。下列情形不影响保理合同的效力。……；（三）当事人不得仅以保理商所受让的应收账款为未来应收账款进行抗辩的；……"天津市高级人民法院发布了《保理纪要（一）》与《保理纪要（二）》。《保理纪要（一）》第 2 条第 1 款规定："保理合同是

---

〔1〕 该文件规定："对于未来债权能否作为保理合同的基础债权的问题，在保理合同订立时，只要存在基础合同所对应的应收账款债权，则即使保理合同所转让的债权尚未到期，也不应当据此否定保理合同的性质及效力。"

指债权人与保理商之间签订的，约定将现在或将来的……应收账款债权转让给保理商，由保理商向债权人……服务的合同。"《保理纪要（二）》第 3 条第 2 款则规定："债权人向保理商转让未来的应收账款债权时，债务人对应收账款债权进行确认的，不影响其行使基础合同项下的抗辩权。"上述两条也都从侧面承认了将来债权的可让与性。

不过，对于将来债权的可让与性，也有否定性规定。《商业银行保理业务管理暂行办法》第 13 条第 1 款与《中国银行业监督管理委员会关于加强银行保理融资业务管理的通知》第 6 条都规定，商业银行不得基于未来应收账款而开展保理业务。虽然根据上述办法与通知，未来应收账款是指合同项下卖方义务未履行完毕的预期应收账款，它不同于将来债权。但是，举轻以明重，如果债务人享有抗辩权的现实债权都不得让与，那么更具不确定性的将来债权也不得让与。

2. 将来债权让与在司法实践层面的争议

对于将来债权让与的效力问题，司法实践的态度不一。

有判决直接承认了将来债权让与的法律效力。在"重庆重铁物流有限公司、平安银行股份有限公司重庆分行合同纠纷"中，法院认为，《商业银行保理业务管理暂行办法》第 13 条旨在规范商业银行按规定开展保理融资业务，不得作为否认将来债权让与合同效力的根据，在商业实践中，因民商事活动当事人磋商协议的周期性、协议签订与履行的时间顺序不一致性等因素，应承认将来债权保理合同之效力。[1]

也有判决区分了处分行为与负担行为来判断将来债权让与的法律效力。在"徕乾商业保理（上海）有限公司与上海丽粤餐饮管理有限公司、上海荔悦餐饮管理有限公司等其他合同纠纷"中，法院认为，将来债权之让与分处分行为与负担行为，负担行为于合同订立时生效，处分行为系准物权行为，其发生效力需以物之实际存在为前提，因此应于将来债权实际发生时始生效力。如果将来债权到期未实际发生，则处分行为因为标的物自始不能而

---

[1] 参见最高人民法院（2018）最高法民终 31 号民事判决书。

无效。在此之前，处分行为属于效力待定之状态。[1]此外，在"兴发铝业公司与潜江建行等合同纠纷"中，法院也持相同的观点。[2]

也有判决区分了将来债权的种类而判断将来债权让与的法律效力。在"深圳市顺诚乐丰保理有限公司与青岛速通电商物流有限公司、郭某福合同纠纷"中，法院认为，将来债权本质上属于期待权，其分为有基础法律关系的将来债权和无基础法律关系的将来债权。前者指基础法律关系已经设立，但尚未生效，或者债权的产生取决于对待给付的履行，也即最终形成债权的条件能否成就具有或然性。合同当事人对该种将来债权具有合理期待权，因而具有可让与性。后者指基础法律关系尚不存在，但将会签订并形成相应的债权，也就是说，将来能否达成产生债权的合同尚不确定，无法形成期待利益，其转让不应被法律承认。[3]

（二）将来债权让与的法律效力：负担行为与处分行为的双重视角

将来债权让与可以解构为让与合同和让与行为两个法律行为。让与合同是负担行为，只产生债的效力；让与行为是处分行为，会直接导致将来债权的移转。因此，两者的效力判断标准也各不相同。

1. 将来债权让与合同的效力

让与合同的要素是让与债权的义务（负担行为）而非债权移转的效果（处分行为），这意味着，让与合同的有效不以让与行为的有效为前提。尽管负担行为与处分行为有同时生效之可能，但二者在效力上却无必然的因果联系。某合同含有"让与人有义务让与债权"的合意（无论债权是即时归属受让人抑或在嗣后某一时点归属受让人），再加上让与合同生效之其他要件，足以使合同生效。至于让与行为是否有效、嗣后能否生效，涉及让与合同的履行，而不影响让与合同的性质及效力。

在实践中，就有法院以"将来应收账款实际不存在"为由否认让与合

---

[1] 参见上海市浦东新区人民法院（2015）浦民六（商）初字第 19918 号民事判决书。
[2] 参见湖北省汉江中级人民法院（2017）鄂 96 民终 300 号民事判决书。
[3] 参见深圳前海合作区人民法院（2018）粤 0391 民初 2160 号民事判决书。

同的效力。[1]但是，让与标的是否存在最多只和让与行为的效力相关，而不会影响合同效力。在解释论上，合同效力应根据《民法典》第 143 条来判断，但债权让与合同显然与该条前 2 项无涉。另外，虽然《商业银行保理业务管理暂行办法》第 13 条第 1 款规定了商业银行不得基于未来应收账款而开展保理融资业务，但是，该条仅是部门规章而不是法律或行政法规，不足以否定合同效力，而且该条只是出于银行资金安全的考虑而禁止银行以受让将来债权为由来从事保理融资，其适用主体范围有限，因此不影响保理合同之效力。[2]其实，我们可以以将来物买卖来比赋将来债权让与。现代商业贸易中，生产商接到了订单再组织生产是很常见的情形，此时标的物尚未产生，但买卖合同仍然生效。只不过，如果届时货物未实际产生，处分行为不生效，买方无法取得所有权。将来物如此，将来债权也应遵循同一逻辑。因此，债权未实际产生不应是否认让与合同效力的理由。

因此，就让与合同而言，只要合同约定了当事人与债权数额等必备条款，[3]则让与合同成立。如果让与合同同时符合《民法典》第 143 条，则让与合同生效。在签订合同时，将来债权发生之可能性不当然影响合同的效力，如果将来债权未实际发生，只产生违约责任的问题。[4]但是，如债权确定不会产生，则让与合同不生效。[5]此外，如果让与合同约定，让与人将其所有的将来债权转让给受让人，这类合同会产生两方面的不利：第一，对让与人造成经济上的压迫，使让与人处于受奴役状态；第二，使让与人的一般

---

〔1〕 参见 "卡得万利商业有限公司、龙沙区华中电子行民间借贷纠纷"，黑龙江省齐齐哈尔市中级人民法院（2018）黑 02 民终 1562 号民事判决书；"中国工商银行股份有限公司临武支行、郴州市姣龙矿业有限公司与临武县泡金山铅锌矿有限公司、邝发良等金融借款合同纠纷"，湖南省郴州市中级人民法院（2017）湘 10 民终 2234 号民事判决书。

〔2〕 参见 "常州朗锐铸造有限公司与中国光大银行股份有限公司常州支行等金融借款合同纠纷"，江苏省高级人民法院（2015）苏商终字第 00131 号民事判决书；"南京新一棉纺织印染有限公司与合肥科技农村商业银行股份有限公司宁国路支行合同纠纷"，安徽省合肥市中级人民法院（2018）皖 01 民终 981 号民事判决书；"平安银行股份有限公司武汉分行、大唐河南能源有限责任公司合同纠纷"，湖北省高级人民法院（2017）鄂民终 3113 号民事判决书。

〔3〕 参见 2009 年《最高人民法院关于适用〈中华人民共和国合同法〉若干问题的解释（二）》第 1 条。

〔4〕 参见谢在全：《民法物权论（下册）》，中国政法大学出版社 2011 年版，第 1133 页。

〔5〕 参加陈自强：《契约之内容与消灭》，元照出版公司 2018 年版，第 253 页。

责任财产清零，不利于保护让与人的其他债权人。

2. 将来债权让与行为的效力

在过去，将来债权的让与在观念上是不被接受的，因为根据普通法法谚，任何人都不得让与其未拥有的权利。而且，根据民法原理，债权让与属于处分行为，必须以债权已经存在为前提，由于不存在之权利不得为处分，所以将来债权不得让与。[1]

除了上述观念上与概念逻辑上的原因，禁止将来债权让与还有更为实际的考虑：其一，"如果人们能够将其未来所得置于债权人无法影响的状态，那么会有欺诈的风险"。[2]当某人让与了自己将来的薪酬债权，从而失去了努力工作的激励而消极怠工，从而使受让人的利益受损。其二，承认将来债权让与的有效性，受让人因此始终享有对被让与债权的优先权，这会使该债权的后续受让人（指双重让与）与让与人的债权人的权利难以得到有效保护，也就会使处于让与关系之外的其他市场主体与让与人交易时产生顾虑。[3]其三，单纯的"期待利益"之让与可能是投机性的。对让与人而言，如果允许他让与自己全部的将来债权，可能会鼓励他过度提前消费自己的未来财产，而有损经济或人身上的自由。[4]

尽管承认将来债权的让与可能会带来上述隐忧，但在商业实践上它仍是有必要性的。允许将来债权的让与，使受让人获得对抗第三人的效力，一定程度上有利于节约交易成本与鼓励资金融通。将来债权让与在融资担保中意义尤为重要。承认将来债权的让与可以为让与人的融资提供新的手段，特别是可以为缺乏有形资产的企业提供有效的融资手段。在承认将来债权让与的制度

---

〔1〕 参见刘绍猷：《"将来之债权"的让与》，载郑玉波主编：《民法债编论文选辑（中）》，五南图书出版公司 1984 年版，第 899 页。

〔2〕 ［美］E. 艾伦·范斯沃思：《美国合同法》，葛云松、丁春艳译，中国政法大学出版社 2004 年版，第 716 页。

〔3〕 参见杨明刚：《合同转让论》，中国人民大学出版社 2006 年版，第 79 页。

〔4〕 参见 ［德］海因·克茨：《欧洲合同法（上卷）》，周忠海、李居迁、宫立云译，法律出版社 2001 年版，第 392 页。正因如此，"美国部分州立法对这种让与予以限制。比如，《加利福尼亚州劳动法典》第 300 条规定，在转让未来的工资时，必须由雇主填写一份文书，由雇员的配偶以书面形式表示同意，并且，转让目的必须是由受让人向该雇员提供'生活必需品'"。参见王军编著：《美国合同法》，对外经济贸易大学出版社 2011 年版，第 313 页。

下，可以有效地降低交易成本，使让与人最大限度地获得流通资金。商业实践的实际需要已经凌驾于理论与政策方面的反对理由之上，将来债权之让与因而被认为是有效的。[1]诚然，承认将来债权的让与会面临上述一系列不利后果。但是，防范这些不利后果的方式不是简单地禁止，而是通过制度设计尽可能降低上述不利影响。正如克茨教授所言，认可将来债权让与亦有不利因素，即可能不公平地损害让与人的其他债权人之利益，尤其是当让与人破产时，因让与人的真实经济状况不确定，法律安定性也会受到妨碍，但避免此类不利后果的方法不是简单禁止将来债权让与，而是要求具备特定的形式要件。[2]

基于上述，我们也应承认让与行为之效力，但其效力判断标准不同于让与合同。让与行为属于处分行为，以标的特定为生效要件。因此，除了当事人民事行为能力、意思表示，将来债权还需满足特定或可特定性，让与行为方可生效。对于将来债权的可特定性，可通过产生原因与时间、具体数额等予以保证。[3]

3. 可期待性能否成为让与行为的生效要件争议较大

在被转让的将来债权是否需要可期待性问题上，各方认识差异较大。

第一种观点认为，保理当事人约定以将来的应收账款开展保理业务，将有的应收账款应当具有合理可期待性利益。[4]但是，订立保理合同时基于合理可期待性利益预估的将有的应收账款金额与实际最终产生的应收账款金额不一致，不影响保理业务性质及其合同效力。若将来债权的确定性和特定性弱，一般认为是无基础的将来债权，双方尚无开展保理业务的基础，构成借贷法律关系。实际上，肯定将来债权可期待性的观点并未就债权让与负担行为和处分行为进行区分。

---

〔1〕 参见［德］海因·克茨：《欧洲合同法（上卷）》，周忠海、李居迁、宫立云译，法律出版社 2001 年版，第 395 页；陈自强：《契约之内容与消灭》，元照出版公司 2018 年版，第 252 页。

〔2〕 参见［德］海因·克茨：《欧洲合同法（上卷）》，周忠海、李居迁、宫立云译，法律出版社 2001 年版，第 395 页。

〔3〕 但是，如果当事人仅概括约定让与人将日后若干年的某些债权叙作保理，但未明确产生原因与具体数额，则应认为将来债权不可特定。参见林诚二：《将来债权让与之效力》，载陈添辉等：《债权让与》，元照出版公司 2019 年版，第 205 页。

〔4〕 此为本书编写组丁俊峰博士的观点。

此时，"具有合理可期待性利益"，是指以金钱给付为内容的应收账款的预期收益相对稳定，并可合理确定将在未来一定时期内发生。对于基础合同关系已成立，可合理确定将会通过当事人履约产生预期收益相对稳定的未来金钱债权，或者基础合同关系虽尚未成立，但可合理确定能够与相对方建立合同关系并通过当事人履约产生预期收益相对稳定的未来金钱债权，可以认定具有合理可期待性利益。可期待性利益是否经合理预估，当事人应当根据与产生将有的应收账款的资产相关的历史经营情况、收费标准、客户保有量、过往历史现金流贡献、市场同比价格预测、市场发展规划等因素作为综合判断的依据。

具体而言，对于基础合同关系已成立的，应收账款需要通过具体的合同要素予以特定化，如债权人名称、债务人名称、合同名称及编号、预估的应收账款金额等。对于基础合同关系尚未成立的，一般认为应当记录合理期待可产生债权的特定标的信息，如特定具体的公路、桥梁、隧道、渡口的起始点、范围或四至坐落、产权证明、产生债权的特定期间等。

在"卡得万利保理公司与佳兴农业公司等借款合同纠纷"[1]中，法院认为，将来债权让与行为无效，其理由是案涉将来债权不具有可期待性。

法院认为，案涉应收账款对应的基础法律关系在让与时尚未成立，因此该应收账款属于将来债权。将来债权是否可以让与，需要视具体情况而定。详言之，对于将来的权利，如果纯属于子虚乌有，那么这种权利自然不得作为民事交易的对象。但是，如果这种将来债权具有很高的可期待性，那么就应成为一种期待利益，从而受法律保护。所以，案涉将来债权是否具备可让与性，应以该特定将来债权是否具有足够的可期待性来判断，而判断该将来债权的可期待性的依据应当是，其是否具有相对确定性。

现系争《商业保理申请及协议书》及其附件虽对佳兴农业公司此前经营状况予以记载，并以此为基础推算出可转让的将来债权金额，但佳兴农业公司已自认前述记载的经营状况并非真实，卡得万利保理公司亦未对此予以必要的核查，故双方当事人仅据此种虚假记载并不足以对本案所涉将来债权

---

〔1〕 参见上海市第一中级人民法院（2015）沪一中民六（商）终字第 640 号民事判决书、上海市高级人民法院（2016）沪民申 2374 号民事裁定书。

产生合理期待。同时，除经营状况虚假外，《商业保理申请及协议书》也未提及交易标的、交易对手、债权性质等要素，只是对债权产生的期间做了约定。因此，法院认为，案涉将来债权不具有可期待性，从而不具有可让与性。

第二种观点认为，可期待性不应成为将来债权让与的生效要件。[1]前案的保理交易模式是POS保理模式。双方在《商业保理申请及协议书》中约定，保理商卡得万利保理公司给佳兴农业公司融通资金，作为对价，佳兴农业公司将其在签订保理合同之后一定时间内、在其POS机上正常经营所得的将来债权转让给卡得万利保理公司。保理合同对将来债权的产生原因、数额等要素都予以明确，因此该将来债权满足特定性要件。"将来债权的可让与性"从普遍反对到逐步接受的过程，实际上是法学理论让步于商业实践的过程。由于承认将来债权的可让与性有利于中小企业融资，因此，理论上才逐步接受了将来债权的可让与性。同理，POS保理模式对于中小企业——尤其是零售行业——融资也有着不可替代的意义。

具体说来，一般的将来债权保理中，将来债务人是确定的，且债权人和债务人往往存在继续性合同、框架协议或稳定的业务关系，此时，交易对手、债权性质、交易标的等因素均可确定，因此将来债权具有可期待性。但是，这类将来债权的让与人（融资方）通常是供应链的中上游。而对于位于供应链下游的零售商而言，他们的将来债务人不可能是特定的一个人或几个人，而是不特定的消费者。此时，交易对手、债权性质、交易标的等因素均不可确定，将来债权也因此不具有可期待性。如果我们以此为由而否认这类保理合同的效力，不利于零售商的融资。而倘若不允许POS保理模式，零售商想通过保理获得融资，只得采取"逐日受让、逐日放款"的模式，即保理商只受让商户当日形成（即当日刷卡消费），但在T+3日后才会到账的应收账款，[2]且以当日受让的应收账款数额为限逐日支付款项。而这种模式有两个缺点：第一，零售商不能一次性获得大额融资，无法满足商户在一

---

[1] 此为本书编写组赵申豪博士的观点。

[2] 就刷卡消费而言，刷卡金额不是即时到账，而是遵循金融业普遍交易惯例（T+3），在刷卡后第三天到账。因此，一笔POS机刷卡交易会对应一笔限为3天的应收账款。该应收账款是债权人已经履行了对待给付义务的现实债权，而不是将来债权。

定时间内稳定使用资金之需求；第二，逐笔转让需要逐笔在中国人民银行动产融资统一登记公示系统上办理登记，这不仅手续上更繁琐，而且成本也更高（登记费100元/笔）。[1] 因此，为商业实践需求考虑，应承认POS保理模式的效力。

此外，民事法律行为只要没有违反法律、没有损害他人利益或社会公共利益，通常应认定有效。即使上述将来债权不具有可期待性，也只会损害保理商的利益。作为适格的商事主体，保理商有自行判断的能力，法律不应越俎代庖而认定合同无效。况且，可期待性的强弱应该是一个商业判断的问题，而不是法律判断。相较于法院，保理商对于让与人有更深入的了解，如果让与人的信誉较高、业务水平较高，即使该将来债权的交易对手、债权性质、交易标的等因素均不确定，其实现的可能性依然较大。因此，对于可期待性的判断，应下放给保理商自行判断，而非由法院介入。其实，以笔者之见，司法实践否认这类将来债权让与行为的效力，一个重要的理由可能是，在让与时，这类将来债权的债务人不确定，无法实施让与通知，从而使得将来债权让与无法公示，损害了交易安全。但是，《民法典》第768条确立了将来债权让与的登记制度，而登记不以债务人确定为必要。因此，这一顾虑将不复存在。

否定将来债权可期待性的学者认为，将来债权让与中，让与合同与让与行为均应有效，但各自的生效要件不同。让与合同只需约定当事人与债权数额等必备条款，且满足《民法典》第143条，即成立生效；而让与行为还应具备"将来债权特定或可特定"这一要件。此外，可期待性不应成为判断让与行为的生效要件。

四、将来债权让与行为的生效时点

将来债权让与的规范重心在于明确让与效力的发生时点，这是《民法典》没有解决之问题。按照权利处分的原理，权利处分的生效以权利已确定为前提。让与行为成立时将来债权尚未发生，无从发生权利变动，须待债权

[1] 参见胡嘉妮：《论POS机保理业务之法律效力：从"卡得万利案"谈起》，上海交通大学2017年硕士学位论文。

现实存在时始由受让人取得。但若严守上述逻辑，往往不符合交易实际需要。能否在债权发生之前即取得该债权，从而避免被让与人的债权人强制执行的风险以及让与人破产的风险，是受让人的重要考虑事项。[1]对这一问题，理论上存在两种不同的观点，分别是实际发生说（债权实际发生时）与合同生效说（让与合同生效时）。

（一）实际发生说与合同生效说之概览

实际发生说认为，既然将来债权让与行为是附停止条件的法律行为，那么，让与行为的生效时点应是条件成就之时，即债权实际发生时。其理由是，在将来债权让与中，让与行为系处分行为，必须待标的物实际产生时方可生效，因此，债权移转时间也就相应地推迟到债权实际发生时。[2]

与实际发生说不同，合同生效说认为，在将来债权让与中，让与合同成立之时即生效。而对于让与行为，虽然在债权实际发生时让与行为才生效，但该生效时点却溯及让与合同订立之时。[3]如合同没有约定，一般认为，让与行为的生效时点回溯至让与合同生效时。

（二）实际发生说与合同生效说两种观点下法律效果之分野

在实际发生说与合同生效说两种观点下，债权移转至受让人名下的时间不同，从而对当事人的利益结构也有着不同的影响。

1. 实际发生说

依实际发生说，将来债权实际发生时，债权才移转至受让人名下。因此，理论上债权在实际发生时应先归属于让与人，经历"逻辑上之一秒钟"，而后移转至受让人名下。采取该说对受让人的利益会有如下影响。

首先，让与合同订立后而债权实际发生前，受让人不得直接对将来债务

---

〔1〕参见李宇：《保理合同立法论》，载《法学》2019 年第 12 期。

〔2〕参见张道周：《应收账款管理契约之研究》，台湾大学 2001 年硕士学位论文；王文宇：《从资产证券化论将来债权之让与——兼评 2001 年台上字第 1438 号判决》，载王文宇：《民商法理论与经济分析（二）》，中国政法大学出版社 2003 年版，第 223 页。

〔3〕参见朱晓喆：《资产证券化中的权利转让与"将来债权"让与——评"平安凯迪资产支持专项计划"执行异议案》，载《财经法学》2019 年第 4 期。

人提出给付请求。需要说明的是，这里的"请求"是一种预先的请求。既然将来债权未实际发生，债务人不负有给付义务自是应有之义。但是，如果受让人在债权实际发生前就能取得债权，那么其可以在取得之时（债权实际发生前）向债务人做预先通知，待债权实际发生后直接向自己履行，如此则更有利于保护受让人的利益。

其次，如果让与人在债权实际发生前已破产或者被强制执行，那么受让人对于该将来债权所享有之权利不得对抗其他债权人。债权仍归属于让与人之名下，而一旦让与人被强制执行，将来债权被扣押，关于未实现债权部分之让与，不得对抗执行债权人。因此，受让人与执行债权人之优先顺序，取决于"债权实际发生之时点"与"查封之时点"。

最后，将来债权双重让与时，受让人之间无法确定优先顺序。详言之，让与人先把将来债权让与给受让人甲，将来债权实际发生前，让与人再次将之让与给受让人乙，甲乙之间的权利冲突应当如何处理？依理论推演，作出第一次让与行为时，由于债权未实际发生，处分行为未生效，所以让与人所做之第二次处分行为，不能被认为是无权处分，而是两个有权处分共存。因此，当将来债权实际发生时，两个受让人因为条件同时成就，无时间先后之区别。此时的问题是，受让人间的权利冲突关系如何解决。[1]学说上对此有两种观点。第一种观点认为，将来债权实际发生前，让与人不受拘束，因此其可以自由地撤回其第一次处分而为第二次处分；第二种观点认为，将来债权之让与乃是对于一尚未发生之权利所做的处分，其所希冀的效果在权利发生时，始能产生，但处分人却因其业已行使处分权限而受约束，因此处分人其他处分无法再产生效力。[2]若仅依概念逻辑而言，第一种观点显然在逻辑

---

〔1〕 有学者认为可以类推适用无权处分之规则。（参见刘绍猷：《"将来之债权"的让与》，载郑玉波主编：《民法债编论文选辑（中）》，五南图书出版公司 1984 年版，第 900 页。）但是，仅逻辑而言，第二次处分行为不是无权处分。

〔2〕 两种观点均参见黄立：《民法债编总论》，中国政法大学出版社 2002 年版，第 616 页。德国学者也认为，由于让与人已经行使其处分权，这意味着其放弃了他于债权发生时本应享有的处分权，让与人不得单方撤销预先处分。Vgl. Larez，a. a. O.，S. 585；Esser / Schmidt，a. a. O，S. 289. 转引自王笔毅：《将来债权双重概括让与之研究》，载 http://ja. lawbank. com. tw/pdf2/0887-0907. pdf，最后访问日期：2020 年 5 月 9 日。

上更为周延，但在实践效果上却对第一受让人不利。

2. 合同生效说

依合同生效说，除非当事人另有约定，否则让与行为的生效时点溯及让与合同生效时（即作出让与行为时）。相应地，受让人取得债权的时点也提前至让与合同生效时。合同生效说更有利于受让人之保护。

首先，由于将来债权于让与合同生效时已移转至受让人名下，因此债权实际发生前，受让人即对债务人享有请求权与诉讼资格。虽然债权实际发生前，受让人不得对将来债务人请求履行，但受让人的请求权与诉讼资格仍有实际意义。其一，基于该请求权，受让人可以对债务人作出预先的通知；其二，基于该诉讼资格，受让人可以对将来债务人提起确认之诉。[1]

其次，在让与合同生效后而债权实际发生前，让与人如被强制执行，受让人对该将来债权所享有之权利可以对抗其他债权人。而且在将来债权双重让与时，受让人间的优先顺序也可以通过合同生效的时点来判断，不会出现"实际发生说"之下的窘境。

不过，"合同生效说"在理论上面临着一个无法回避的问题：合同生效时，将来债权未实际发生，受让人何以能在该时点取得债权人的地位。对该问题，理论上的解释路径是：在合同生效时，受让人所取得的是该将来债权之期待权，基于期待权，受让人享有了对抗让与人的其他债权人与后续受让人的效力，而且可以溯及让与合同生效时取得该债权。[2]

但笔者认为，期待权理论在解释力上存在不足。依《德国民法典》第161 条第 1 款，处分标的物而附有条件者，于条件成就与否未定时，如就该标的物再作出处分，在条件成就时，致附条件处分之效力因而消灭或毁损者，于此限度内，后一处分行为不生效力；于条件成就与否未定时，依强制执行或假扣押而为的处分或由破产管理人而为的处分，亦同。由此可见，在德国法上，只有附条件的债权才有期待权之效力，从而得以对抗第三人。而在将来债权保理中，将来债权不限于附条件债权，也包含无基础法律关系之

---

〔1〕 参见黄立：《民法债编总论》，中国政法大学出版社 2002 年版，第 616 页。
〔2〕 参见王舒慧：《国际应收账款承购业务之法制面研究》，东吴大学 2004 年硕士学位论文。

将来债权。此时，期待权理论没有适用之空间。根据我国台湾地区"民法"第100条，附条件之法律行为当事人，于条件成否未定前，若有损害相对人因条件成就所应得利益之行为者，仅承担赔偿损害责任，但该处分行为（损害行为）不被视作无权处分，即第三人不必通过善意取得制度便可取得该权利。

(三) 保理实务背景下将来债权让与行为生效时点之选择

如何在实际发生说与合同生效说之间作出选择，直接决定着受让人可得对抗其他利害关系人的时点。在瞬息万变的商事交易中，这一时点的意义尤为重要。

依德国等国家及地区的理论通说，将来债权让与行为的生效时点，应区分有基础法律关系的将来债权与无基础法律关系的将来债权而定。对于前者，将来债权自合同生效时起即移转至受让人名下，此后让与人破产或被强制执行，都不影响受让人已取得的将来债权（合同生效说）。对于后者，在让与合同生效之后而将来债权实际发生前，如让与人破产或被强制执行，则受让人的权利不得对抗其他债权人，因为让与行为在债权实际发生时才生效，但在此之前，让与人已因破产或被强制执行而失去处分权（实际发生说）。[1]

然而，上述观点其实不利于将来债权保理实务之发展。有基础法律关系的将来债权是指，产生债权的基础法律关系已存在，仅根据某一事实（如特定事由之发生或时间之经过等）是否发生就可生效的债权，附条件/期限的债权与基于继续性合同关系而产生的债权即属此类。[2] 但在保理实务中，所涉的将来债权很多时候并非有基础法律关系的将来债权。如前文关于"卡得万利保理公司与佳兴农业公司等借款合同纠纷"分析所述，案涉买卖双方虽有长期稳定的业务往来，但这种业务关系只是一种社会关系，而非像继续性

---

〔1〕 参见黄立：《民法债编总论》，中国政法大学出版社2002年版，第617页；杨芳贤：《从比较法观点论债权让与之若干基本问题》，载《台湾大学法学论丛》2009年第3期；朱晓喆：《资产证券化中的权利转让与"将来债权"让与——评"平安凯迪资产支持专项计划"执行异议案》，载《财经法学》2019年第4期。

〔2〕 参见刘绍猷：《"将来之债权"的让与》，载郑玉波主编：《民法债编论文选辑（中）》，五南图书出版公司1984年版，第898-901页；黄立：《民法债编总论》，中国政法大学出版社2002年版，第616页。

合同一样的法律关系。此外，POS 保理模式中的将来债权也是无基础法律关系的将来债权。因此，卖方基于将来可能签订的买卖合同而对卖方享有的债权，属于无基础法律关系的将来债权。依上述观点，它的让与行为的生效时点是将来债权实际发生时。

如果在将来债权保理中，保理商取得将来债权的时点被推迟至债权实际发生时，对保理业务之确定性影响甚大。具体说来：首先，由于保理商在让与合同生效时尚不能获得将来债权，而将来债权实际发生的时间又不确定，那么，在此期间保理商无法控制让与人的破产风险，而在商事交易中，这种破产风险又将被放大。其次，在将来债权双重让与的情况下，第一受让人不仅得不到更优先的保护，而且其权利可能劣后于第二受让人，这更增大了保理商的风险，而且对第二受让人而言会产生道德风险。最后，当将来债权保理业务存在诸多风险时，保理商出于避险考虑，必然将对其弃之不用，这最终将损害有融资需求的中小企业的利益。有鉴于此，有学者认为，至少在金融资产证券化等商事交易中，将来债权让与的生效时点应采"合同生效说"。[1]

当然，也有观点认为，从保护受让人利益的角度看，采取"实际发生说"为宜。例言之，李某对于张某享有债权，张某欲将自己对于企业的将来工资债权让与给李某，以实现代物清偿。如果采"合同生效说"，那么双方订立合同时，李某的债权即消灭。而李某虽享有将来债权，但其具有不确定性，张某的职位变动或薪资调整都可能影响到将来债权之数额，从而损害李某之利益。相反，如果采"实际发生说"，那么待将来债权实际发生时，代物清偿才生效，从而对李某的保护更为周延。

但是，笔者对上述观点不敢苟同。即使张某以现实债权实施代物清偿，债务人也可能因履行不能而使李某受损，此时交易双方一般都会通过其他条款来规避风险（如差额补足条款）。况且，即使采"实际发生说"，将来债权让与行为仍然于其实际发生时自动生效，李某债权也随之消灭。此时，除非双方另有约定，否则即使实际发生的数额少于预期数额，也不影响将来债

---

[1] 参见王文宇：《从资产证券化论将来债权之让与——兼评 2001 年台上字第 1438 号判决》，载王文宇：《民商法理论与经济分析（二）》，中国政法大学出版社 2003 年版，第 235 页。

权让与的生效和李某债权的消灭。因此，对受让人而言，两种学说提供的保护程度并无明显区别。

诚然，从将来债权保理的实践需求与未来发展考虑，"合同生效说"较"实际发生说"更优。但是，如果仅以合同生效作为将来债权变动的要件，则难免破坏交易安全。将来债权让与行为系处分行为，一旦生效，该将来债权归属于受让人名下。而由于合同行为的隐蔽性，让与人的潜在交易对手可能无法知晓将来债权已被让与之事实，从而无法正确评估让与人的资信情况，从而使交易预期受损。尤其是在双重让与的情况下，后续受让人无从得知将来债权已被让与之事实，如果后续受让人只可以主张违约责任，难免会损害交易安全。

在德国，未建立债权让与登记制度。而债权让与作为处分行为，如没有一定公示手段，必然会损害交易安全。债权让与中的"通知债务人"可以充当其公示手段。我国《民法典》第 546 条第 1 款规定，债权人转让债权，应当通知债务人，否则该行为对债务人不产生效力。这固然是为了防止债务人双重给付，但也与保护潜在交易方有关。

详言之，由于债权让与行为非经通知不得对抗债务人，出于自身利益的考虑，受让人会督促让与人通知债务人。当让与人再次让与债权时，新受让人也会如此。当债务人收到两次相冲突的通知时，[1]大概率会心生疑虑而告知给新受让人。新受让人得知后，要么为保险起见而放弃交易，要么会进行更深入的调查。不论哪一种，最终都能够有效防范一物二卖的风险。[2]此外，当债权人与他人实施非关于该项债权的交易时，交易相对方在调查债权人的财产状况时，在得知后者享有特定债权时，一般也会向债务人了解详细情况。如果债权人已将债权让与，则交易对方也会得知或者因产生怀疑而深入调查。这在很大程度上能保证预期受损型交易安全。诚然，相比于不动产登记与动产占有，债权让与的公示效力更弱。不过，这是由债权的性质决定的，它没有实体形态，因而不能通过占有等更明显的方法予以公示，只能退而求其次。

---

〔1〕 而且，由于根据《民法典》第 546 条第 2 款，债权转让的通知不得撤销，但是经受让人同意的除外。因此杜绝了"让与人撤销通知之后，再双重让与"的可能性。

〔2〕 参见 [日] 池田真朗：《指名债权让与中的对抗要件之本质》，载 [日] 加藤雅信等编：《民法学说百年史 日本民法实施 100 年纪念》，牟宪魁等译，商务印书馆 2017 年版，第 511 页。

与现实债权相比,将来债权的公示更有难度。现实债权在让与时,债务人是确定的;而有一些将来债权,其债务人在让与时尚不确定,因而也无从通知。因此,"通知债务人"无法作为将来债权的公示手段。也许正是考虑到这点,德国的通说才主张,对于无基础法律关系的将来债权,其生效时点采实际发生说。因为当债权实际发生时,债务人才得以确定,从而对债务人实施通知行为。

然而,笔者认为,不论是"合同生效说"还是"实际发生说",都有其自身不足。在《民法典》已经确立了债权让与登记制度的情况下,完全可以以登记作为将来债权让与的公示手段,进而以公示作为让与行为的生效时点。

根据《民法典》第 768 条,应收账款债权人就同一应收账款订立多个保理合同,致使多个保理人主张权利的,已经登记的先于未登记的取得应收账款;均已经登记的,按照登记时间的先后顺序取得应收账款。可见,在将来债权双重让与的情况下,登记在先的受让人具有对抗效力。该条借鉴了《美国统一商法典》的经验。在《美国统一商法典》上,相竞争的担保权益或应收款买卖原则上以登记作为"完善"(perfection)的方式。将来应收款的买卖可预先登记,经登记即发生对抗第三人(包括其他受让人、担保物权人、其他债权人等)的效力;先登记者权利优先。[1]受《美国统一商法典》影响甚深的其他现代化动产担保法亦持此种立场。[2]美国模式的优势在于,"不区分将来债权有无基础关系,一律以登记者优先为原则,更有利于促进将来债权交易,并尽量抑制秘密让与、兼顾交易安全保护(可通过查询登记确知让与人的债权权属状况)。"[3]《美国统一商法典》明文承认将来债权的可让与性且配以登记制度,正是肯认"让与人的其他债权人应有权知晓让与人真实状况"。[4]

---

〔1〕 See Uniform Commercial Code § § 9-204(a), 9-317(a), 9-322(a)& cmt.5(2010).

〔2〕 例如《联合国国际贸易法委员会担保交易示范法》第 29 条、第 37 条、第 44 条第 2 款。《欧洲民法典草案》(DCFR)规定担保性让与适用担保编的规则,担保编的优先顺位规则类似于《美国统一商法典》第九编第 4:101 条。

〔3〕 参见李宇:《保理合同立法论》,载《法学》2019 年第 12 期。

〔4〕 See Grant Gilmore, Security Interests in Personal Property, Vol.1, Little, Brown & Co., 1965, p.249.

然而,《民法典》第 768 条与美国模式又存在一定的区别。根据《美国统一商法典》,将来债权让与经登记后,除个别超级优先权人(如购买价金担保权人)外,可以对抗后续任何第三人。但是,根据《民法典》第 768 条的文义,该条适用的情形是债权的双重让与时,已登记或受通知的保理人只可以对抗后续受让人。而在保理实践中,可能与保理商产生权利冲突的不只有后续受让人,也包含让与人的其他债权人。如果让与人在转让将来债权后、将来债权实际发生前破产,那么,已登记的保理人可否以此对抗破产债权人,这一点该条没有明确。

笔者认为,登记具有公示效力,可以提示潜在交易相对人查询让与人的财产状况,这里的"潜在交易相对人"不仅包含受让同一将来债权的其他保理商,也包含与让与人实施其他交易的相对人。既然其他交易相对人在知道或应当知道将来债权已被让与的情况下仍然与让与人实施交易,自应承受由此带来的不利。因此,第二种情况理应类推适用《民法典》第 768 条。

综上所述,考虑到"合同生效说"与"实际发生说"均有不足,我国关于将来债权让与行为的生效时点,可结合我国国情借鉴美国模式。在解释论上,尽管《民法典》保理合同章没有对此作出明确规定,但结合第 768 条作体系解释,可以认为,让与行为的生效时点是办理让与登记时。将登记作为将来债权让与的生效时点,那么它会产生以下两方面的法律效果:第一,登记在先的保理商可以对抗后续受让的保理商;第二,已登记的保理商可以对抗让与人的一般债权人。这一选择有双重优势:其一,登记时间可由当事人自行约定,完全可先于将来债权实际发生时,从而可以减小保理商的商业风险;其二,通过登记将将来债权让与的事实公之于众,以保障交易安全。

(四)将来债权的描述

作为将来债权的信息公示机制,将来债权登记是为了向社会公众告知其已被让与的事实,从而维护交易安全。为了使公众清楚知晓被让与的将来债权的具体范围,登记应当包含对将来债权的描述。

《动产和权利担保统一登记办法》第 9 条第 1 款规定,登记内容包含对于担保财产的描述。而 2022 年修订的《动产融资统一登记公示系统操作规则》第 19 条第 2 款则规定："……填表人可以按照担保合同内容对担保财产信息进行具体描述或概括描述,但应达到能够合理识别担保财产的程度。"然而,上述两条只强调了描述的结果(可识别)与类型(具体描述和概括描述),而未说明描述的具体手段。

对此,中国人民银行征信中心官网上"常见问题"一栏有所回应。[1]它指出:"在平台上传的账款应当以概括性文字的形式进行描述,并可附加账款起始日、账款到期日、证明账款的凭证类型和号码、金额等格式化信息,不一定要录入发票号或上传相关附件。应收账款债权人或应收账款债务人可根据实际情况选择账款的描述方式。"另外,该平台所制定的《中征应收账款融资服务平台信息合作业务规则》[2]第 22 条第 2 项规定:"应收账款债权人或债务人可以通过文字进行概括性描述、格式化信息具体描述和上传有关凭证等方式界定拟用于融资的应收账款。应收账款债权人或债务人可视实际情况选择填写格式化信息或上传有关凭证。账款的格式化信息主要包括账款起始日、账款到期日、金额与币种、凭证类型与编号等。"

根据上述规则,应收账款的描述方法有概括描述与具体描述两种。具体描述一般应包含应收账款起止日期、金额与币种、凭证类型与编号等。[3]将来债权中各要素尚不确定,显然不能适用具体描述的方法。对于将来债权,一般采用概括描述的方法,描述的关键词包含未来时间与业务范围。例如,对于债务人特定之将来债权,可描述为"(出让人名称)自××年××月××日至××年××月××日,销售(货物名称)给(第三方债务人名称)产生的所有应收销售货款";对于债务人不特定之将来债权,可描述为"(出让人名称)

---

〔1〕 参见 https://www.crcrfsp.com/problem.do,最后访问日期:2020 年 1 月 20 日。

〔2〕 参见 https://www.crcrfsp.com/down.do,最后访问日期:2020 年 1 月 20 日。

〔3〕 例如,转让财产为:(出让人名称)于(时间)销售(货物名称)给(第三方债务人名称)产生的应收账款,销售合同编号为×××,货款到期日为××年××月××日,应收账款金额为×××元,发票号码为×××。该示例是"动产融资统一登记公示系统官网——用户园地——登记指引"中,关于应收账款质押/转让登记财产描述的示例。参见 https://www.zhongdengwang.org.cn/cms/goDetailPage.do?oneTitleKey=yhyd,最后访问日期:2020 年 1 月 21 日。

自××年××月××日起未来（时间段）经营期内产生的所有应收账款"。[1]另外，对于提供教育、旅游等服务或劳务而产生的将来债权与收益权，其描述有更为具体的要求。[2]

可见，对于将来债权的描述，不需要具体确定，只需要描述出其可得确定之方法，即属足够。[3]在比较法上，也是如此。在美国，对于担保物的描述，只要能合理指明被描述的财产，即属充分，不论该描述是否具体；列出担保物种类、类别、计算公式或分配公式，只要能客观辨识担保物，都属于描述充分。但是，如使用"担保人全部财产"或"担保人全部动产"等字眼来描述担保物，不属于描述充分。[4]在德国，承认债权预先让与之条件是

---

〔1〕 参见"动产融资统一登记公示系统官网——用户园地——登记指引"中，关于应收账款质押/转让登记财产描述的示例，载 https://www.zhongdengwang.org.cn/cms/goDetailPage.do? oneTitleKey = yhyd，最后访问日期：2020 年 1 月 21 日。

〔2〕 提供教育、旅游等服务或劳务产生的应收账款，比如学校、医院提供相应的教学、医疗服务所产生的收费权，旅游公司提供旅游服务或景点门票的收费权，装修公司提供工程劳务等产生的债权等，可以从服务或劳务的项目、提供的对象与期限等方面来界定质押/转让财产。另外，对于收费权而言，如果有收费许可证，也可将收费许可证名称和文号写出，并说明是收费许可证下所有项目或是部分项目的收费权质押/转让，最好列明具体的收费项目。例如，可以描述为："（出让人名称）自××年××月××日至××年××月××日期间的收费收入，收费项目包括（以学校为例：学杂费、学生住宿费等，根据具体情况分别列出；以医院为例：门诊收费、住院收费、治疗收费、药品收费、其他收费项目等）。收费许可证为（物价部门）颁发的行政事业性收费许可证，证号：×××，在此期间预计可收费×××元，收费账号为×××。"而基础设施和公用事业项目的共同点在于融资金额较大，期限较长，应收账款总价值不确定，同时作为特许经营一定有政府许可证明或签订了政府购买协议等。建议描述示例不宜过细，主要针对以上特点进行描述。收费权的期限可以决定该质押物的价值，因此一定要写明。例如，可以描述为："（出让人名称）自××年××月××日至××年××月××日期间的（高速公路、隧道等）项目的收益权，项目具体名称为×××，该项目的收费依据为（政府相关部门的批复，与政府签订的购买协议，政府相关文件通知等），该项目的评估价值为×××元。"参见"动产融资统一登记公示系统官网——用户园地——登记指引"中，关于应收账款质押/转让登记财产描述的示例，载 https://www.zhongdengwang.org.cn/cms/goDetailPage.do? oneTitleKey = yhyd，最后访问日期：2020 年 1 月 21 日。

〔3〕 不过，判断描述是否充分，也不能只根据合同文义来判断，有时候也需要通过外部证据来探究当事人的内心意思。例如，如果担保协议描述担保物为"存货"或"所有存货"，这种描述是指"现在的所有存货"还是"现在及将来的所有存货"呢？如果是一个银行以担保人循环流动的如库存为担保财产提供贷款，法院可能判决包括"嗣后财产"；而如果是某一个人向另一个人出售商事企业并以对方的"全部库存"为担保，因为担保权人不是提供继续性融资者，所以法院判决包括"嗣后财产"的可能性极小。See William H. Lawrence, William H. Henning, R. Wilson Freyermuth, *Understanding Secured Transactions*, 5th Edition, LexisNexis, 2012, p. 100.

〔4〕 See Uniform Commercial Code § 9-108（a）（b）（c）.

"该债权具有可识别性"，即让与时债权之存在与范围足够像合同中对当事人欲让与的权利所描述的那样清楚。[1]在日本，集合将来债权让与也是以将来债权特定为前提，而决定其特定性之要素是债务人、债权产生原因、债权产生期限与债权金额。不过，实践中如果存在某一因素可以替代上述要素之一的功能，那么即使合同文义中不存在上述要素，也不影响特定性。[2]由此可见，日本法也不要求对将来债权必须作出具体描述。

之所以着重强调对于将来债权之描述，是因为将来债权让与会产生对抗效力，必须清晰描述其范围，才可以有效提示潜在交易人。如果对于将来债权的描述不清晰，可能导致将来债权让与效力瑕疵。在"兆远国际有限公司诉永隆银行有限公司上海分行等金融借款合同纠纷"中，法院就认为："质押权的成立，须以有明确具体的质押物为前提，应收账款质押系权利质押，须有明确具体、可得辨别或具备合理期待的相关债权作为标的物方能成立。本案中……均未明确记载所称应收账款系依据永隆银行与何人间的何种具体法律关系而产生，仅笼统罗列花园公司经营物业过程中可能获得收入的各种情况……应收账款质押因缺少明确具体的质押标的物而不能成立。"[3]

五、将来债权让与通知的法律意义与通知时点

(一) 将来债权让与通知的法律意义

当将来债权让与以登记作为公示手段后，让与通知是否仍有存在之必要，这是需要解决的一个前置性问题。笔者认为，在债权让与中，让与通知不仅充当着公示手段的角色，也是受让人保全将来债权的重要手段，因此，即使采登记制度，让与通知仍有其存在之意义。让与通知特有的法律意义表现在以下方面。

第一，让与通知是受让人核实将来债权真实性的必要步骤。中国人民银

---

〔1〕　参见［德］海因·克茨：《欧洲合同法（上卷）》，周忠海、李居迁、宫立云译，法律出版社2001年版，第393页。

〔2〕　参见王闯：《让与担保法律制度研究》，法律出版社2000年版，第217-223页。

〔3〕　参见上海市高级人民法院（2017）沪民终286号民事判决书。但笔者认为，该案中，对于将来债权之描述已达到可识别性之标准。

行动产融资统一登记公示系统对于应收账款采取自助登记制度，登记系统不负责核查登记信息的真实性，让与人可能会虚构将来债权。如受让人仅审查相应文件，可能无法确定将来债权的真实性，因此有必要向债务人予以核查。如果债务人确定将来债权的真实性，之后就不能以虚假为由对抗受让人。[1]

第二，让与通知是对抗债务人的要件。债务人没有主动查询将来债权登记信息的义务，而只需被动接受通知。因此，如果债务人没有收到让与通知，其对让与人的清偿仍发生效力。由此可见，如果受让人仅登记了将来债权让与而没有通知债务人，其无权向债务人请求履行。至于通知的主体，根据《民法典》第764条，既可以是让与人，也可以是受让人。

由此可见，尽管《民法典》第768条将登记规定为对抗要件，但该登记只可以对抗债务人之外的其他第三人。就受让人（保理商）与债务人之间的关系而言，仍应以让与通知作为对抗债务人的要件。

（二）将来债权让与通知的时点

在现实债权让与中，作出让与通知的时点没有特别要求，只要在让与合同生效后即可。而在将来债权让与中，该问题则比较复杂。让与人与受让人是必须在将来债权实际发生后再行作出通知，还是让与合同生效后即可作出通知？这个问题在保理实务中有重要意义，笔者拟举一例以说明之。

甲公司与丙公司有稳定的业务关系。甲公司与乙银行于2000年1月1日签订保理合同，双方约定，甲公司将其对丙公司的所有债权（包括现在已发生及将来发生之债权）让与给乙银行。次日，甲公司、乙银行向丙公司作出通知：自收受本通知之日起至乙银行另行通知之日止，丙公司欠甲公司之所有货款均应向乙银行清偿。

2000年2月1日，丙公司向甲公司订购了一批货物（货款为20万元），甲公司要求该货款应于同年3月1日直接向甲公司清偿，丙公司同意且依约履行。而甲公司对乙银行谎称，该货款清偿日为4月1日。等到4月1日乙

---

[1] 参见裴亚洲：《民法典应收账款质押规范的解释论》，载《法学论坛》2020年第4期。

银行向丙公司请求履行时，丙公司表示该债权已于 3 月 1 日向甲公司清偿完毕，且甲公司、乙银行于 1 月 1 日为债权让与通知时，系争债权尚未发生，对丙不产生效力。

实践中，将来债权通常是在将来一段时间内连续发生，如果等到每一笔将来债权实际发生时再行通知，程序繁琐。因此，保理商往往会在签订保理合同后，就将来债权让与先行通知将来债务人。但是，这种预先的通知是否能起到对抗债务人的效力？将来债权实际发生后，让与人或受让人是否需要再行通知？

对该问题，学说上存在两派观点，分别是"应再通知说"与"无需再通知说"。根据"应再通知说"，将来债权实际发生前的通知无效，必须等到债权实际发生后，再向债务人通知，才能对债务人生效。依此，如果嗣后未再行通知，债务人对于让与人的清偿行为可消灭债权。相反，"无需再通知说"则认为，将来债权让与合同生效后，债权实际发生前，向将来债务人作出通知，即可对将来债务人生效。依此，债权实际发生后，债务人必须向受让人清偿，其向让与人所作的清偿行为不发生债权消灭的效力。即使嗣后因让与行为存在瑕疵而使得债权不能实际移转，但只要让与人构成表见让与，则债务人的清偿仍可使债权消灭，让与人与受让人之间的法律关系按不当得利处理。[1]

支持"无需再通知说"的学者占大多数。史尚宽、林诚二、谢在全等教授均认为，将来债权之让与，不须待其实现时逐一通知，只需在签订合同时做一个概括通知，[2]其主要理由如下。

首先，嗣后再行通知的做法，徒增交易成本，且降低债权让与之经济效益。将来债权保理实践中，所让与的标的往往是集合将来债权，数量众多且间断产生，如逐笔通知，会给让与人、受让人与债务人造成极大不便。

其次，"无需再通知说"也更有利于保护受让人的利益。如果不承认预

---

[1]　我国台湾地区"民法"第 298 条第 1 款是关于表见让与的规定。该款规定："让与人已将债权之让与通知债务人者，纵未为让与或让与无效，债务人仍得以其对抗受让人之事由，对抗让与人。"

[2]　参见史尚宽：《债法总论》，中国政法大学出版社 2000 年版，第 712 页；谢在全：《民法物权论（下册）》，中国政法大学出版社 2011 年版，第 1133 页。

先通知的效力，让与人在签订让与合同后，可以与将来债务人重新达成协议，约定将来债权实际发生时，债务人向让与人清偿。这么一来，就如上述案例一样，受让人（保理商）的利益将受损害，只能嗣后追究让与人的违约责任。而且将来债权实际发生的时间系让与人与债务人之间的私事，受让人并不知情，此时如让与人刻意不予通知，债务人将直接对让与人清偿，从而受让人面临着该笔款项被让与人擅自处分的风险。[1]

最后，"应再通知说"的主要理由是，受通知之债权尚不存在，因而无法对债务人产生效力。但是，该理由是纯粹的概念推演，说服力不足。债权让与中，通知的规范目的是让债务人知晓让与之事实，从而防止其错误清偿。如债务人已经知晓让与事实，则不得以未收到通知为由，拒绝对受让人履行。也就是说，只要能实现通知的规范目的，通知的时点是在债权实际发生前或发生后，并不重要。将来债权保理中，将来债务人通常是与让与人存在持续性商业关系的特定人，纵然债权债务关系尚未产生，但无碍通知之实施与通知的规范目的之实现。

在解释论上，《民法典》对于"将来债权让与通知"这一问题没有做特殊规定，因此只得适用债权让与的一般性规定。但是，《民法典》第546条第1款中的"通知债务人"应仅指现实债权的债务人，在无基础法律关系的将来债权中，合同尚不存在，自然也没有相应的债务人。因此，从文义上看，"预先通知将来债务人"的情形无法被该条所涵盖，只有对该条进行目的性扩张，使得"债务人"包含"将来债务人"，方可解决法律适用的问题。此外，从司法实践看，已有判决支持了"无需再通知说"。在"兴发铝业公司与潜江建行等合同纠纷"中，法院认为，债权转让通知送达兴发铝业公司时，部分债权尚未实际产生，但是该提前通知的行为并不被法律禁止，当债权实际产生时，债权转让即发生法律效力。[2]

综上所述，笔者认为，对于将来债权让与的通知，应采"无需再通知说"。受让人可以在将来债权实际发生前通知债务人，一旦收到通知，债务

---

[1] 参见杨芳贤：《从比较法观点论债权让与之若干基本问题》，载《台湾大学法学论丛》2009年第3期。

[2] 参见湖北省汉江中级人民法院（2017）鄂96民终300号民事判决书。

人在将来债权实际发生后，只可以向受让人清偿。当然，有些情况下（比如 POS 保理模式），将来债务人事先无法确定，预先通知事实上不可能，对此，唯有等将来债权实际发生后再行通知，自不待言。

【关联法条】

▶法律法规

《民法典》

第四百四十条 债务人或者第三人有权处分的下列权利可以出质：

……

（六）现有的以及将有的应收账款；

……

第五百四十五条 债权人可以将债权的全部或者部分转让给第三人，但是有下列情形之一的除外：

（一）根据债权性质不得转让；

（二）按照当事人约定不得转让；

（三）依照法律规定不得转让。

当事人约定非金钱债权不得转让的，不得对抗善意第三人。当事人约定金钱债权不得转让的，不得对抗第三人。

第六百六十七条 借款合同是借款人向贷款人借款，到期返还借款并支付利息的合同。

第七百六十一条 保理合同是应收账款债权人将现有的或者将有的应收账款转让给保理人，保理人提供资金融通、应收账款管理或者催收、应收账款债务人付款担保等服务的合同。

第七百六十八条 应收账款债权人就同一应收账款订立多个保理合同，致使多个保理人主张权利的，已经登记的先于未登记的取得应收账款；均已经登记的，按照登记时间的先后顺序取得应收账款；均未登记的，由最先到达应收账款债务人的转让通知中载明的保理人取得应收账款；既未登记也未通知的，按照保理融资款或者服务报酬的比例取得应收账款。

▶部门规章

《商业银行保理业务管理暂行办法》

第十三条 商业银行应当根据自身内部控制水平和风险管理能力，制定适合叙做保理融资业务的应收账款标准，规范应收账款范围。商业银行不得基于不合法基础交易合同、寄售合同、未来应收账款、权属不清的应收账款、因票据或其他有价证券而产生的付款请求权等开展保理融资业务。

未来应收账款是指合同项下卖方义务未履行完毕的预期应收账款。

权属不清的应收账款是指权属具有不确定性的应收账款，包括但不限于已在其他银行或商业保理公司等第三方办理出质或转让的应收账款。获得质权人书面同意解押并放弃抵质押权利和获得受让人书面同意转让应收账款权属的除外。

因票据或其他有价证券而产生的付款请求权是指票据或其他有价证券的持票人无需持有票据或有价证券产生的基础交易应收账款单据，仅依据票据或有价证券本身即可向票据或有价证券主债务人请求按票据或有价证券上记载的金额付款的权利。

▶ "两高" 规范性文件

《关于当前商事审判工作中的若干具体问题》

七、关于保理合同纠纷案件的审理问题

……对于未来债权能否作为保理合同的基础债权的问题，在保理合同订立时，只要存在基础合同所对应的应收账款债权，则即使保理合同所转让的债权尚未到期，也不应当据此否定保理合同的性质及效力。

▶**地方司法文件**

《保理纪要（一）》

二、保理法律关系的认定

保理合同是指债权人与保理商之间签订的，约定将现在或将来的、基于债权人与债务人订立的销售商品、提供服务、出租资产等基础合同所产生的应收账款债权转让给保理商，由保理商向债权人提供融资、销售分户账管理、应收账款催收、资信调查与评估、信用风险控制及坏账担保等至少一项服务的合同。构成保理法律关系，应当同时具备以下几个基本条件：

（1）保理商必须是依照国家规定、经过有关主管部门批准可以开展保理业务的金融机构和商业保理公司；

（2）保理法律关系应当以债权转让为前提；

（3）保理商与债权人应当签订书面的保理合同；

（4）保理商应当提供下列服务中的至少一项：融资、销售分户账管理、应收账款催收、资信调查与评估、信用风险控制及坏账担保。

保理商与债权人签订的合同名为保理合同，经审查不符合保理合同的构成要件，实为其他法律关系的，应按照实际法律关系处理。

保理法律关系不同于一般借款关系。保理融资的第一还款来源是债务人支付应收账款，而非债权人直接归还保理融资款。保理法律关系也不同于债权转让关系，保理商接受债务人依基础合同支付的应收账款，在扣除保理融资本息及相关费用后，应将余额返还债权人。

《保理纪要（二）》

三、债务人对应收账款进行确认的效力

债权人向保理商转让现有的已确定的应收账款债权时，债务人仅对应收账款债权数额、还款期限进行确认的，债务人可以就基础合同项下的应收账款行使抗辩权。债务人对应收账款债权数额、还款期限以及基础合同、交付凭证、发票等内容一并进行确认的，或者保理合同中对应收账款性质、状态等内容的具体表述已作为债权转让通知或者应收账款确认书附件的，根据诚实信用原则，可以作为债务人对基础合同项下的应收账款不持异议的有效证据，但债务人能够提供其他证据足以推翻的除外。债务人仅以应收账款不存在或者基础合同未履行为由提出抗辩的，不予支持。

债权人向保理商转让未来的应收账款债权时，债务人对应收账款债权进行确认的，不影响其行使基础合同项下的抗辩权。

【典型案例】

1. 佳兴农业公司诉卡得万利保理公司其他合同纠纷［上海市第一中级人民法院（2015）沪一中民六（商）终字第640号民事判决书］

基本案情

【一审法院查明事实】卡得万利保理公司与佳兴农业公司于2014年11月12日签订《商业保理申请及协议书》，该协议书约定：佳兴农业公司通过转让其POS机上形成的所有应收账款及其收款权利，获得临时应急资金；第1.1条约定，账款是指佳兴农业公司在营业执照核定的经营范围内出售商品或提供服务，并使用POS机收款工具所形成的账款……第1.4条约定，预支对价款（融资对价款）是指卡得万利保理公司按受让合格账款的一定比例计算的预支金额，佳兴农业公司以每日等额或等比的方式归还，并设有每月最低还款额……第1.2.1条约定，卡得万利保理公司在协议期限内批量受让佳兴农业公司的合格账款及权利，但对已设定抵押权、质权、其他担保物权、任何第三方权利、其他优先受偿权以及权属不清的账款除外……第8.2条约定，佳兴农业公司未能归还卡得万利保理公司每月最低还款额属于违约事件；第8.3条约定，佳兴农业公司在到期日，未能按期足额归还卡得万利保理公司的预支对价款及相关费用属于违约事件；第9.2条约定，发生违约事件的，卡得万利保理公司将每日按预支对价款的一定比率，向佳兴农业公司收取逾期违约金；第5条及第5.1条约定，当佳兴农业公司不能按期足额归还卡得万利保理公司的预支对价款及相关费用时，佳兴农业公司法人（或实际申请人）负有不可撤销的无限担保责任和代偿责任；第10.4条约定，佳兴农业公司授权卡得万利保理公司通知佳兴农业公司的收单机构将 POS 机结算账户改为卡得万利保理公司保理账户；第 14 条约定，本协议与《商业保理确认书》一致，如有逾期欠款，则自动续期至还清全部预支对价款止；第 15.1 条约定，本协议之《商业保理确认书》和其他附件（如有），以及卡得万利保理公司指定的收单机构合作协议是本协议的组成部分，与本协议具有同等法律效力。在卡得万利保理公司与佳兴农业公司开展业务的过程中，存在两份《商业保理协议书》，佳兴农业公司及其法定代表人即原审被告在该两份《商业保理协议书》上均盖章并签名……卡得万利保理公司于 2015 年 1 月 14 日在中国人民银行征信中心办理了动产权属统一登记——初始登记，载明出让人为佳兴农业公司，受让人为卡得万利保理公司，转让财产价值为 2 293 292 元，转让财产描述为佳兴农业公司从 2014 年 12 月 8 日起至 2015 年 3 月 7 日经营期间内通过银联商务有限公司的 POS 机产生的所有应收刷卡交易额……涉案《商业保理申请及协议书》及《商业保理确认书》签订后，卡得万利保理公司自佳兴农业公司的 POS 机中收取的收单清算金额为 93 977.76 元，向佳兴农业公司支付的剩余对价款为 2138.51 元，即佳兴农业公司已经向卡得万利保理公司偿付 91 839.25 元。之后，因佳兴农业公司未能继续完全偿付，遂涉讼。

【二审法院查明事实】2015 年 12 月 3 日，上海市工商行政管理局核准原卡得万利商业保理（上海）有限公司更名为卡得万利商业保理有限公司。二审审理过程中，卡得万利保理公司称其系依据佳兴农业公司订立合同前三个月的营业额预估承购的应收账款，系争《商业保理申请及协议书》载明卡得万利保理公司 2014 年 11 月前三个月的平均营业额为 3 678 150 元，刷卡额为 1 519 870 元；二审审理过程中，卡得万利保理公司确认其发放融资对价款时对上述上诉人实际营业额及刷卡额并未进行核实，佳兴农业公司则称上述金额实际并未发生。二审庭审中，卡得万利保理公司另明确，依照系争《商业保理申请及协议书》的约定，佳兴农业公司在其出让的应收账款未实际清结时无需承担回购义务。

裁判要点

【一审法院裁判要点】卡得万利保理公司与佳兴农业公司签订涉案《商业保理申请及协议书》《商业保理确认书》，约定佳兴农业公司通过转让其POS机上形成的所有应收账款及其收款权利，获得临时应急资金，这些应收账款在合同签订时虽尚未实际发生，但佳兴农业公司自愿转让这些未来可能发生的账款以获取融资对价款，事实上佳兴农业公司的POS机在约定时间内也确实产生了账款，该账款是否即时结清，并不影响账款存在的事实。同时，即使实际产生的账款金额低于卡得万利保理公司承购账款的总额，或低于中国人民银行征信中心登记的转让财产价值，也应当认为是卡得万利保理公司与佳兴农业公司在签订合同时高估了未来可能发生的账款的实际价值，而不应认为卡得万利保理公司承购的账款或中国人民银行征信中心登记的内容系虚假的。因此，卡得万利保理公司与佳兴农业公司就一定期限内的POS机账款转让达成合意，法律对此亦未进行限制或禁止，故涉案《商业保理申请及协议书》《商业保理确认书》系当事人真实意思的表示，内容不违反法律、行政法规的强制性规定，合法有效，当事人理应恪守……

【二审法院裁判要点】本案争议焦点为佳兴农业公司与卡得万利保理公司间系何种法律关系，其法律效力应如何认定……就何谓商业保理，我国现行法律法规尚无明确规定，但鉴于该种商业模式已普遍存在于社会经济生活中，并有相应国际惯例、国际公约等规则予以规范，故在法无明文规定的情况下，可结合民法基本原理、该种商业模式之起源及发展、现行各类商业惯例，并参照相应国际规则对本案是否构成商业保理法律关系予以认定。同时，卡得万利保理公司所处中国（上海）自由贸易试验区曾由其管理委员会发布《上海市中国（上海）自由贸易试验区商业保理业务管理暂行办法》（以下简称《管理办法》）；而依照国务院相关政策规定，该区内的商业规范具有较大自由度，可由其管理部门在职权范围内自行制定并适用，故该管理办法在自由贸易区内具有相应法律约束力，区内商事主体依照此种规则开展商业活动的，应依照该规则对其行为性质及效力予以认定，故该管理办法亦可作为认定本案是否构成商业保理法律关系的依据。前述《管理办法》

第2条规定："商业保理为非银行机构的保理商与供应商通过签订保理协议，供应商将现在或将来的应收账款转让给保理商，从而获得融资，或取得保理商提供的分户账管理、账款催收、坏账担保等服务。"据此规定，可认定该自由贸易区内的商业保理活动系非银行机构的当事人以转让现在或将来应收账款为对价，从而获取融资或服务的商业活动。该规定对商业保理所做界定与目前国际商业活动中通行的商业保理国际惯例及相应国际公约规定基本一致，可作为本案认定依据之一，据此可认定该自由贸易区内的商业保理系以债权转让及获取融资或服务为核心的商业活动。而纵观前述国际规则、现行商业惯例及商业保理之发展轨迹，亦均系以债权转让作为商业保理法律关系成立之前提，故相应债权是否具备可转让性系构成商业保理法律关系的首要基础。据此本院认为，认定本案中双方当事人之间是否构成商业保理法律关系，首先应审查本案所涉债权是否具备相应可转让性……故特定将来债权是否具备期待利益，其转让行为是否受法律保护，应以该特定将来债权是否具有足够合理可期待性为判断依据……本案所涉将来债权，系佳兴农业公司于未来商业活动中可能产生的约定金额之债，该种约定金额的将来债权是否具有合理可期待性质，应以此类将来债权是否具有相对确定性为主要判断依据……现系争《商业保理申请及协议书》及其附件虽对佳兴农业公司此前经营状况予以记载，并以此为基础推算出可转让将来债权金额，但佳兴农业公司已自认前述记载的经营状况并非真实，卡得万利保理公司亦未对此予以必要的核查，故双方当事人仅据此种虚假记载并不足以对本案所涉将来债权产生合理期待，亦不具备将诉争将来债权转让他人之基础。同时，系争保理协议及其附件除前述经营状况外，仅就所涉将来债权作了期间上的界定，对于交易对手、交易标的及所生债权性质等债之要素均未提及，亦无其他可对该将来债权予以确定的约定，故在现有证据条件下，难以认定本案所涉将来债权已相对确定，据此亦无法认为，本案所涉将来债权具备合理期待利益，可对外转让。本院注意到，本案所涉将来债权虽已在中国人民银行征信中心予以登记，但该种登记事项仅具对外公示效力，其意义在于保护善意第三人权益，且登记债权的真实性与可确定性亦非中国人民银行征信中心审查范围，故仅凭该种登记亦不能认定本案所涉将来债权即具备可转让性……依一般商业惯例及相应国际规则，此种无追索权之商业保理法律关系中，客户的主合同义务仅为出让债权，以被出让之债权作为获取融资或服务之对价，如被出让之债权未能实现的，相应信用风险亦转移由保理商承担，客户无需就此承担相应民事责任。而依本案系争《商业保理申请及协议书》之约定，佳兴农业公司出让本案所涉将来债权后，仍需以定期定额方式向卡得万利保理公司承担相关融资款的还款义务。该还款义务不仅以卡得万利保理公司所付融资金额为基础计算，且无论应收账款是否实际发生，均不影响佳兴农业公司上述还款义务的承担……佳兴农业公司上述合同义务实质导致相应信用风险并未发生转移，显然与无追索权之商业保理法律关系不符……综上，系争《商业保理申请及协议书》约定之未来应收账款不具有合理可期待性及确定性，故其不具可转让性，且佳兴农业公司、卡得万利保理公司合同权利义务亦与商业保理法律关系不符，故本院认为，佳兴农业公司与卡得万利保理公司间依据系争《商业保理申请及协议书》不能成立商业保理法律关系。佳兴农业公司与卡得万利保理公司间既非商业保理法律关系，则应依照双方间实际权利义务确定其法律关系性质……佳兴农业公司与卡得万利保理公司间约定的该种融资方式、还款方式及相应的法律后果实际与《合同法》第 196 条规定之借款合同无异，故应认定佳兴农业公司与卡得万利保理公司间实际系构成借款法律关系……前述《管理办法》第 6 条规定：从事商业保理业务的企业不得从事下列活动：……（2）发放贷款或受托发放贷款；……。本案双方当事人间即系借款法律关系，则卡得万利保理公司开展此种名为保理实为借贷之业务已违反上述强制性管理规定，据此应认定本案双方当事人间借款关系无效……卡得万利保理公司作为准金融机构，应知晓相关法律法规之强制性规定，其未能对本案所涉将来债权予以审核，实有不当，故卡得万利保理公司应自行承担系争《商业保理申请及协议书》合同期内的相应利息损失。而佳兴农业公司作为合同一方当事人，在合同履行过程中对其经营状况作出虚假陈述，亦系导致双方当事人间法律关系无效的原因之一，故佳兴农业公司亦具有相应过错……

2. 兴发铝业公司与潜江建行等合同纠纷〔湖北省汉江中级人民法院（2017）鄂 96 民终 300 号民事判决书〕

基本案情

【一审法院查明事实】2014 年 3 月 20 日，盛奇冶金公司向兴发铝业公司发出《应收账款转让通知书（全部）》，称其已将自 2014 年 2 月 1 日至 2015 年 4 月 30 日对兴发铝业公司发货产生的应收账款全部债权全部转让给潜江建行，该行已成为上述应收账款的债权人……该通知书尾部还特别申明，兴发铝业公司若有异议，应尽快与盛奇冶金公司或潜江建行联系。该通知未经潜江建行同意不得撤销和变更……兴发铝业公司收到盛奇冶金公司寄送的上述通知书后，于 2014 年 3 月 22 日向潜江建行作出书面答复，称其已收悉《应收账款转让通知书（全部）》，并知晓、理解其全部内容；兴发铝业公司确认上述通知书所述应收账款债权（包括其全部附属权利）已全部转让给潜江建行，该行为上述应收账款债权的合法受让（购买）人，兴发铝业公司确保按上述通知书要求及时、足额付款至潜江建行的指定账户。

2014 年 3 月 25 日，潜江建行与盛奇冶金公司签订了一份编号为 2014 保 0003 号《有追索权国内保理合同》。合同约定，盛奇冶金公司因采取赊销方式销售货物，向潜江建行申请获得该行提供的有追索权保理业务服务；潜江建行为盛奇冶金公司核定的保理预付款最高额度为 1200 万元，额度有效期自 2014 年 3 月 22 日至 2015 年 3 月 22 日……前述合同还约定，盛奇冶金公司在办理应收账款转让时，应根据保理业务的类型向潜江建行提交相关单据及文件，并办妥应收账款转让事宜……合同签订后，双方须签订《应收账款转让登记协议》，应收账款转让事项由潜江建行在中国人民银行征信中心应收账款质押登记公示系统办理登记，盛奇冶金公司承诺无条件配合该行的登记工作。潜江建行有权按照合同约定或双方认可的收费标准向盛奇冶金公司收取保理服务的相关费用……双方同时还对应收账款管理和催收、保理预付款、买方付款后的款项支付、应收账款的调整、争议延期管理及反转让等其他权利义务及违约责任进行了约定。

上述合同签订当日，潜江建行与盛奇冶金公司按照合同要求签订了编号为 2014 转 0003 号《应收账款转让登记协议》，协议约定，由潜江建行通过中国人民银行征信中心应收账款质押登记公示系统办理《应收账款转让登记协议》项下应收账款的登记手续，登记内容由潜江建行自主决定……盛奇冶金公司根据潜江建行的要求提供一切必要的协助，办理登记所产生的有关费用由盛奇冶金公司承担。

2014 年 3 月 25 日，潜江建行还与郑某彪、李某龙签订了一份编号为 2014 自保 0019 号《自然人保证合同》，约定，为确保盛奇冶金公司与潜江建行签订的 2014 保 0003 号《有追索权国内保理合同》的履行，保障该行债权的实现，郑某彪、李某龙自愿为债务人在保理合同项下的债务提供连带责任保证，保证期间自该合同生效之日起至保理合同项下债务履行期限届满之日起两年，保证范围为保理合同项下的本金 1200 万元及利息（包括复利和罚息）、违约金、赔偿金、债务人应向潜江建行支付的其他款项……潜江建行实现债权与担保权利而发生的费用……合同同时对其他权利、义务进行了约定……

2015 年 3 月 29 日，潜江建行向盛奇冶金公司、郑某彪、李某龙发送《逾期贷款（垫款）催收通知书》，称盛奇冶金公司向潜江建行申请国内公开保理 1200 万元，此项信贷业务已于 2015 年 3 月 25 日到期，盛奇冶金公司尚未偿还潜江建行贷款款项。要求上述主体于接到该通知之日起 10 日内无条件履行还款/担保责任，清偿所欠本金、利息及罚息等。盛奇冶金公司、郑某彪、李某龙收到上述通知后，于 2015 年 3 月 29 日向潜江建行签收回执，但并未按该行要求履行义务。

2015 年 5 月 4 日，盛奇冶金公司与潜江建行签订了一份 2015 抵 0030 号《最高额抵押合同》。合同约定，盛奇冶金公司以其享有使用权的位于潜江市××办事处××、面积为 24 621.13m² 的土地作为抵押物为上述债务提供担保，其担保范围为主合同项下的全部债权……最高额抵押项下担保责任的最高限额为 1200 万元。2015 年 5 月 5 日，双方到相关部门为该抵押财产办理了抵押权登记手续［他项权证号为潜他项（2015）第 102 号］，所登记的土地抵押期限为 3 年。

2015 年 8 月 10 日，盛奇冶金公司向潜江建行还款 107 520.02 元（该款系扣划盛奇冶金公司截至 2015 年 8 月 10 日的全部保理预付款利息）……

2015 年 8 月 17 日，潜江建行再次向盛奇冶金公司、郑某彪、李某龙发送《逾期贷款（垫款）催收通知书》，称盛奇冶金公司向潜江建行申请国内公开保理 1200 万元的信贷业务已于 2015 年 3 月 25 日到期，盛奇冶金公司尚未偿还贷款款项。要求上述主体于接到该通知之日起 10 日内无条件履行还款/担保责任，清偿所欠本金、利息及罚息等。盛奇冶金公司、郑某彪、李某龙收到上述通知后，于当日向潜江建行签收回执，但仍未按其要求履行义务。为此引发纠纷，潜江建行于 2015 年 10 月 10 日向法院提起诉讼，请求判如所请。

【二审法院查明事实】一审法院认定盛奇冶金公司与兴发铝业公司于 2014 年 3 月 28 日至 31 日期间共签订 3 份《A00 铝购销合同》，兴发铝业公司已将合同款汇入保理合同约定的保理收款专户有误。根据当事人所举付款凭证显示，本院认定盛奇冶金公司与兴发铝业公司于 2014 年 3 月 28 日至 4 月 1 日期间共签订 3 份《A00 铝购销合同》，兴发铝业公司已将货款汇入该购销合同约定的收款账户。一审认定的其他事实属实，本院依法予以确认。

二审另查明，《有追索权国内保理合同》签订后，潜江建行向盛奇冶金公司先后发放贷款四次，盛奇冶金公司支用的时间分别为：2014 年 3 月 27 日支用 800 万元、2014 年 4 月 25 日支用 400 万元、2014 年 9 月 26 日支用 800 万元、2014 年 10 月 28 日支用 400 万元。兴发铝业公司于 2014 年 9 月 26 日向涉案保理账户汇入 800 万元，于 2014 年 10 月 24 日汇入 400 万元。潜江建行在本案中系对盛奇冶金公司于 2014 年 9 月 26 日支用的 800 万元、2014 年 10 月 28 日支用的 400 万元主张权利。

裁判要点

【一审法院裁判要点】潜江建行按约向盛奇冶金公司支付保理预付款（融资款）1200 万元后，即受让了盛奇冶金公司从 2014 年 2 月 1 日起至 2015 年 4 月 30 日止因向兴发铝业公司供货而产生的应收账款全部债权。兴发铝业公司同意上述债权转让事宜，并向潜江建行作出了书面还款承诺，但其在合同履行过程中，违反承诺将上述保理期间内应支付到《应收账款转让通知书（全部）》指定的盛奇冶金公司保理收款专户上的货款全部支付到盛奇冶金公司的其他账户上……最终导致潜江建行的保理预付款本息未能按时收回，其行为亦构成违约，依法应承担相应民事责任……

【二审法院裁判要点】潜江建行与盛奇冶金公司之间签订的《有追索权国内保理合同》及其附件，合法有效，应受法律保护。该保理合同所涉民事法律关系同时包含债权转让、金融借款等内容，合同法及民事案由规定均未将其作为有名合同予以单列，故依照《合同法》第124条的规定，涉案保理合同适用合同法总则的规定，并可以参照合同法分则或者其他法律最相类似的规定。本案中，盛奇冶金公司将对兴发铝业公司的应收账款转让于潜江建行，该行遂与盛奇冶金公司签订《有追索权国内保理合同》，并向该公司先后支付保理预付款共计2400万元，兴发铝业公司未按《应收账款转让通知书（全部）》的要求支付货款，盛奇冶金公司亦未按合同约定偿还全部到期款项，潜江建行向前述两主体主张债权，并要求在债权范围内就涉案抵押财产优先受偿，由二保证人对债务承担连带保证责任，于法有据，应予支持。一审法院未判令盛奇冶金公司承担偿还保理预付款本金的责任，且仅判决潜江建行就涉案抵押财产在预付保理款利息、罚息、服务费等范围内优先受偿有误；此外，一审判决郑某彪、李某龙对前述抵押财产经折价或者以拍卖、变卖上述财产价款优先受偿后的不足部分承担连带责任，亦有违法律规定及当事人之间有关"无论潜江建行对主合同项下的债权是否拥有其他担保，不论其他担保是否由债务人自己提供，李某龙、郑某彪在本合同项下的保证责任均不因此减免，潜江建行可直接要求保证人依照本合同约定在其保证范围内承担保证责任，保证人将不提出任何异议"的约定。但是，鉴于潜江建行享有向兴发铝业公司或者盛奇冶金公司任一主体单独主张权利或者同时主张的选择权，亦享有对前述并列担保物权实现顺序的选择权，故一审法院的前述不当判决损害的是潜江建行的权益，在该行未提起上诉的情况下，应视为该行对其实体权利的处分，法院不持异议。

盛奇冶金公司作为债权人于2014年3月20日向债务人兴发铝业公司发

送《应收账款转让通知书（全部）》，表示已将相应期间内对兴发铝业公司发货产生的应收账款债权全部转让予潜江建行，并载明了保理收款专户及潜江建行的联系方式。2014年3月22日，兴发铝业公司向债权受让人潜江建行出具回执，表示已经收到前述通知书，并知悉潜江建行为上述应收账款债权的合法受让人，该公司将按通知书要求付款至指定账户。虽然，前述债权转让通知送达兴发铝业公司时，部分债权尚未实际产生，但是该提前通知的行为并不被法律禁止，当债权实际产生时，债权转让即发生法律效力。

债权转让通知载明了转让行为未经潜江建行同意不得撤销和变更等事项，兴发铝业公司亦于2014年3月22日向潜江建行确认收到了该通知，并承诺将依通知要求付款。故本案中债权转让通知到达兴发铝业公司处，且该公司向潜江建行作出承诺后，除非经潜江建行同意，盛奇冶金公司与兴发铝业公司不得自行变更债权转让的相关内容，故兴发铝业公司违反债权转让通知内容及其承诺，向非指定账户付款，在本案中应不予保护。

《商业银行保理业务管理暂行办法》系部门规章，涉案债权转让不属于《合同法》第79条规定的不得转让的情形，亦未违反其他法律禁止性规定，应属有效。

涉案保理融资合同是盛奇冶金公司与潜江建行之间就保理融资事宜所签订的合同，内容只涉及合同双方的权利义务关系，并不约束兴发铝业公司。因此，本案中《应收账款转让通知书（全部）》送达兴发铝业公司后，对于2014年2月1日至2015年4月30日期间，该公司基于涉案购销合同而产生的债务，应当向债权受让人潜江建行履行，该义务的履行与潜江建行及盛奇冶金公司如何履行涉案保理合同无关，故原判决因兴发铝业公司付款对象错误，而判令其在潜江建行保理预付款未获清偿范围内，另行支付10 427 461.29元，并无不当。

第五章

《民法典》第763条之保理合同抗辩权系列：虚构应收账款

朱晓喆　刘剑峰*

*朱晓喆，上海财经大学法学院教授，博士生导师。

刘剑峰，中南财经政法大学法律专业合作硕士研究生指导教师。

　　《民法典》第 763 条规定，应收账款债权人与债务人虚构应收账款作为转让标的，与保理人订立保理合同的，应收账款债务人不得以应收账款不存在为由对抗保理人，但是保理人明知虚构的除外。该条宗旨是保护保理交易中作为善意的债权受让人的保理人。本条中"虚构应收账款""不得对抗保理人""明知"等关键术语所指为何？具体法律效果如何？国内尚未有成熟的理论和实务的解释。本书结合民法基本原理和司法实践指出，"虚构应收账款"既包括债权人与债务人通谋虚伪表示，也包括债务人单方向保理人虚伪地承认应收账款。即使客观上应收账款债权出于虚伪表示而产生，但善意的受让人可基于《民法典》第 763 条如同按约定那样取得的债权，享有对于债务人的应收账款请求权。只要保理人不是明知"虚构应收账款"，即可向债务人主张全额付款请求权。此外，保理人还可以基于《民法典》第 1165 条、第 1170 条向有过错的债务人、原债权人主张侵权的损害赔偿请求权。但如果债务人并非故意，仅对于应收账款的不真实负有过失，而保理人审查不严亦具有过失，从而可以适用与有过失减轻债务人的侵权赔偿责任。

一、立法背景和规范目的

　　虚构应收账款一直是保理合同纠纷中的"顽疾"。早在 2014 年即有人民法院以"司法建议书"的形式提示保理人重视虚构应收账款的风险。[1]随后，部分人民法院陆续通过调研[2]、白皮书或审判通报[3]、地方司法政

　　〔1〕　参见广州市中级人民法院穗中法民建〔2014〕13 号司法建议书。
　　〔2〕　参见江苏省高级人民法院民二庭课题组：《国内保理纠纷相关审判实务问题研究》，载《法律适用》2015 年第 10 期。
　　〔3〕　参见 2017 年上海市高级人民法院《2014—2016 年度金融商事担保纠纷审判白皮书》、2019 年上海市高级人民法院《2018 年度上海法院金融商事审判情况通报》、2020 年江苏省高级人民法院《江苏法院金融审判白皮书（2018—2020）》、2020 年上海市浦东新区人民法院《2014—2019 年涉自

策性文件[1]等形式表达了对虚构应收账款问题的关切。最高人民法院也有法官专门讨论过虚构应收账款的问题。[2]鉴于此，我国《民法典》在制定的过程中，从民法典各分编草案二次审议稿开始，在第552条之一以下新增了保理合同，并在第552条之二明确虚构应收账款作为转让标的，不得对抗保理人的规则。该条一直延续至《民法典》第763条。可见，《民法典》的立法者有意解决虚构应收账款的问题。

真实的应收账款是保理人收回保理融资款本息及其他收益（包括手续费、管理费、服务费等形式）的保障。在有追索权保理合同中，如果保理人从债务人处收取的应收账款数额足以覆盖保理融资本息及其他收益的，保理人的交易目的就得以实现，这也是保理人应将剩余部分（包括多收取的金钱与未收取的逾期应收账款债权）返还给债权人（第766条）的原因。无追索权保理合同的交易目的亦同，但无论应收账款变现多少，都由无追索权保理人自己享有，不存在"剩余部分返还"问题（第767条）。两种保理合同的区别在于，当债务人对应收账款无异议但本身出现不能按时付款的信用风险时，有追索权保理人还享有对债权人的"追索权"，债权人须以支付保理融资款本息及其他收益的方式"回购"已逾期的应收账款债权，而无追索权保理人则不享有追索权。可见，保理人能否收回融资的本息及其他收益，均在不同程度上依赖应收账款及其债务人。

但如果应收账款债权人与债务人虚构债权，以此作为保理交易的标的，可能导致保理人将来无法收回保理融资款本息及其他收益。以虚构应收账款进行交易，债权人自应承担相应的违约责任或缔约过失责任（如保理人以欺诈撤销保理合同），但如果应收账款的债务人参与虚构应收账款，或以文件书证等方式向保理人承诺、确认应收账款，债务人也须对保理人负责。如何

（接上页）贸区商业保理案件审判情况通报》。

〔1〕 参见2015年天津市高级人民法院《保理纪要（二）》、2016年北京市第四中级人民法院《金融借款合同纠纷案件审判实务问题研究及对策建议》、2016年深圳前海合作区人民法院《前海保理裁判指引（试行）》、2016年湖北省高级人民法院《当前商事审判疑难问题裁判指引》。

〔2〕 参见贺小荣主编：《最高人民法院民事审判第二庭法官会议纪要 追寻裁判背后的法理》，人民法院出版社2018年版，第277页以下。该书所附的参考案例为最高人民法院（2017）最高法民再164号民事判决书。

确定债务人的责任，此前因缺乏统一明确的法律规则，各级法院在审理虚构应收账款（尤其是债务人单方虚构应收账款）的案件中，存在分歧。[1]从比较法上看，针对虚构应收账款的债务人责任，有两大类模式：一类是规定债务人不得对抗善意的债权受让人，例如：在民法总则部分规定通谋虚伪表示不得对抗善意第三人的规则（日本）；在债法总则部分规定债务人签发债务文书，并且债权让与时提出该文书者，债务人不得对债权受让人主张债务之发生或债务承认系虚伪（德国、瑞士）。另一类是规定债权受让人有权请求债务人承担侵权责任。[2]我国《民法典》"采取债务人不得以债权不存在为由对受让人提出抗辩的方式，有助于实践中债务人承担责任的数额的确定，能够对受让人（保理人）的利益予以充分保护"。[3]可见，我国《民法典》第763条采用上述第一种模式，只不过在体系位置上处于典型合同部分，而非一般性的债法总则规定。但是虚构债权的转让不仅存在于保理，在其他债权转让中也同样存在，因此按照立法机关的解释，可以参照适用本条规定。[4]

二、何谓"虚构"应收账款

《民法典》第763条规定的"应收账款债权人与债务人虚构应收账款"，从字面含义看，须由债权人与债务人共同虚构，因此，其首先包括《民法典》第146条意义上的通谋虚伪表示，实践中常见的情形是债权人与债务人先以伪造合同、发货单、对账函或者虚开发票等形式虚构应收账款，然后用

---

〔1〕　例如，有的判决认为纵有债务人的确认，因客观上没有真实应收账款，所以债务人依然可以向保理人主张请求权不存在的抗辩，参见北京市第二中级人民法院（2014）二中民初字第06051号民事判决书；有的判决认为，虽然不存在真实的应收账款，但债务人向保理人确认了该应收账款的真实性，应当在所确认的金额范围内与债权人一起承担"共同还款责任"，参见上海金融法院（2019）沪74民终1138号民事判决书；有的判决认为，债务人承担的是"赔偿责任"，参见江苏省高级人民法院（2016）苏民终831号民事判决书；有的判决认为债务人此时承担的就是应收账款付款义务，客观上是否真实存在应收账款不必再审查，参见山东省高级人民法院（2019）鲁民终149号民事判决书。

〔2〕　参见李宇：《保理合同立法论》，载《法学》2019年第12期。

〔3〕　黄薇主编：《中华人民共和国民法典合同编释义》，法律出版社2020年版，第607页。

〔4〕　参见黄薇主编：《中华人民共和国民法典合同编释义》，法律出版社2020年版，第607页。

以获取保理融资。〔1〕此外还有保理人（不知）、债权人与债务人三方共同确认保理合同，但实际上债务人与债权人虚构应收账款；〔2〕或者保理人（明知）、债权人与债务人三方通谋，先就应收账款的形成进行虚伪表示，然后签订保理合同。上述三方参与保理合同情形下形成的虚构应收账款本质上还是债务人与债权人通谋虚伪表示，不构成一种独立的虚构应收账款形态。

虽然债务人单方虚假地确认应收账款，不符合第 763 条中"债权人与债务人虚构应收账款"文义，但这种情形也被立法机关认识到，从而纳入第 763 条的解释范围之内。〔3〕这在交易实践中常常表现为债权人虚构应收账款并转让，债务人对应收账款的存在予以确认〔4〕（注意：不是仅确认收到应收账款的转让通知）。〔5〕在这一案型中，事后保理人向债务人主张权利时，债务人就以基础交易合同不真实或应收账款虚假为由提出抗辩。

最后，需要说明的是，虚构债权不同于将来的应收账款债权。《民法典》第 440 条和第 761 条都认可将有的应收账款可以作为债权质押和转让的标的。将来债权可分为：已有基础之债权（der Grund gelegt ist）和没有基础之债权（noch kein Grund gelegt）。前者例如附停止条件或附始期之债权，以及基于继续性债之关系（租赁、劳务）所生之债权；后者例如有待订立之买卖、租赁所应生之债权。〔6〕将来债权并非虚构的债权，即使没有基础的将来

---

〔1〕 参见最高人民法院（2019）最高法民申 1533 号民事裁定书。

〔2〕 参见最高人民法院（2018）最高法民申 4320 号民事裁定书。

〔3〕 黄薇主编：《中华人民共和国民法典合同编释义》，法律出版社 2020 年版，第 607 页。

〔4〕 参见最高人民法院（2016）最高法民终 322 号民事判决书、最高人民法院（2017）最高法民终 332 号民事判决书、最高人民法院（2018）最高法民终 31 号民事判决书、最高人民法院（2019）最高法民申 2994 号民事裁定书。

〔5〕 债务人单方承认债务，须有向债权受让人表示愿意履行债权合同义务的意思。如果仅仅是在债权转让通知的回执上签字盖章，并无承认债务或放弃抗辩的意思，并不构成单方承认债务。例如最高人民法院（2017）最高法民申 3132 号民事裁定书中指出，债务人签收的回执内容载明债务人收悉该通知，知晓、理解、同意其全部内容，并确认通知书所述的应收账款债权全部转让给保理人，债务人确保按照通知要求及时、足额付款至指定账户。上述债权转让通知内容及回执内容并没有明确载明债务人放弃了向保理人就其受让的债权行使瑕疵抗辩权的意思表示。且该通知书及回执系格式条款，因此，二审判决以该通知及回执内容认定债务人放弃了就基础合同向保理人行使抗辩权，依据不足。

〔6〕 Larenz, Lehrbuch des Schuldrechts, Band I, Allgemeiner Teil, 14. Aufl., C. H. Beck 1987, S. 584 ff. 相同观点参见黄立：《民法债编总论》，中国政法大学出版社 2002 年版，第 616～617 页。

债权，也可以进行处分，并且适用处分标的"确定性原则"（或特定性原则）。[1]只不过在处分行为作出时，处分客体尚不存在，因此其处分行为和处分效果是分离的，即债权让与的效果不是在当事人合意时，而是在将来债权产生时才发生。[2]因此，以将有的应收账款债权作为保理合同交易的标的，不适用第 763 条。

总之，虚构应收账款包括债权人与债务人通谋虚伪表示，也包括债务人单方向保理人虚伪地确认应收账款。

三、虚构应收账款不得对抗保理人

虚构应收账款的法律效果，首先是债务人不得对抗保理人。但其实际效果不止于此。保理系依托应收账款的流动性而运作的金融工具，保理人受让应收账款后，往往会再行转让以获得融资（再保理）；在有追索权的保理中，保理人在收回保理合同约定的本金和收益后，应收账款债权将会回转至债权人处。因此，如何理解债务人不得对抗保理人，是解释保理后续交易的前提，其意义重大。

（一）保理人取得应收账款债权

《民法典》第 763 条规定债务人不得以应收账款不存在为由对抗保理人。这里的不得对抗可以理解为保理人行使受让的债权时，债务人不得以债权系虚构为由，对保理人主张抗辩。其本质上是通谋虚伪行为不得对抗善意第三人的效力体现。

从比较法上看，《德国民法典》第 117 条虽然规定了虚伪表示，但未涉及对第三人的效力，而在第二编债之关系法中专门设置了第 405 条补充虚伪表示对债权受让人的效力规则。这对我们理解我国《民法典》第 763 条中"不得对抗"的含义具有启发意义。《德国民法典》第 405 条规定："债务人

---

〔1〕 Fikentscher/Heinemann, Schuldrecht, 10 Aufl., De Gruyter Berlin 2006, S. 352.

〔2〕 Staudinger BGB / Jan Busche, 2012, § 398, Rn. 63. 详细参见朱晓喆：《资产证券化中的权利转让与"将来债权"让与——评"平安凯迪资产支持专项计划"执行异议案》，载《财经法学》2019 年第 4 期。

出具关于债务之文书者，如于债权让与时提出该文书，债务人不得对新债权人主张债之关系之成立或承认系出于虚伪，或与原债权人曾有债权不得让与之约定。但新债权人于债权让与时明知或可得而知其情事者，不在此限。"德国民法学说上认为，该条实际上是债务人向债权人主张原债之关系抗辩的例外，包括虚假行为和禁止债权让与两种情形。〔1〕就前者而言，债务人与原债权人基于虚假行为而成立债务关系，在债权让与时受让人被出具了债务文书，则债务人不得对善意第三人主张该债权成立系出于虚假。其隐含的思想是，债务人以债务文书的方式，造成了善意的取得人值得信赖的权利外观。〔2〕我国《民法典》第 763 条采取"债务人不得以应收账款不存在为由对抗保理人"的表述，也可作如上的解释。

从债权受让人的角度看，其受让的债权状况如何？司法实践中有法院认为，债务人主张债权虚假，因为债务人的确认债务和作出付款承诺，从而使保理人与债务人之间"形成了新的债权债务法律关系"，〔3〕笔者认为并不完全准确。实际上，即使客观上应收账款债权出于虚伪表示而产生，但善意的受让人仍然如同按约定取得的债权那样，享有对于债务人的权利，而债务人也如同债权存在一般对受让人负担义务。〔4〕由此可见，保理人既可以对债务人行使该债权，也可以就该债权进一步处分，包括再次转让或质押。而且，对于后续的受让人而言，不需要再援引信赖保护，即可取得权利，即使其为恶意也无妨。〔5〕

由此推论，在后续的保理交易中，当事人之间的关系应作如下解释：（1）在再保理合同中，保理人可再行转让这一债权（再融资），不必要求债权受让人的善意。（2）在有追索权保理合同中，债权人回购该应收账款，不发生履行不能，应收账款的瑕疵在回购之前即已消除；债权回购以后，由于

〔1〕 关于当事人之间禁止债权让与的特约不得对抗善意第三人的问题，我国《民法典》第 545 条第 2 款有明确规定，于此不赘述。

〔2〕 Looschelders, Schuldrecht AT, 16 Aufl., Franz Vahlen 2018, S. 439.

〔3〕 最高人民法院（2019）最高法民申 6143 号民事裁定书。

〔4〕 Staudinger Kommentar zum BGB / Jan Busche, 2012, § 405, Rn. 1. 黄薇主编：《中华人民共和国民法典合同编释义》，法律出版社 2020 年版，第 608 页。

〔5〕 Staudinger Kommentar zum BGB / Jan Busche, 2012, § 405, Rn. 20.

原债权人明知债务人系虚假，故该债权对债权人无效，债权人不得要求债务人支付应收账款款项。（3）在无追索权保理合同中，因应收账款虚构，无追索权保理人本应有权向债权人主张转让的债权瑕疵担保责任，但因为第 763 条，善意的保理人取得了对于债务人的债权，无追索权保理人不得据此向债权人行使瑕疵担保的请求权。

（二）信赖保护及类推适用

善意的保理人根据《民法典》第 763 条取得应收账款债权，虽然不是基于物权法上的"善意取得"制度（《民法典》第 311 条），但从原理上说，善意的债权受让人与物权的善意受让人能够取得权利都是基于信赖保护原则。[1]《民法典》第 311 条并未将"债权"列入善意取得的权利范围之内，是因为债权不具备有体性，无法形成可供第三人推知的权利外观，而且也不采取权利变动的公示原则（如交付或登记）。但民法上信赖保护原则是普遍存在的法理，其不仅体现为物权的善意取得，而且体现在《民法典》规定的表见代理（第 172 条）、表见代表（第 504 条）、债权让与禁止特约不得对抗（善意）第三人（第 545 条第 2 款）等制度中。就此，德国民法理论认为，转让虚伪表示的债权不得对抗第三人，是一种"有限制地运用公示原则"，毕竟债务人签发的债务文书允许对受让人产生了一定的公示信赖。[2]此外，同属于抽象权利的股权，虽然也不具备动产或不动产的权利外观，但依据《最高人民法院关于适用〈中华人民共和国公司法〉若干问题的规定（三）》第 7 条、第 25 条的规定，类推适用《民法典》第 311 条。因此，在这个意义上可以说《民法典》第 763 条是一种特殊形式的"债权善意取得"。

当然，在司法实践中适用第 763 条，绝不能将其与《民法典》第 311 条规定的善意取得相混淆。根据第 311 条及相关司法解释，善意取得须具有无权处分、受让人善意、转让价款合理、已完成交付或登记的公示手段、合同

---

〔1〕《民法典》第 763 条的立法理由就是采取信赖保护原则。参见黄薇主编：《中华人民共和国民法典合同编释义》，法律出版社 2020 年版，第 608 页。

〔2〕 Staudinger Kommentar zum BGB / Jan Busche, 2012, §405, Rn. 4.

非无效或未被撤销这些条件。而依据第763条取得应收账款，仅需要受让人善意以及保理合同非无效或被撤销即可。二者最大的区别在于，善意取得以无权处分为前提，而虚假的应收账款是不存在的债权，根本不是无权处分的问题。

尽管虚构应收账款不能对抗债权受让人的规则位于保理合同一章，但第763条对善意债权受让人保护的思想可以类推适用于其他相似情形。首先，在其他涉及债权转让的交易中，如不良资产收购、资产证券化，同样存在债务人与债权人虚构应收账款的情形。有鉴于此，债权受让人如果存在合理的信赖，也有保护之必要，根据同等事物同等对待的法理，可以参照适用第763条之规定。[1]另外，就利益状况而言，债权的善意受让人与善意质权人也处于相似地位。因此，虚假表示成立的债权不能对抗善意第三人的规则，也可以类推适用于债权质押。[2]虽然此处不是债权的完整地转移，而是在债权之上设立一项限制物权，但也是基于法律行为发生的后果，[3]可以适用信赖保护的原则。

按第763条的文义，仅指债权人与债务人之间的通谋虚伪表示。在案件证据不足以证明债权人与债务人"通谋"，而仅能证明债务人单方（虚伪）承认债务，虽然不为第763条的文义所包含，但同样给债权受让人造成合理信赖，从而可以类推适用第763条。债务人确认对原债权人负有债务，可能呈现如下形态：（1）债务人明知不负债务而有意而为之，其内心情态构成"单方真意保留"，意思表示解释的后果是按照表意人所表示出来的意思发生效力，即该单方的债务承认对保理人（债权受让人）是有效的。（2）债务人在向保理人确认应收账款时，并不知道对债权人不负有债务，或所负债务内容和数额并不是确认的那样。此时债务人的主观上仅有过失。尽管如此，债务人已经给保理人造成了应收账款债权存在的表象，使保理人误以为债权真实存在，从而与应收账款债权人进行保理交易，为保护保理人的信赖，这种单方债务确认对保理人也是有效的。（3）债权转让时，债务人对于

---

[1] 黄薇主编：《中华人民共和国民法典合同编释义》，法律出版社2020年版，第607页。
[2] MüKoBGB/Roth, 6 Aufl. 2012, § 405, Rn. 12.
[3] Staudinger Kommentar zum BGB / Jan Busche, 2012, §405, Rn. 30.

保理人作出放弃债权关系中抗辩的意思，[1]虽然不是对不存在的债务进行（虚伪）确认，但同样使保理人产生合理信赖，也应类推适用第 763 条，保理人取得对于债务人的债权。

（三）保理人"明知"的后果

根据《民法典》第 763 条但书之规定，保理人如明知债权人与债务人虚构应收账款的，则保理人不受保护，此时债务人可以向保理人主张请求权不存在的抗辩。其理由在于保理人明知虚构应收账款，缺乏合理的信赖，无保护之必要。

《民法典》第 763 条的但书要求保理人主观上"明知"，这意味着保理人须知道债务的虚假性。如果保理人因审查不严，应当知道而不知道，是否不符合善意，不取得对于债务人的债权呢？这实际上涉及保理人的审查义务的程度问题。于此应区分情形对待：首先，如果债务人并未参与保理交易形成的过程，也未向保理人进行债务确认，则保理人的审查义务程度较高，负有核实债权真实性的义务。但即使如此，也应由主张抗辩的债务人举证证明保理人主观上"明知"。其次，如果债务人参与了保理交易过程，并对于应收账款进行了确认，"保理人一般能够相信债务人不存在债权真实性的抗辩，这会使得保理人对债权真实性的审核义务降低，保理人的合理信赖更容易构成"。[2]司法实务中，很多法院对于保理人存在审核不严的情形，并不轻易否定保理人对于债务人的请求权。例如，最高人民法院在一起申诉案件中阐述道："对于并非基础合同当事人的第三人保理人而言，其根据上述材料已经尽到了审慎的注意义务，其有理由相信债权人对债务人享有相应的债权。尽管从保理人经办人肖某的《询问笔录》以及沪银监访复［2016］51 号答复来看，保理人在开展本案保理业务过程中，存在未严格依照监管要求履行

---

〔1〕　例如，最高人民法院（2014）民二终字第 271 号民事判决书认为："根据《应收账款保理业务确认书》中的承诺内容，债务人在本案中不得再就涉债权不成立、成立时有瑕疵、无效或可撤销、债权消灭等可以对抗债权人的抗辩事由向保理人提出抗辩。故对债务人在本案中向保理人提出的案涉买卖合同双方虚伪意思表示、应收账款债权并非真实存在等抗辩理由，本院不予采信。"

〔2〕　黄薇主编：《中华人民共和国民法典合同编释义》，法律出版社 2020 年版，第 608 页。

审核义务，尤其是对基础合同项下发票真实性审核不当的问题，但该工作瑕疵的存在，并不影响本案的事实认定。"[1]

《民法典》第 763 条并未涉及保理人与原债权人之间的保理合同关系。如果保理人明知不存在真实应收账款而签订保理合同，多数情况是与原债权人为了融资而假签保理合同，因而保理合同无效。如果存在隐藏的借款合同，或通过意思表示解释双方构成借款合同，则依借款合同相关规则处理。

四、债务人的侵权损害赔偿责任

如前所述，针对虚构应收账款的债务人责任，大体上有两种规范模式，一种是基于权利外观的模式，即不得对抗善意的受让人；另一种是基于侵权法的模式，即债务人因其虚假表示行为，对债权受让人承担侵权损害赔偿责任。虽然《民法典》第 763 条采取了第一种模式，但还是可以考虑债务人的侵权责任。[2]而且，以往司法实践中也确有保理人以"财产损害赔偿纠纷"[3]、"侵权责任纠纷"[4]为案由向债务人主张侵权损害赔偿的纠纷，故有必要澄清在侵权法视野下，虚构债权转让中债务人的责任构成。

（一）侵权责任的构成

按侵权责任法原理，侵权损害赔偿责任的构成须侵害行为、损害事实、因果关系、行为违法性、主观过错等要件。在保理交易中，债务人与债权人虚构债权，虽然按《民法典》第 763 条不得对抗保理人，但如果最终导致保理人无法追回保理融资款的本息，造成损失，在逻辑上也可能成立侵权责

---

[1] 最高人民法院（2019）最高法民申 1533 号民事裁定书。类似裁判观点，参见最高人民法院（2019）最高法民申 2994 号民事裁定书；上海市高级人民法院（2017）沪民终 362 号民事判决书；上海市高级人民法院（2017）沪民终 172 号民事判决书。但也有部分法院认为，保理人审查不严，存在过错，应综合考虑保理人和债务人的过错程度以及各自行为对损失的原因力大小承担责任。参见上海市第二中级人民法院（2015）沪二中民六（商）终字第 386 号民事判决书；上海市第二中级人民法院（2016）沪 02 民终 38 号民事判决书。

[2] 司法实务中的相同观点，参见汤杨程、唐郢：《民法典视域下应收账款不真实的保理融资问题研究》，载《人民司法（应用）》2020 年第 28 期。

[3] 参见上海市第二中级人民法院（2016）沪 02 民终 38 号民事判决书。

[4] 参见最高人民法院（2020）最高法民申 1613 号民事裁定书。

任，请求权基础是《民法典》第 1165 条。关键的问题是如何确定保理人的损失，以及如何认定债务人的过错。

就保理人所遭受的损失而言，并非绝对权的损害，而是保理融资款本息及其他收益不能回收，形成坏账的"纯粹经济损失"。就过错而言，在债权人与债务人双方通谋虚构债权的情形下，债权人与债务人显然具有主观上故意。而在债务人单方虚假承认债务的情形下，可能是债务人有意而为之（故意），也有可能是债务人并不知道对债权人不负有债务或对所负债务内容认识有误，但还是向保理人单方确认了应收账款，此时债务人的主观上仅有过失。无论何种情形，债务人都具有过错。可见，在符合侵权责任构成要件时，债务人须对保理人承担侵权损害赔偿责任。

实际上，我国司法实践中早已有债务人因过错导致他人财产损失承担赔偿责任的规则。例如，1997 年《最高人民法院关于审理存单纠纷案件的若干规定》第 8 条第 2 款规定："……利用存单骗取或占用他人财产的存单持有人对侵犯他人财产权承担赔偿责任，开具存单的金融机构因其过错致他人财产权受损，对所造成的损失承担连带赔偿责任。……"此处，开具存单的金融机构就是存单的债务人，其有过错造成他人损失，与债权人承担连带赔偿责任。在最高人民法院的判决中，也有支持应收账款债务人虚构应收账款，质权人登记设定质权，应收账款债务人对质权人承担损害赔偿责任的判决。[1]

（二）债务人承担侵权责任与合同责任的区别

根据《民法典》第 763 条的规定，善意的保理人可对债务人主张按受让债权，履行"虚构"的债务，似乎保理人借此可从债务人处受偿，无需考虑侵权责任构成。但是，第 763 条本质上是一种合同责任，有可能与债务人对保理人的侵权责任发生竞合。二者还存在如下的区别。

首先，合同债务的履行数额，与侵权的损害赔偿数额可能不一致。保理人对债务人主张受让的虚构债权，仅得以合同中所载明的债权数额为限。而

---

〔1〕　参见最高人民法院（2017）最高法民申 4305 号民事裁定书。本案为应收账款债务人虚构应收账款，质权人登记设定质权，人民法院判决应收账款债务人承担损害赔偿责任。

债务人虚构债权，可能造成保理人的损失，包括保理人通过保理合同可以收回的保理融资款本息，以及服务报酬等其他利益，只要不超出债务人的预见范围即应纳入损害赔偿的范围，尤其是当债务人主观上存在故意时，更是如此。

其次，从责任主体上看，就虚构债权的合同责任而言，保理人只可对债务人主张全部债权数额的履行；而从侵权责任看，保理人所遭受的坏账损失，有时并非仅由债务人一方所致，而是债务人与债权人共同虚伪表示所致，且主要原因可能在于债权人的欺诈行为。因此，依据《民法典》第1170条，债务人与债权人对保理人承担连带侵权责任。[1]

最后，理论上说，如果保理人自身存在审查不严，导致不能收回保理融资款本息，可能适用与有过失。有鉴于此，保理人对债务人主张应收账款的合同请求权，还是主张侵权损害赔偿请求权，在与有过失的构成上会有差别。就合同请求权而言，保理人根据《民法典》第763条已经取得对于债务人的应收账款债权，但该条仅以保理人"明知"虚构应收账款作为例外，而不考虑保理人审查应收账款方面的过失。尽管《民法典》第592条第2款规定，"当事人一方违约造成对方损失，对方对损失的发生有过错的，可以减少相应的损失赔偿额"，但在第763条的情形中，并非因债务人违约造成损失，因而不能适用第592条第2款。保理人根据《民法典》第763条对债务人主张应收账款的请求权（合同请求权），或根据《民法典》第766条（有追索权保理）对债权人主张保理合同中偿还保理融资款的本息或回购请求权，均不适用与有过失。而且，即使保理人存在审查不严的过失，司法实践中法院也不倾向适用与有过失。[2]可见，保理人的合同请求权是"全有或全无"的结果。只要债权为"虚构"，一般都能全额主张请求权。

如果保理人主张债务人的侵权责任，根据《民法典》第1173条规定，"被侵权人对同一损害的发生或者扩大有过错的，可以减轻侵权人的责任"，

---

[1] 参见汤杨程、唐郢：《民法典视域下应收账款不真实的保理融资问题研究》，载《人民司法（应用）》2020年第28期。

[2] 参见最高人民法院（2019）最高法民申1533号民事裁定书、最高人民法院（2019）最高法民申2994号民事裁定书。

应适用与有过失，但也须区分情况对待。若债权人与债务人通谋虚伪表示虚构债权的，不适用与有过失规则。因为加害人是故意的，对方尽管有过失，但损害应完全由故意的一方承担，[1] 也即由应收账款的债权人和债务人全额承担。我国《民法典》第 1174 条规定，"损害是因受害人故意造成的，行为人不承担责任"。由此推论，如果损害是由加害人故意造成的，受害人也不应适用第 1173 条的与有过失，而应由加害人全额承担责任。在债务人单方虚伪确认应收账款的情况下，其主观上为故意，结果也是如此。但如果债务人无法被查证故意，仅对于应收账款的不真实具有过失，而保理人审查不严，由此可以考虑适用与有过失，适当减轻债务人的侵权损害赔偿责任。

总之，在发生虚构应收账款的保理交易后，善意的保理人可基于《民法典》第 763 条向债务人主张应收账款的全额还款请求权，也可以基于《民法典》第 1165 条、第 1170 条向有过错的债务人、债权人主张侵权的损害赔偿请求权。以上两种请求权在损害数额计算、责任主体和与有过失方面存在一定的差别。保理人以意思表示不真实为由请求撤销合同并由应收账款债务人、债权人赔偿损失的，适用与有过失规则，未尽谨慎审查义务的保理人也应按照其过错程度承担相应的责任。

五、结语

在债权人虚构应收账款的保理交易中，无论债务人是以通谋虚伪表示还是单方虚伪表示的方式参与虚构应收账款的过程中，善意的保理人均可以依据《民法典》第 763 条获得信赖利益的保护，其法律效果为保理人根据虚构的债权外观取得完整的合同债权。保理人将该债权转让给原债权人和债务人以外的第三人的，受让人不以善意为必要即可继受取得该债权。该债权被原债权人回购后，因不具有值得保护的信赖利益，原债权人不得向债务人主张该债权。

善意的保理人依据《民法典》第 763 条实际取得了应收账款债权，并不影响债权人和债务人侵权损害赔偿责任的成立。保理人可以选择合同请求权

---

〔1〕　Looschelders, Schuldrecht AT, 16 Aufl., Franz Vahlen 2018, S. 412.

或侵权损害赔偿请求权以维护自身的权益。允许两种请求权竞合，是信赖保护原则的统一体现，但两种请求权对保理人的保护路径不同，尤其在权利保护范围与有过失适用方面存在差异。因此，请求权基础的选择，决定了善意保理人具体受保护的利益范围。

在将来的司法实践中，"虚构应收账款"并不会随着《民法典》的颁行而消亡，随着《民法典》新规则的施行，此类案件的审理难度可能还会进一步增加。本书希望对第 763 条提供一种逻辑合理、价值融贯的解释方案，以期为有效实施《民法典》、发展我国民事法律制度提供有益的学理支撑。

【关联法条】

▶法律法规

《民法典》

第三百一十一条 无处分权人将不动产或者动产转让给受让人的，所有权人有权追回；除法律另有规定外，符合下列情形的，受让人取得该不动产或者动产的所有权：

（一）受让人受让该不动产或者动产时是善意；

（二）以合理的价格转让；

（三）转让的不动产或者动产依照法律规定应当登记的已经登记，不需要登记的已经交付给受让人。

受让人依据前款规定取得不动产或者动产的所有权的，原所有权人有权向无处分权人请求损害赔偿。

当事人善意取得其他物权的，参照适用前两款规定。

第五百九十二条 当事人都违反合同的，应当各自承担相应的责任。

当事人一方违约造成对方损失，对方对损失的发生有过错的，可以减少相应的损失赔偿额。

第七百六十三条 应收账款债权人与债务人虚构应收账款作为转让标的，与保理人订立保理合同的，应收账款债务人不得以应收账款不存在为由对抗保理人，但是保理人明知虚构的除外。

第一千一百六十五条 行为人因过错侵害他人民事权益造成损害的，应当承担侵权责任。

依照法律规定推定行为人有过错，其不能证明自己没有过错的，应当承担侵权责任。

第一千一百七十条 二人以上实施危及他人人身、财产安全的行为，其中一人或者数人的行为造成他人损害，能够确定具体侵权人的，由侵权人承担责任；不能确定具体侵权人的，行为人承担连带责任。

第一千一百七十三条 被侵权人对同一损害的发生或者扩大有过错的，可以减轻侵权人的责任。

第一千一百七十四条 损害是因受害人故意造成的，行为人不承担责任。

▶**司法解释**

《最高人民法院关于审理存单纠纷案件的若干规定》

第八条 对存单质押的认定和处理

存单可以质押。存单持有人以伪造、变造的虚假存单质押的，质押合同无效。接受虚假存单质押的当事人如以该存单质押为由起诉金融机构，要求兑付存款优先受偿的，人民法院应当判决驳回其诉讼请求，并告知其可另案起诉出质人。

存单持有人以金融机构开具的、未有实际存款或与实际存款不符的存单进行质押，以骗取或占用他人财产的，该质押关系无效。接受存单质押的人起诉的，该存单持有人与开具存单的金融机构为共同被告。利用存单骗取或占用他人财产的存单持有人对侵犯他人财产权承担赔偿责任，开具存单的金融机构因其过错致他人财产权受损，对所造成的损失承担连带赔偿责任。接受存单质押的人在审查存单的真实性上有重大过失的，开具存单的金融机构仅对所造成的损失承担补充赔偿责任。明知存单虚假而接受存单质押的，开具存单的金融机构不承担民事赔偿责任。

以金融机构核押的存单出质的，即便存单系伪造、变造、虚开，质押合同均为有效，金融机构应当依法向质权人兑付存单所记载的款项。

【典型案例】

1. 中厦公司与建行上海分行等合同纠纷［**最高人民法院（2019）最高法民申 1533 号民事裁定书**］

基本案情

【一审法院查明事实】2014 年 4 月 30 日，建行上海分行与麟旺公司签订《有追索权国内保理合同》，约定甲方（麟旺公司）采用赊销方式销售货物，并向乙方（建行上海分行）申请获得有追索权的保理业务服务。保理合同第 1 条约定，乙方作为保理商，在甲方将商务合同项下应收账款转让给乙方的基础上，向甲方提供综合性金融服务，如乙方受让的应收账款因任何原因不能按时收回时，乙方均有权向甲方进行追索，甲方应确保买方按时足额向乙方进行支付。无论任何情形，甲方应无条件按时足额偿还乙方支付给甲方的保理预付款及相应利息等费用……

为保障保理合同的有效履行，建行上海分行与李某利、东关公司分别签订了《本金最高额保证合同（保理业务专用）》，保证人均承诺为麟旺公司在主合同项下不超过壹亿捌仟万元本金余额及其他全部债务提供连带责任保证，担保范围包括主合同项下全部债务，包括但不限于全部本金、利息、罚息、复利、违约金、补偿金及实现债权的费用（包括但不限于诉讼费、律师费等）和麟旺公司所有其他应付费用。

麟旺公司于 2015 年 2 月 2 日至 3 月 4 日先后向建行上海分行申请支取保理预付款 9 907 633.27 元、9 993 963.02 元、9 886 591.06 元、9 817 768.92 元、9 920 168.95 元、87 009 346.58 元、4 763 680.33 元。嗣后，上述款项均未获清偿，产生六个月期内利息分别共计 816 502.66 元。截至 2015 年 9 月 21 日，按照同期银行贷款利率上浮 50% 计算，产生的逾期利息共计 120 162.77 元。

麟旺公司在向建行上海分行申请支用每笔保理预付款时，均向建行上海分行提交了《付款承诺书》《应收账款转让通知书》《已转让应收账款确认通知书及回执》《钢材购销合同》及《销售清单》。中厦公司及其法定代表人张某荣在上述《付款承诺书》《钢材购销合同》及《已转让应收账款确认通知书及回执》上盖章。经绍兴市公安局柯桥分局经侦大队侦查，《钢材购销合同》中所涉部分施工地点实际并不存在，部分并非中厦公司的工地，部分工地并未向麟旺公司采购钢材。中厦公司法定代表人张某荣、经办人商某华、杨某平，麟旺公司经办人庄某明、陈某等在公安机关的《询问笔录》中均表示，保理融资所涉贸易背景均为麟旺公司虚构，中厦公司对麟旺公司向银行申请融资予以长期配合，中厦公司向银行的还款均来源于麟旺公司及其关联企业。麟旺公司前法定代表人李某利在死前写《遗书》称"本人李某利所有的保理事情都是我干的，和张某荣张总无关，做账和发票还有报表都是我在外面每月花钱叫人做好给庄某明的，和他无关。"

本案所涉保理业务建行二支行经办人肖某在绍兴市公安局柯桥分局经侦大队所作的《询问笔录》中称，"每次做保理业务时麟旺公司提供的发票我未全部去财税网核查发票号码的真实性，只是抽几张去核对一下确保真实就会盖章确认。因为麟旺公司与中厦公司之间贸易量比较大，提供的发票很多，两家公司与我行合作时间长，我也比较信任他们，所以我没有对麟旺公司与中厦公司的发票原件进行一一查看核实，只是核查发票复印件"。肖某在笔录中还称："关键是核验（中厦公司）公章真实性，我行不会去上门核实业务的真实性。"

沪银监访复［2016］51号《上海市银监局银行业举报事项答复书》载明：我局核查认为，建行二支行与麟旺公司开展保理业务中，存在贷后跟踪不到位、对账不及时、授权文书不规范及发票审查方式存在瑕疵等问题。同时抽查部分银行留档"上海增值税普通发票"，未查询到相关开票记录。对银行存在的相关问题，我局将依法对其采取监管措施。

2015年9月17日，建行上海分行与建行二支行签订《协议书》，约定：由于建行上海分行机构调整原因，与建行二支行达成债权转让协议，将以麟旺公司为申请人的保理合同业务及票据贴现业务的全部权利转让给建行二支行，由建行二支行行使全部权利。

【二审法院查明事实】麟旺公司在向建行上海分行申请支用每笔保理预

付款时，其向建行上海分行提交的《应收账款转让通知书》所载转让的应收账款金额及《付款承诺书》上所载承诺付款金额均超过保理预付款金额。由中厦公司及其法定代表人张某荣盖章的《付款承诺书》载明："我公司已收到……合同项下的全部货物/服务，并已检验合格。我公司承诺不可撤销地承担上述合同项下上述货款的到期全额付款义务……不以任何包括上述商务合同执行中的争议等为理由拒付。若有违反，无论我公司以何种理由迟付或拒付上述款项，则贵行有权就迟付或拒付的金额向我公司收取滞纳金，滞纳金的计算方式如下：滞纳金＝未付货款金额×天数（从货款到期日至实际付款日的实际天数）×保理期限同档次贷款基准年利率上浮百分之五十/360。"

裁判要点

【一审法院裁判要点】本案争议的焦点主要有三：一是系争保理业务是否存在真实的基础债权债务关系；二是如果认定基础债权债务为虚构，保理合同的效力如何认定；三是本案中厦公司及各一审被告需要承担什么责任。

关于基础债权债务的真实性，从本案当事人提供的证据和公安机关侦查情况可知：第一，系争保理业务的多名经办人均明确表示钢材交易的合同及付款通知均为麟旺公司自行制作，中厦公司盖章确认予以配合，这一获得保理融资款项的模式已形成多年惯例……第二，系争多份《钢材购销合同》中的工地有的并不存在，有的并非中厦公司施工，还有的其钢材并非从麟旺公司所购，证明了《钢材购销合同》及发票等并非源自真实的交易。另外，麟旺公司在申请保理融资时除了本案所列材料外，从未提交过与钢材贸易相关的运货单据、交收凭证等，无法印证钢材贸易的真实存在。综合上述事实，一审法院认定系争保理合同的基础债权债务均为虚构，实际并不存在真实交易背景。

关于系争保理合同的效力，保理合同的核心内容是应收账款的转让。虽然基础债权的真实、合法、有效是债权转让的前提，但基础债权债务关系不真实并不当然导致保理合同无效。本案当事人间签订的保理合同并未违反法律法规强制性规定，也未损害国家及社会公共利益，不存在认定无效的情形。但是，保理合同签订过程中，融资申请人麟旺公司故意隐瞒真实情况，虚构基础交易关系，制作虚假材料，诱使银行作出错误意思表示，应当依据《合同法》第54条第2款之规定，认定系争保理合同因融资方欺诈而使银行方有权撤销⋯⋯

至于本案债务人中厦公司的责任，一审法院认为，首先，本案所涉基础交易关系均为当事人虚构，麟旺公司实际并不享有对中厦公司的债权，建行二支行要求中厦公司按照《付款承诺书》上载明的债务金额承担责任，没有法律和合同依据。其次，中厦公司在麟旺公司向银行申请保理融资过程中，提供真实公章长期予以配合，共同对建行上海分行构成欺诈，导致建行二支行债权失去了应收账款作为保障，其行为存在过错，应根据其过错程度对建行二支行造成的损失承担相应责任。最后，建行上海分行在对系争保理业务的核查方面亦存在过错。在如此长期大额的保理业务操作中，银行经办人员未根据合同约定和相关规范认真核查基础交易的发票原件；未要求申请人提供能够反映真实交易情况的运货单据、交货凭证等材料；也从未对基础交易真实性进行实地核验，上述情况均反映出建行上海分行在业务中未尽合理注意义务，亦应当对其损失承担部分责任。就此，一审法院酌情认定中厦公司依其过错程度承担保理合同项下本息损失的70%。中厦公司承担的该部分责任与麟旺公司的还款责任系基于不同的发生原因而产生的同一内容的给付，中厦公司和麟旺公司就该部分款项共同对建行二支行承担清偿责任，任何一方的清偿均导致债务消灭的法律后果。

【二审法院裁判要点】本案二审争议焦点是：（1）涉案保理合同的效力如何认定；（2）中厦公司应向建行二支行承担何种责任；（3）建行二支行是否因其未尽审核义务而自担部分损失；（4）能否同时支持建行二支行对麟旺公司和中厦公司的诉讼请求。

第一，关于涉案保理合同的效力。本院认为，（1）尽管应收账款所对应的基础合同与保理合同之间存在关联性，但两者仍系相互独立的合同关系，故该基础合同不成立或无效并不必然导致保理合同无效。（2）⋯⋯对于并非基础合同当事人的建行二支行而言，上述材料已足以使其对基础合同真实存在产生合理信赖。（3）尽管建行二支行在开展本案保理业务过程中，存在未严格依照监管要求履行审核义务，尤其是对基础合同项下发票真实性审核不当的问题，但仅依据该工作瑕疵尚不足以证明建行二支行明知基础合同虚假的事实。据此，麟旺公司和中厦公司之间的基础合同虽系虚假，但双方不得以此对抗作为善意相对方的建行二支行……在建行二支行不行使撤销权的情况下，一审法院认定系争保理合同合法有效，合同当事人均应依约履行，并无不当。

第二，关于中厦公司应向建行二支行承担何种责任。对此，本院认为，（1）从保理业务实践来看，无异议承诺已经成为保理融资实务中较为通行的做法，该做法亦符合参与主体各方的经济目的，有利于提高交易效率，其合法性应予认可，各方亦应按照承诺内容履行各自义务。如果任由当事人以承诺内容与客观事实不符为由予以反悔，则无疑将违背商业活动中的诚信原则，鼓励欺诈行为，损害善意相对方利益，阻碍交易活动的顺利开展。（2）……（3）真实的应收账款系保理商最终实现经济利益的重要保障，中厦公司在基础交易虚假的情形下，仍向建行二支行作出上述确认和承诺，导致建行二支行基于对真实应收账款以及中厦公司付款承诺的信赖而向麟旺公司发放款项，最终无法及时收回资金……中厦公司对建行二支行的欺诈行为，系造成建行二支行资金损失的重要原因，中厦公司应按照其对建行二支行的确认和承诺承担相应的付款责任。

第三，关于建行二支行是否因其未尽审核义务而自担部分损失。本案中，建行二支行并未严格依照《商业银行保理业务管理暂行办法》等监管要求，通过审验发票原件真实性以及实地核验等手段审核基础合同的真实性。对于此种审核瑕疵是否导致建行二支行自担部分损失，并减轻中厦公司付款责任的法律后果，本院认为，（1）从审核义务的规范性质看，商业银行开展保理业务过程中应尽的对基础合同真实性的审核义务，来源于监管部门为实现规范金融市场行为、防范金融风险等目的制定的行政管理规范，而非确定平等市场主体之间权利义务关系的民事法律规范或合同约定。因此，以建行二支行违反上述审核义务为由，要求其承担相应的民事责任，于法无据。（2）从审核义务的内容和目的看，商业银行审核基础合同及应收账款的真实性，其目的是确保自身经济利益安全，故该审核行为并不构成商业银行对于基础合同债权人及债务人的合同义务或法定义务。本案中，麟旺公司及中厦公司亦无权在建行二支行未完全履行审核义务的情况下要求其承担违约责任。（3）从各方的过错性质对比及利益平衡来看，本案中，中厦公司与麟旺公司对建行二支行具有明显的欺诈故意，而建行二支行的审核瑕疵系对自身利益不谨慎的过失行为。如果以建行二支行存在审核瑕疵为由减轻故意欺诈者的民事责任，则无疑将导致责任分配的明显不公和利益失衡。综上，建行二支行的审核瑕疵不应成为其自担部分损失，并减轻中厦公司付款责任的理由，一审法院关于此节的认定不当，本院予以纠正。

第四，关于能否同时支持建行二支行对麟旺公司和中厦公司的诉讼请求。对此中厦公司主张，中厦公司对建行二支行承担的仅为补充赔偿责任，在未穷尽对麟旺公司及其担保人的法律追索措施之前，建行二支行是否有损失及损失金额还处于不确定状态，不满足其承担责任的条件。对此，本案认为，（1）根据中厦公司出具的付款承诺书，其承诺不可撤销地对建行二支行承担付款义务，并不得以任何理由迟付或拒付。该付款承诺并未以建行二支行穷尽对麟旺公司及其担保人的法律措施为前提条件。中厦公司关于其仅向建行二支行承担补充赔偿责任的主张，欠缺事实依据，本院不予采信。（2）一审法院在判决主文第5项中明确，中厦公司、麟旺公司、东关公司、刘某星、李某霖任何一方履行还款义务，均构成相应债务的消灭，故此种责任承担方式不会导致建行二支行重复受偿的结果。（3）至于中厦公司所称其能否向麟旺公司追偿等问题，不影响麟旺公司、中厦公司对建行二支行承担付款责任，双方可另行解决，本院对此不予处理。

【再审法院裁判要点】关于中厦公司主张的基础债权瑕疵能否对抗债权受让人建行二支行的问题。首先，本案各方当事人对中厦公司与麟旺公司串通虚构基础交易对建行二支行构成合同欺诈这一事实均不持异议。根据《合同法》第54条第2款"一方以欺诈、胁迫的手段或者乘人之危，使对方在违背真实意思的情况下订立的合同，受损害方有权请求人民法院或者仲裁机构变更或者撤销"的规定，建行二支行可以据此行使撤销权并要求中厦公司承担赔偿责任。但经一审法院释明，建行二支行明确表示不行使撤销权，该行为属于建行二支行自由处分民事权利的行为，一、二审法院认定案涉保理合同仍属合法有效，并无不当。在案涉保理合同合法有效的前提下，中厦公司依约应承担相应付款义务。其次，中厦公司与麟旺公司通谋所为的虚伪意思表示，在其二者之间发生绝对无效的法律后果，但与第三人建行二支行之间，则应视建行二支行是否知道或应当知道该虚伪意思表示而确定不同的法律后果。本案中，建行二支行在开展保理业务过程中，审核了麟旺公司提交的《付款承诺书》等材料，其中《付款承诺书》《钢材购销合同》及《已转让应收账款确认通知书及回执》上有中厦公司及其法定代表人张某荣的盖章确认。对于并非基础合同当事人的第三人建行二支行而言，其根据上述材料已经尽到了审慎的注意义务，其有理由相信麟旺公司对中厦公司享有相应的债权。尽管从建行二支行经办人肖某的《询问笔录》以及沪银监访复〔2016〕51号答复来看，建行二支行在开展本案保理业务过程中，存在未严格依照监管要求履行审核义务，尤其是对基础合同项下发票真实性审核不当的问题，但该工作瑕疵的存在，并不影响本案的事实认定……

关于建行二支行向中厦公司的求偿权和向麟旺公司追索权能否同时并存的问题。根据案涉保理合同的约定，本案保理业务系有追索权的保理，在建行二支行的债权不能获得清偿时，建行二支行除有权以债权受让人身份要求应收账款债务人中厦公司清偿债务外，还享有向麟旺公司行使追索权的权利。而求偿权与追索权是否能够并存，关键在于对有追索权的保理业务性质的认定问题。结合本案相关事实，有追索权的保理业务所包含债权转让合同的法律性质并非纯正的债权让与，而应认定为是具有担保债务履行功能的间接给付契约，并不具有消灭原有债务的效力，只有当新债务履行且债权人的原债权因此得以实现后，原债务才同时消灭……因本案建行二支行对中厦公司的债权尚未得到实际清偿，为避免建行二支行就同一债权双重受偿，二审法院判决中厦公司、麟旺公司或保证人东关公司、刘某星、李某任何一方对债务的清偿行为，都应相应免除另一方的清偿义务，认定正确，并未损害中厦公司的实体权益。中厦公司主张二审法院判决其与麟旺公司承担的是连带责任，缺乏事实与法律依据，本院不予采信。

综上所述，中厦公司的再审事由不能成立，其再审申请不符合2017年《民事诉讼法》第200条第6项、第11项规定的情形。

2. 路桥公司与北京银行上海分行财产损害赔偿纠纷 [上海市第二中级人民法院（2015）沪二中民六（商）终字第 386 号民事判决书]

基本案情

【一审法院查明事实】2012 年 2 月 9 日，北京银行上海分行与案外人罗依莱路用分公司签订《有追索权保理额度主合同》，约定：罗依莱路用分公司作为保理业务申请人，愿按本合同的规定将相应的应收账款转让给北京银行上海分行；北京银行上海分行同意以本合同的条款与条件为前提，在一定额度和期限内为申请人提供针对债务人的有追索权保理服务。债务人为第一市政公司，保理总额度为 1500 万元。罗依莱路用分公司提供了《上实东滩先期外围市政配套工程材料采购合同》《应收账款债权转让通知书》《承诺书》。北京银行上海分行于同年 4 月 18 日根据罗依莱路用分公司的申请向其发放了保理融资款 1500 万元。

2013 年 2 月 8 日，上海市工商行政管理局向路桥公司发出准予变更登记通知书，内容为：经审查，你提交的路桥公司迁入登记（原企业名称第一市政公司，变更后企业名称路桥公司），申请材料齐全，符合法定形式，我局决定准予变更登记。

【二审法院查明事实】涉案《有追索权保理额度主合同》第 5.2.1 条约定：申请人每次申请使用额度时，应于转让日前提前将下述文件送达北京银行上海分行：……相关商务合同、信用支持文件以及货物交付证明或发运单据的副本或复印件（北京银行上海分行可随时要求申请人提供原件），以及北京银行上海分行合理要求由申请人正式签署的关于应收账款及商务合同履行情况的书面说明；……北京银行上海分行合理要求应收账款的权利凭证、发票、单据及相应资料。第 5.3.1 条约定：对于北京银行上海分行拟同意受让的应收账款，申请人应按附件三的要求和所示格式内容及时通知全部债务人并取得债务人文件。

涉案致第一市政公司的《应收账款债权转让通知书》载明：申请人罗依莱路用分公司因经营发展的需要，拟于 2012 年 2 月 16 日，将其与贵方签署的下述商务合同项下的应收账款以及就该部分应收账款所享有的全部债权及债权的从属权利等相关权益转让给北京银行上海分行。致罗依莱路用分公司及北京银行上海分行的《回执》载明：我方已收到你们于 2012 年 2 月 10 日签署的《应收账款债权转让通知书》，已阅读并理解《有追索权保理额度主合同》中关于该保理额度占用我方在你行的授信额度，现表示确认同意。《应收账款债权转让通知书》与《回执》的骑缝线处以及《回执》落款处均盖有第一市政公司公章。

第一市政公司向北京银行上海分行出具《承诺函》，承诺其与罗依莱路用分公司签订了《上实东滩先期外围市政配套工程材料采购合同》，其上加盖公章与日常事务所用公章有所区别，但均真实有效，代表其真实意愿。为避免歧义，其在采购合同上再次加盖与签发的《应收账款债权转让通知书回执》一致的公章，对该采购事宜再次确认，确保按《应收账款债权转让通知书》中记载事项按时将货款支付至北京银行上海分行账户。落款处盖有第一市政公司公章。

罗依莱路用分公司为申请涉案保理业务，向北京银行上海分行提供《上实东滩先期外围市政配套工程材料采购合同》……该合同系顾某某等伪造。

裁判要点

【一审法院裁判要点】北京银行上海分行发放系争保理融资款的前提是罗依莱路用分公司将其对第一市政公司的应收账款转让给北京银行上海分行……第一市政公司相关人员在顾某某陪同北京银行上海分行上门核实应收账款转让情况时，在没有对应收账款债权转让通知书的内容进行仔细核对的情况下，就在该转让通知书上加盖第一市政公司公章予以确认，之后又在相关承诺函上加盖第一市政公司公章……直接影响了北京银行上海分行对于系争保理融资款的审核及发放，故其对北京银行上海分行的经济损失应当承担赔偿责任。因第一市政公司已经变更企业名称为本案路桥公司，故路桥公司理应承担相应责任……

【二审法院裁判要点】本案的争议焦点为：（1）路桥公司对北京银行上

海分行是否构成侵权；（2）北京银行上海分行对其损失是否存在过错；（3）路桥公司对系争损失如何承担赔偿责任。

第一，路桥公司对北京银行上海分行是否构成侵权。

本院认为，行为人因过错侵害他人民事权益，应当承担侵权责任。路桥公司对北京银行上海分行的保理融资款损失是否构成侵权，本院从侵害行为、损害后果、过错、因果关系的侵权责任构成要件进行分析：其一，路桥公司是否实施了侵权行为。路桥公司明确否认与罗依莱路用分公司签订过涉案金额的采购合同以及存在相应的应付账款，相关刑事案件亦认定涉案采购合同系伪造。公司印鉴是公司对外意思表示的表征，在应收账款不实的情况下，路桥公司工作人员却在载明应收账款金额为1875万元的《应收账款债权转让通知书》及《回执》上盖章予以确认，同意向北京银行上海分行支付上述应收账款。在北京银行上海分行就保理申请文件上路桥公司的印章存在不一致的情况向其进行核实时，路桥公司向北京银行上海分行出具《承诺函》，再次确认与罗依莱路用分公司之间存在涉案采购合同和应收账款。故路桥公司对北京银行上海分行受让的虚构应收账款作出了一系列违背事实的盖章确认行为。其二，北京银行上海分行的损失是否实际发生。根据相关刑事案件的认定，北京银行上海分行发放的1500万元保理融资款，除顾某某案发后归还50万元外，其余款项未能受偿。故北京银行上海分行因发放保理融资款而实际产生了损失。其三，路桥公司是否具有过错。路桥公司在北京银行上海分行就相关文件中路桥公司印章不一致进行核实时，路桥公司理应引起警觉和注意，但其仍未核对应付账款，而是作出与事实不符的承诺。路桥公司置真实应付账款的金额于不顾，账务管理制度存在明显疏漏，随意用印，内部用印审批流程形同虚设。由此可见，路桥公司应当能够预见到对应收账款金额不实的确认文件予以盖章的法律后果，路桥公司具有未核对应付账款、贸然用印的重大过错。其四，路桥公司的盖章确认行为与北京银行上海分行融资款被骗是否具有法律上的因果关系。北京银行上海分行基于路桥公司同意支付应收账款的确认以及对路桥公司良好资信的信赖从而向罗依莱路用分公司发放了保理融资款。故路桥公司的盖章确认行为与北京银行上海分行的资金损失之间存在法律上的因果关系。

综上分析，在涉案应收账款确为虚假的情况下，北京银行上海分行有权就路桥公司的盖章确认行为主张侵权责任。

第二，北京银行上海分行对其损失是否存在过错。

本院认为，被侵权人对损害的发生也有过错的，可以减轻侵权人的责任……债权人与债务人之间存在基础交易合同是设立保理的前提和基础，而债权人与保理银行之间的应收账款债权转让则是保理关系的核心。保理银行通过受让应收账款的金钱债权，取得对债务人的直接付款请求权，是保理融资款的第一还款来源。与一般贷款融资相比，保理业务的准入门槛相对较低。因此，保理银行在开展保理业务时，应当从严审查客户资信状况与应收账款的真实性、合法性。这既是保理业务风险控制的内在要求，也符合通行的银行业保理业务规范和惯例。北京银行上海分行在涉案保理业务中是否存在过错，则应以审视保理业务的特点为基础，遵循通行的保理业务规范和惯例，从而界定保理银行审查义务的合理范围并作为认定依据。对此本院从以下三个方面进行分析：其一，保理业务要求对申请客户进行准入审查……涉案保理合同申请人为罗依莱路用分公司，不具有法人资格，不符合北京银行上海分行规定的客户准入条件。这也是北京银行上海分行要求罗依莱公司出具授权书的原因所在……提供该授权书的顾某某是罗依莱路用分公司的负责人，北京银行上海分行应当知道顾某某不具有代表罗依莱公司出具授权书的权限。北京银行上海分行没有采取必要措施对该授权书的真实性进行核实，在客户准入的审查环节存在疏漏。其二，保理业务要求对基础交易背景及产生的应收账款进行真实性审查……应收账款真实性审查的根本落脚点应在于保理申请人是否基于买卖等基础交易关系已经履行了提供货物、服务等合同义务，并由此向交易对手享有确定数额的金钱债权……北京银行上海分行在基础交易背景的调查环节，仅要求罗依莱路用分公司提供了购销合同，未要求出示供货单、签收单、结算单据、发票等能够证明罗依莱路用分公司已经履行合同交货义务的单据。北京银行上海分行对基础交易合同是否实际履行未作完善的尽职调查。其三，在应收账款转让环节，保理银行要求保理申请人通知债务人应收账款转让的事实并予以书面确认，将使应收账款债权转让行为对债务人产生效力，并降低债务人可能存在的违约风险……在保理业务尤其是卖方单保理业务中，为防范虚构交易事实套取融资的违法行为，对基础交易履行情况的相关单据进行审查符合审慎、从严的保理业务标准。这种针对基础交易合同履行单据的审查，在保理银行的能力所及和职责范围之内，也是权衡交易成本与交易风险之后的理性选择。保理银行应当通过审查基础交易履行单据的方式，确认交易行为真实合理存在，从而增强对骗保、虚假交易背景的甄别能力……北京银行上海分行对涉案应收账款的审查，依赖于债务人对应收账款的盖章确认，而对基础交易合同履行单据未严格按照其内部风控要求和流程进行审查，与通行银行业保理业务规范水平相比也有待提高。综上分析，北京银行上海分行在涉案保理业务的客户准入和应收账款真实性审查上存在一定程度的不足，对其保理融资款的损失有不可推卸的责任。原审法院对此未予认定，应予纠正。

第三，路桥公司与北京银行上海分行的责任比例。

法院认为，侵权行为人与被侵权人对损失均有过错的，应当公平合理地分配责任比例。路桥公司在应当能够预见盖章确认行为所产生的法律后果的情况下，未对所负债务是否真实存在进行核实，对虚构的应收账款盖章确认，主观上存在重大过错。虽然没有证据证明其与顾某某存在共同故意，但客观上路桥公司的盖章确认行为对北京银行上海分行作出发放保理融资款的决定有重要影响。而北京银行上海分行在保理业务中也存在审核不严的问题，对其损失负有一定的责任。法院综合考虑双方当事人的过错程度以及各自行为对损失的原因力大小，酌情认定路桥公司对保理融资款损失和利息损失的80%承担赔偿责任，其余损失由北京银行上海分行自行负担。

第六章

《民法典》第 769 条之保理合同抗辩权系列：基础合同债务人拒绝付款

丁俊峰　　包晓丽*

*丁俊峰，法学博士，长期从事贸易融资法律实务研究。

包晓丽，北京理工大学法学院助理教授（特别副研究员），北京市债法学研究会理事，北京银行法学研究会副秘书长。

　　保理合同是以应收账款债权人转让基础交易合同项下的应收账款于保理商为基础，保理商提供资金融通、应收账款管理、应收账款催收和坏账担保等服务的合同。通过开展保理业务，保理商以真实的贸易关系为基础，借用核心企业信用为供应链中处于相对弱势地位的中小企业融资。该举有利于帮助中小企业解决应收账款账期问题，提高日常资金周转效率。保理业务的类别包括：（1）根据是否向应收账款债务人发出转让通知，分为明保理与暗保理；（2）根据保理商是否有权向应收账款债权人主张返还保理融资款或回购应收账款债权，分为有追索权保理与无追索权保理；（3）根据应收账款债权人和债务人所在地的差异，分为国内保理和国际保理；（4）根据保理申请人的身份差别，分为由应收账款债权人申请叙作保理业务的正向保理，和由应收账款债务人（核心企业）作为申请人的反向保理。上述四种分类方式实际上是从不同侧面对保理所作的描述，在真实交易中，当事人可以对上述类别自由组合。但无论保理合同的内容作何安排，真实贸易关系总是提供保理服务的前提和基础。

　　实践中，保理商往往通过设计复杂的合同条款和交易架构，以期降低自己的坏账风险。但正是由于保理业务专业化程度高，且交易结构复杂，导致各方对保理合同的法律关系和法律适用产生了较大困惑。人民法院在认定案涉交易是否构成保理合同关系时，应当综合审查合同的主体要件、形式要件、基础交易真实性、应收账款转让情况等要素，进而根据交易的结构准确界定相关行为的法律性质。保理交易结构的核心特征在于基础交易项下应收账款的转让。放弃回购或者放弃反转让应收账款权利的无追索权保理与债权转让协议在法律性质上基本相同。保持回购或者保持反转让应收账款权利的有追索权保理是在债权转让协议的基础上"加挂"追索权的内容，而追索权的行使在法律性质上是担保债务履行功能的间接给付契约。本章就上述内容展开论述，并在此基础上，对审判实务中常出现的应收账款债务人的抗辩事由，基础交易合同禁止转让特约的效力作出分析，实为抛砖引玉。

一、保理的识别

关于"保理合同纠纷"，曾经并非《民事案件案由规定》明确列明的案由类型，因此各地法院在立案时做法不一，如合同纠纷、保理合同纠纷、金融借款合同纠纷、借款合同纠纷、债权转让合同纠纷、其他合同纠纷、财产损害赔偿纠纷等。也有单独起诉应收账款债务人而产生的买卖合同纠纷、融资租赁纠纷、建设工程施工合同纠纷等。对此，《保理纪要（一）》第4条明确规定，"保理合同为无名合同，案由可暂定为保理合同纠纷。在司法统计时，将其归入'其他合同纠纷'项下"。

在审理保理有关案件时，法官首要应做的即是甄别诉争案件是否成立保理合同法律关系，从而正确适用法律以明确当事人间的责任关系。我们认为，在判断诉争交易是否构成保理合同法律关系时，应当重点考虑以下因素。

第一，主体是否适格。即合同一方当事人是否为依照国家规定、经过有关主管部门批准可以开展保理业务的商业银行或者商业保理公司。

第二，是否符合保理合同形式要件。即当事人间是否签订了书面保理合同，该合同是否约定了业务类型和服务范围，基础交易合同名称、编号和转让标的，应收账款债权人和应收账款债务人名称、地址，应收账款数额、付款时间和付款方式，转让价款、服务报酬及支付方式，转让通知的方式，风险承担的方式等内容。

第三，真实的基础交易关系是否存在。保理以转让基础交易项下的应收账款为前提，国家鼓励开展保理业务的目的也在于盘活基础交易项下的账款，从而解决企业融资困难的问题。若不存在真实的基础交易关系，三方当事人、双层合同关系的保理法律架构将不复存在，保理融资、应收账款催收和管理等行为将缺乏开展的依据。[1]

---

〔1〕 此处并非否定保理融资人和保理商签订的合同效力，而在于表达保理法律关系不具有产生的基础，应当以双方间实际产生的法律关系作为处理纠纷的依据。

第四，应收账款是否实际转让。无论是明保理还是暗保理，有追索权保理抑或无追索权保理，保理商发放保理融资款在很大程度上是依赖于债务人的还款能力的。所以，合同当事人就应收账款的转让达成真实合意是保理合同成立的基础。需要注意的是，这并不意味着保理商必须将应收账款转让的事实通知债务人。因为是否通知债务人并不影响应收账款转让的效力，而仅能决定保理商能否向应收账款债务人请求付款。实践中不乏名为保理实为借贷或者票据贴现等法律关系的案例，典型如创丰公司、麦某青、麦某威、梁某彬与富海融通公司等合同纠纷[1]。在富海案中，尽管当事人之间签订了《商业保理合同》，但合同当事人从未就基础交易合同、应收账款的数额、应收账款是否有效转让、是否用应收账款偿还融资款等内容进行过任何形式的确认。且保理商也从未将应收账款转让的事实通知债务人，未曾要求应收账款债务人付款，而仅要求融资申请人履行还款义务。据此，人民法院根据当事人间的真实交易情况和具体案件事实，认定本案系借款合同纠纷，而非保理合同纠纷。

二、应收账款转让的法律性质

对于无追索权保理中应收账款转让实为债权买卖，转让后由保理商承担坏账风险的观点，在审判实务中并无太大分歧。但是，有追索权保理中应收账款转让的法律属性，理论和实务中存在较大的认识分歧，主要包括债权让与说和让与担保说。债权让与说主要受国际公约中以无追索权保理为原型的法律规定的影响，主张有追索权保理无非是在债权让与的基础上增加了一项追索权的内容。[2]让与担保说从功能角度出发，指出保理本质上属于应收账款的让与担保。[3]

---

[1]　广东省深圳市中级人民法院（2015）深中法商终字第2992号民事判决书。另可佐证的案例参见中国光大银行沈阳南湖科技开发区支行与三宝电脑（沈阳）有限公司、沈阳乐金电子有限责任公司借款合同纠纷，沈阳市中级人民法院（2005）沈中民四合初字第11号民事判决书。

[2]　孙超：《应收账款融资的法律问题研究——以促进债权流转为中心》，山东大学2011年博士学位论文；黄斌：《国际保理——金融创新及法律实务》，法律出版社2006年版，第22-23页。

[3]　陈本寒：《新类型担保的法律定位》，载《清华法学》2014年第2期；林秀榕、陈光卓：《有追索权国内保理的法律性质》，载《人民司法（案例）》2016年第32期。

一方面，保理合同中应收账款转让规则相较于一般的债权转让具有一定的特殊性。其一，转让通知的方式不同。一般债权让与中，转让通知应当由债权人向债务人发出。但在保理中，在不损害债务人权利的情况下，赋予保理商通知权有利于简化通知程序、实现商事交易便捷高效的需求。因此，当保理商在明示其身份并附债权让与的必要凭证时，可以单独或者和债权人共同向债务人发出应收账款转让通知。其二，债权转让的终局性程度不同。债权让与即权利的买卖，通常为终局性的权利转移。但是，在保理合同中需要区分有追索权保理和无追索权保理。对于有追索权保理，应收账款债权与追索权为补充关系（当事人明确约定连带责任的除外），债权的数额以保理融资款本息和相关费用为限。而仅在无追索权保理中，应收账款转让为终局性转让，保理商有权就全部应收账款受偿。其三，禁止转让特约的效力不同。在普通债权转让中通常强调尊重当事人的自由意思，禁止转让的约定有效，但不得对抗善意受让人。但根据《国际保理公约》《联合国国际贸易中应收款转让公约》和各国关于保理合同的法律规定，由于保理合同的标的为金钱债权，债务履行与当事人身份关联性不大，在保理交易中，禁止转让特约的效力应作特殊安排。

另一方面，让与担保说只能解释融资申请人作为第一还款义务人，而不能解释应收账款义务人所谓第一还款义务人的法律构造问题。在建行马尾支行与国创公司、富广通公司等金融借款合同纠纷[1]（本章简称建行国创案）中，福州市中级人民法院将应收账款转让理解为让与担保，从而判决卖方（债权人）富广通公司对保理融资款本息负有首要偿还责任，买方（债务人）国创公司在应收账款金额范围内承担连带清偿责任。但是，大量的保理商开展保理业务系基于应收账款债务人（核心企业）的还款能力，实践中通常以债务人直接还款作为主要履行方式。在让与担保理论架构下，卖方（应收账款债权人）负担首要偿还责任，违背了保理合同当事人的真实意思和交易成立的基础。同时，为避免暴利行为，担保权人负有清算的法定义

---

[1] 福建省福州市中级人民法院（2015）榕民终字第 1734 号民事判决书。

务。[1]让与担保的裁判规则表明，融资申请人不履行到期债务时，保理商无法主张应收账款债权，而应当请求人民法院参照《民事诉讼法》"实现担保物权案件"的相关规定处置应收账款债权。[2]但在保理法律实践中，当事人可就应收账款还款范围自行约定，而不负担清算义务，无需经过拍卖、变卖应收账款等担保物权实现方式。

此外，在出现债权人破产的极端情形下，依上述不同观点，应收账款是否属于破产财产，以及保理商向债权人回收保理融资款所依据的请求权基础差别较大。倘若采纳让与担保说，应根据担保物权是否成立、是否享有对抗第三人效力等因素，进一步判定基础交易合同债权变现后的款项是否属于破产财产的范畴。若让与担保有效成立的，保理商对该应收账款债权享有优先受偿的权利。在债务人就应收账款的履行情况不足以清偿主债务时，保理商只能基于借贷关系，以普通债权人的身份要求债权人清偿债权。与此不同的是，倘若采债权让与说，如无《企业破产法》第31条至第33条规定的事由，应收账款债权人与保理商间债权转让行为有效。此时，保理商是该应收账款新的债权人，应收账款变现后的款项当然不属于破产财产的范畴（超过保理融资款的部分除外）。债务人清偿不足时，保理商可依据保理合同约定的追偿权或者融资款返还请求权要求债权人承担责任。

可见，对于有追索权保理，应当根据保理合同关于还款条款的差异化设计，判断应收账款转让的性质。若应收账款债权人（融资申请人）作为第一还款义务人的，应收账款转让构成让与担保；[3]对于应收账款债务人作为第一还款义务人的，应收账款转让实际上是附追索权条款的债权转让合同，而关于追索权的约定构成间接给付契约。

在珠海华润银行与江西燃料公司等合同纠纷[4]（本章简称华润案）中，法院表示，保理商珠海华润银行应先向债务人江西燃料公司求偿，在未获清

---

〔1〕 王闯：《让与担保法律制度研究》，法律出版社2000年版，第363—366页。

〔2〕 参见《九民纪要》第71条。

〔3〕 参见《担保制度司法解释》第1条："因抵押、质押、留置、保证等担保发生的纠纷，适用本解释。所有权保留买卖、融资租赁、保理等涉及担保功能发生的纠纷，适用本解释的有关规定。"

〔4〕 最高人民法院（2017）最高法民再164号民事判决书。

偿时，才能够向债权人广州大优公司主张权利。追索权的功能相当于债权人广州大优公司为债务人江西燃料公司的债务清偿能力提供了担保。法院在华润案中表达的，由买方负担先履行义务，卖方在买方拒绝履行或部分履行时负担补充清偿责任的立场，符合交易当事人的真实意思，也符合责任关系的基本法理。然而，这并不意味着，保理商的诉权行使具有先后顺序的要求。保理商有权任意起诉应收账款债务人或者债权人。其顺位性特征仅体现在执行程序中，在直接责任人的财产不能清偿债务时，裁定执行补充责任人的财产。就诉讼程序上而言，对于确已成立有追索权保理法律关系的，应收账款债权人和债务人构成牵连的必要共同诉讼，法院应依职权追加未被起诉的当事人，对两者合并审理。[1]总之，建行国创案和华润案对责任顺位认定的差异，清楚地展现了法院对应收账款转让行为的定性差异进而导致裁判中责任顺位和责任关系判断的差异。除非当事人将应收账款转让作为流贷业务的担保手段，司法裁判应当厘清保理合同中多层法律架构之间的关系，将应收账款转让解释为债权让与，将追索权的行使解释为担保应收账款回收风险的手段更符合当事人真实意思和保理行业惯例。

三、应收账款债务人的抗辩权

《民法典》第 584 条规定："债务人接到债权转让通知后，债务人对让与人的抗辩，可以向受让人主张。"一般而言，应收账款债务人对债权人享有的抗辩权亦可以向保理商主张，债务人也有权明示放弃抗辩权和抵销权。由于债权转让并不影响债权的同一性，保理商取得基础交易合同中债权人的法律地位后，应收账款债务人向保理商主张的抗辩事由应以基础交易合同范围为限。具体内容包括：因基础交易合同履行产生的诉讼时效完成的抗辩、债权不发生的抗辩、债权消灭的抗辩、基于形成权行使的抗辩（如合同被撤销、被解除、被抵销）、基于双务合同的抗辩（如同时履行抗辩、不安抗辩）以及诉讼程序上的抗辩（诉讼管辖协议的抗辩、仲裁的抗辩）等。[2]

---

〔1〕 参见肖建国、宋春龙：《民法上补充责任的诉讼形态研究》，载《国家检察官学院学报》2016 年第 2 期。

〔2〕 韩世远：《合同法总论》，法律出版社 2018 年版，第 617 页。

　　实践中，较为常见的是应收账款债务人以保理商未完全履行对基础交易关系的审查义务为由，拒绝履行付款义务。在平煤神马物流公司、平煤神马能源公司与建行青岛市北支行等金融借款合同纠纷[1]（本章简称平煤案）中，法院认为，保理商开展保理业务应当遵循内部流程规范和《商业银行保理业务管理暂行办法》。但是，保理商作为债权受让人，其执行业务流程是否规范并不属于应收账款债务人主张抗辩事由的范围。抗辩权的基础应源于基础交易合同项下的抗辩事由，而保理商是否尽到审查义务并非基础交易合同关系中的抗辩事由。应收账款债务人以此作为对保理商付款请求权的抗辩理由，没有法律依据。

　　此外，从建立诚实信用的营商环境出发，我们鼓励应收账款债务人向保理商披露基础交易合同中约定的抗辩事由的行为，但债务人并无披露前述事实的义务。因此，无论债务人是否已向保理商披露可能产生于基础交易的抗辩权，其均可以向保理商主张因基础交易产生的抗辩。在重庆重铁物流有限公司、平安银行股份有限公司重庆分行合同纠纷[2]中，法院表示，"保理融资纠纷案件中，债务人在保理银行开展尽职调查时，向保理银行提出抗辩权或者抵销权存在的合理事由，保理银行仍然与债权人签订保理合同并通知债务人债权转让的事实，债务人确认该债权转让并同意按照通知履行的，如债务人无预先放弃抗辩权或者抵销权以及存在欺诈等严重过错的情形，债务人仍不失抗辩权或者抵销权"。

　　关于抗辩事由的形成时间，通常并不要求债权让与时，主张抗辩的事实已经发生。只要债权让与时在债权关系的内容中该抗辩的原因业已存在，或者说只要"抗辩时有发生的基础"，在通知时已存在，即为已足。[3]因为债权转让的发生，债务人不能拒绝，所以不宜因债权转让的结果而使得债务人陷于不利的地位。在发出债权转让通知之前，债权人和债务人修改基础交易合同抗辩事由的，新的抗辩事由对保理商有效；在发出转让通知后，债权人与债务人修改基础交易合同抗辩事由对债权受让人不具有效力，除非保理商

---

〔1〕　最高人民法院（2018）最高法民再 128 号民事判决书。
〔2〕　最高人民法院（2018）最高法民终 31 号民事判决书。
〔3〕　韩世远：《合同法总论》，法律出版社 2018 年版，第 617 页。

表示同意。[1]

实践中，应收账款债务人常常作出无异议承诺，即债务人在应收账款债权转让通知书上签章确认，表示将及时、全额付款至专门保理账户。实际上，只有在债务人明确表示不保留异议时（即不保留任何债权不成立、成立时有瑕疵、债权消灭及其他可对抗让与人的抗辩事由），才能认定债务人放弃了抗辩权。对此，法院在平煤案中提出了判断标准：保理业务当中，认定基础交易合同中债务人放弃基础交易合同项下对债权人的抗辩权，应当有基础交易合同债权人、债务人参与下达成的新的放弃上述抗辩权的合意或者债务人一方对于放弃抗辩权作出明确的意思表示。第一，就《回执》文本文义上而言，应收账款债务人签章确认，表示将及时、全额付款至专门保理账户，并非其放弃抗辩权的意思表示。第二，应收账款债务人针对《应收账款转让债权通知书》出具相应的《回执》，是保理业务流程中债务人向保理商确认已经收到《应收账款转让债权通知书》的书面凭证，法律性质上类似于观念通知。故不能仅凭债务人在《回执》中对《应收账款转让债权通知书》中应收账款数额、还款期限以及基础交易合同、交付凭证、发票等内容的确认，而认定债务人放弃抗辩权。第三，案涉《应收账款转让债权通知书》是债权人出具给债务人的，《回执》是债务人出具给保理商的，上述两份证据并未在债务人与债权人之间形成新的意思表示，并未变更案涉基础交易合同对债务人付款条件的约定，故不能单独依据《回执》认定债务人放弃基础交易合同的抗辩权。

进一步而言，倘若债务人放弃抗辩权系真实意思表示，若不违反法律、行政法规的强制性规定，也未损害社会公共利益，应予以尊重。第一，在法律性质上，应收账款债务人在承诺上签字确认应收账款事实表示债务人已知债权转让的事实，与债权转让通知类似，属于观念通知。第二，尊重债务人放弃抗辩权系域外通行立法例。如《日本民法典》第468条、《法国民法典》第1295条、《德国民法典》第405条以及《联合国国际贸易中应收款

---

[1] 贺小荣主编：《最高人民法院民事审判第二庭法官会议纪要　追寻裁判背后的法理》，人民法院出版社2018年版，第282页。

转让公约》第 19 条均有此类规定。第三，国内司法裁判也有例可循。在中铁新疆公司与工行钢铁支行等合同纠纷[1]中，法院认可了该承诺的效力，债务人不得再就基础合同不成立、成立时有瑕疵、无效或者可撤销、债权消灭等向保理商提出抗辩。除非有法定无效或者可撤销的情形，应收账款债务人放弃抗辩权、抵销权后不得再向保理商主张。

随着商事交易日益复杂化和集合化，对于基础交易项下其他合同（实践中多表现为《补充协议》）约定的抗辩权能否向保理商主张，《联合国国际贸易中应收款转让公约》使用了原始合同或相同交易标准。该公约第 18 条第 1 项规定，债务人可向受让人提出由原始合同产生的或由构成相同交易一部分的任何其他合同产生的、在如同未发生转让时若转让人提出此种要求则债务人可予利用的所有抗辩或抵销权。根据合同法原理，判断是否构成原始合同交易一部分，应当结合交易项下的主体、客体以及内容加以判定，即主体是否重合，交易项下的给付行为是否相同以及当事人的权利义务是否具有整体性。与此类似，德国等国家及地区采用了联立合同抗辩权延伸规则。联立合同的目的在于实现交易的整体性功能，认定合同是否存在联立关系，主要看两个合同是否存在依存性，即在主观方面是否存在当事人联立的意思表示，以及客观方面是否存在利益上的一体性。抗辩权的延伸是合同联立的法律后果之一。[2]《德国民法典》第 358 条针对消费信贷规定了抗辩权延伸制度，如果买卖合同与贷款合同具有关联性，并且消费者可以买卖合同所产生的抗辩权来对抗销售者，那么消费者可以基于其对于销售者的抗辩权来对抗贷款人。其中对关联关系的认定采取"目的上的一致性、经济上的整体性"标准。[3]上述比较法上的做法对回应此问题具有一定启示。

同样是在平煤案中，债权人在转让应收账款前，与债务人及第三人签订了三方《协议》（基础交易合同之外），由此产生了应收账款债务人能否以三方《协议》的约定作为抗辩事由的争议。法院认为，债务人主张抗辩事

---

[1] 最高人民法院（2014）民二终字第 271 号民事判决书。

[2] 参见陆青：《合同联立问题研究》，载《政治与法律》2014 年第 5 期。

[3] 参见迟颖：《关联合同中产生于买卖合同的抗辩权对贷款合同的适用性问题——从一则案例看德国消费信贷法抗辩权延伸制度》，载《法学论坛》2007 年第 5 期。

由的范围和内容是保理商尽职调查的职责，应收账款债务人没有主动告知保理商的义务，债务人可以依据基础交易关系项下三方《协议》的抗辩事由对抗保理商。首先，债权让与具有整体性，本案中债权人与债务人签订的基础交易合同和三方《协议》一并构成基础交易的合同基础。虽然两者在合同签订主体上并不完全相同，但三方《协议》关于付款条件的约定系对案涉基础交易合同货到付款条款约定的补充，并未产生新的应收账款。其次，转让债权不能使债务人处于更为不利的境地，因此基础交易项下债务人享有的所有抗辩均得以向债权受让人主张。最后，在反向保理中，应收账款债务人是作为融资参与方，基于诚实信用原则，此时应考虑应收账款债务人负有向保理商披露其他抗辩事由的告知义务。

四、禁止转让特约的效力

基础交易对保理合同的另一影响表现为，基础交易合同禁止转让的约定是否影响保理的有效性。关于此禁止转让条款的效力，比较法上主要有三种效力类型：一是充分肯定当事人关于债权禁止转让的合意，基础债权不得让与。典型的如《德国民法典》第399条规定，"不变更债权的内容就不能向原债权人以外的人进行给付，或让与被与债务人的约定所排除的，债权不得被让与"。[1]二是区分受让人的主观善恶意，禁止转让特约不得对抗善意受让人。又如，我国台湾地区"民法"第294条第2项规定，"债权人得将债权让与第三人，但依当事人之特约不得让与者不在此限。不得让与之特约，不得以之对抗善意第三人"。三是否认此种禁止转让特约的对外效力。法国最高法院的判例认为，受让人并非所转让原始合同的当事人，因此不受禁止债权转让条款的约束，得有效受让债权，要求债务人偿付。[2]

《民法典合同编（草案）（二次审议稿）》第334条第2款规定，"当事人约定非金钱债权不得转让的，不得对抗善意第三人"。但正式通过的《民法典》第545条第2款修改为："当事人约定非金钱债权不得转让的，不得

---

[1] 《德国民法典》，陈卫佐译注，法律出版社2015年版，第146页。
[2] 转引自高润恒：《保理合同应收账款转让研究》，清华大学2006年博士学位论文。

对抗善意第三人。当事人约定金钱债权不得转让的，不得对抗第三人。"新增的规定即考虑到作为保理合同等标的的金钱债权，债务履行与当事人身份关联性不大。因此，在保理交易中，有理由对禁止转让特约的效力作出特殊安排。从相关立法例来看，[1] 债务人不得以基础交易合同项下的禁止转让条款对抗保理商的付款请求为国际主流趋势。但是，债务人可以债权人（转让人）违反禁止转让的约定为由，请求债权人对其承担违约责任。即在保理法律关系下，倾向于采纳法国的做法，禁止转让特约对保理商不具有对抗效力。具体理由为：其一，保理交易安排反映了商事流转宜便捷、迅速的要求，商事交易当中的债权转让规则应当与传统民事债权转让规则相区别。其二，符合合同的相对性原则。按照合同相对性原则，债权人和债务人之间的约定仅能约束双方当事人，不具有约束第三人的效力。债权人违反此项特约，应向债务人承担违约责任。其三，基础交易合同与保理合同相区分。基础交易合同的债权人与债务人之间系应收账款债权债务关系，保理商与债权出让人之间系以应收账款转让为主要内容的保理合同关系。是故，基础交易合同项下的约定不能对抗保理商。其四，违反禁止让与特约时，让与债权无效的规则，赋予了当事人意思过强的效力，不尽符合当事人意思与上升为法律的国家意志之间的辩证关系。[2]

《民法典》第545条第1款规定，债权人可以将债权的全部或者部分转让给第三人，但根据债权性质或者按照当事人约定或者依照法律规定不得转让的除外。一般认为，对于非金钱债权，原合同债权人和债务人之间具有一定的信赖关系，债权在一定程度上具有特定性，法律应当肯定禁止转让特约

---

〔1〕《澳门商法典》第879条规定，让与人与其债务人间关于让与人有义务不将其债权让与第三人之约定，在任何情况下均不得对抗保理商，而让与人须承担倘有之民事责任。《国际保理公约》第6条第1款规定，"尽管供应商和债务人之间订有禁止转让应收账款的任何协议，供应商向保理商进行的应收账款转让仍然有效"。《联合国国际贸易中应收款转让公约》第9条第1项规定，"尽管初始转让人或任何后继转让人与债务人或任何后继受让人之间的任何协议以任何方式限制转让人转让其应收款的权利，应收款的转让具有效力"。第2项规定，"本条规定概不影响转让人因违反此种协议而承担的任何义务或赔偿责任，但该协议的另一方不得仅以此项违反为由撤销原始合同或转让合同。非此种协议当事方的人仅因知悉该协议不承担责任"。《俄罗斯联邦民法典》第828条的内容与《联合国国际贸易中应收款转让公约》的规定如出一辙。

〔2〕参见崔建远：《合同法总论（中卷）》，中国人民大学出版社2016年版，第479-480页。

的效力。但从保护交易安全的角度考虑，禁止转让的约定不得对抗善意受让人。但是，对于金钱债权，债权并不具有履行上的特殊性，且让与行为并不会加重债务人负担，在保理中尤甚。在充分保障债务人抗辩权和抵销权的情况下，债务人将应收账款付款至债权人原有银行账户或者保理专用账户，其履行成本没有差异，没有第545条规定的不得转让的情形。因此，债权人和债务人在基础交易合同中的禁止转让特约不得对抗保理商。

【关联法条】

▶法律法规

《企业破产法》

第三十一条　人民法院受理破产申请前一年内，涉及债务人财产的下列行为，管理人有权请求人民法院予以撤销：

（一）无偿转让财产的；

（二）以明显不合理的价格进行交易的；

（三）对没有财产担保的债务提供财产担保的；

（四）对未到期的债务提前清偿的；

（五）放弃债权的。

第三十二条　人民法院受理破产申请前六个月内，债务人有本法第二条第一款规定的情形，仍对个别债权人进行清偿的，管理人有权请求人民法院予以撤销。但是，个别清偿使债务人财产受益的除外。

第三十三条　涉及债务人财产的下列行为无效：

（一）为逃避债务而隐匿、转移财产的；

（二）虚构债务或者承认不真实的债务的。

▶地方司法文件

《保理纪要（一）》

四、案由的确定

保理合同为无名合同，案由可暂定为保理合同纠纷。在司法统计时，将其归入"其他合同纠纷"项下。

▶国际条约与惯例

《国际保理公约》

第六条

1. 尽管供应商和债务人之间订有禁止转让应收账款的任何协议，供应商向保理商进行的应收账款转让仍然有效。

2. 但是，如果在货物销售合同订立时债务人营业地位于一个已经根据本公约第十八条做出声明的缔约国内，则此种转让对债务人无效。

3. 第1款不应影响供应商根据诚信原则对债务人所承担的任何义务或供应商在违反货物销售合同条款做出的转让方面对债务人所应承担的任何责任。

《联合国国际贸易中应收款转让公约》

第9条　转让的合同限制

1. 尽管初始转让人或任何后继转让人与债务人或任何后继受让人之间的任何协议以任何方式限制转让人转让其应收款的权利，应收款的转让具有效力。

2. 本条规定概不影响转让人因违反此种协议而承担的任何义务或赔偿责任，但该协议的另一方不得仅以此项违反为由撤销原始合同或转让合同。非此种协议当事方的人仅因知悉该协议不承担责任。

3. 本条仅适用于下列应收款的转让：

（a）根据供应或租赁货物或除金融服务外的服务的合同、工程建筑合同或买卖或租赁不动产的合同这类原始合同产生的应收款；

（b）根据买卖或租赁工业产权或其他知识产权或专有资料或为其核发许可证的原始合同产生的应收款；

（c）代表对信用卡交易支付义务的应收款；或

（d）依照涉及两个以上当事方的净结算协议按净额结算应付款项后尚欠转让人的应收款。

第 18 条　债务人的抗辩和抵消权

1. 受让人向债务人提出关于所转让的应收款的付款要求时，债务人可向受让人提出由原始合同产生的或由构成相同交易一部分的任何其他合同产生的、在如同未发生转让时若转让人提出此种要求则债务人可予利用的所有抗辩或抵消权。

2. 债务人可向受让人提出任何其他抵消权，但必须是在债务人收到转让通知时债务人可利用的抵消权。

3. 虽有本条第 1 款和第 2 款的规定，但在转让人违反以任何方式限制转让人转让权的协议情况下而使债务人可依照第 11 条或第 12 条向转让人提出的抗辩和抵消权，债务人不得向受让人提出。

第 19 条　不提出抗辩和抵消权的协议

1. 债务人可与转让人以债务人签署的书面文件议定，不向受让人提出依照第 18 条规定可提出的抗辩和抵消权。此种协议限制债务人不得向受让人提出这些抗辩和抵消权。

2. 债务人不得放弃下列抗辩：

（a）由于受让人一方的欺诈行为所引起的抗辩；或

（b）因债务人无行为能力而提出的抗辩。

3. 此种协议只能通过经债务人签署的书面协议而修改。此种修改对受让人所具有的效力依第 20 条第 2 款确定。

【典型案例】

1. 创丰公司、麦某青、麦某威、梁某彬与富海融通公司等合同纠纷
[广东省深圳市中级人民法院（2015）深中法商终字第2992号民事判决书]

基本案情

【法院查明事实】2014年3月4日，富基标商公司（甲方、数据服务方）、富海融通公司（乙方、保理商）、创丰公司（丙方、卖方）与麦某青、麦某威、梁某彬（丁方、担保方）签订了《商业保理合同》，约定：丙方因业务需求，就丙方与商务合同买方之间的应收账款在甲方提供数据服务的协助下向乙方申请保理融资业务，甲方同意为乙、丙间的保理融资业务提供供应链的电子数据，并负责查询、核算、分析丙方的经营信息，辅助丙方融资及乙方的融资审核；为保障乙方债权的实现，丁方为丙方在本合同项下的债务向乙方承担不可撤销的连带责任保证担保，乙方同意接受丁方的上述担保；本合同为有追索权保理业务，即买方如未按期向乙方支付应收账款，乙方有权向卖方追索，同时在乙方要求下买方还应承担回购该应收账款的责任；本合同保理业务指丙方将其因与商务合同买方所产生的应收账款转让给乙方，由乙方为丙方提供应收账款融资或其他服务，若买方在约定期限内不能足额偿付应收账款，乙方有权按照本合同约定向丙方追索未偿融资款；丙方将应收账款及相关权利转让给乙方，乙方确认后，给予丙方保理融资额度为300万元，本合同签署后，乙方于2014年3月24日之前将保理金额汇入丙方指定的账户；乙方向丙方收取保理业务服务费238 500元，同时，丙方须向甲方缴纳金融数据监管服务费58 500元，丙方向甲方缴纳融资启动费7500元；三方一致同意，约定本协议签署生效后次日，丙方将保理业务服务费、数据监管服务费及融资启动费一次性支付至乙方指定账户，如丙方未按本款之约定按时向乙方及甲方支付保理业务服务费、数据监管服务费及融资启动费的，乙方有权从保理金中予以扣除；对于上述丙方将应收账款债权及相关权利转让给乙方事宜，丙方同意乙方在中国人民银行动产融资统一登记公示系统办理转让登记手续；保理金额的期限为6个月，总费用的费率为

19.8%（年化），到期日为 2014 年 9 月 23 日 16：00 之前，到期日一次性还本；并约定逾期还款违约金及丁方的担保范围、保证期间，创丰公司同意将罗列在合同附件一中的经营卖场中自合同生效之日起一年内全部应收账款转让给富海融通公司。《商业保理合同》的附件二为一份《借据》（富海融通公司为甲方、保理方，创丰公司为乙方、供应商，麦某青、麦某威、梁某彬为丙方、担保人），约定今乙方从甲方处获得保理金额 300 万元整，乙方承诺 6 个月内还清全部保理金额及保理服务费，并约定逾期还款违约金；丙方承诺为乙方从甲方处获得保理金额的事宜承担不可撤销的连带保证责任。同日，麦某青、麦某威、梁某彬就担保事项出具了《担保声明》，同意为创丰公司在上述《商业保理合同》项下的债务向富海融通公司承担不可撤销的连带保证责任。

2014 年 3 月 4 日，创丰公司作出股东会决议，一致同意从富海融通公司处获得保理金额 300 万元并签署《商业保理合同》，在创丰公司未能按照保理合同规定的时间偿还全部保理金额的情况下，公司全体股东将根据合同及附件的有关规定还清所有欠款。麦某青、麦某威分别出具《承诺函》，承诺愿作为担保方对创丰公司与富海融通公司签署的《商业保理合同》担保，在创丰公司未能按照合同规定时间偿还全部保理额度的情况下，其将担负全责还清所有相关钱款。

2014 年 5 月 4 日，富海融通公司向创丰公司转账 2 695 350 元，富海融通公司确认从保理款中扣减了保理业务服务费、金融数据监管服务费、融资启动费、办理登记手续费、网银转账手续费。创丰公司于 2014 年 10 月 10 日、2014 年 12 月 4 日分别向富海融通公司还款 10 万元、1 万元。

裁判要点

【一审法院裁判要点】富海融通公司与创丰公司、麦某青、麦某威、梁某彬及富基标商公司签订的《商业保理合同》是各方当事人真实意思表示，合法有效。《商业保理合同》约定富海融通公司为创丰公司提供应收账款融资或其他服务，富海融通公司的主要义务是向创丰公司提供保理融资款，创丰公司的主要义务是按约定用途使用保理融资款、支付保理业务服务费等合同约定的费用以及在保理期限届满后偿还保理融资款本金等。根据合同约定，富海融通公司应向创丰公司提供保理融资款，同时富海融通公司可扣除保理业务服务费、金融数据监管服务费、融资启动费、办理登记手续费、网银转账手续费，富海融通公司扣除上述款项后，向创丰公司转账2 695 350元，保理合同届满后，创丰公司仅向富海融通公司还款11万元，尚欠富海融通公司保理融资本金289万元，故富海融通公司主张创丰公司支付保理融资本金300万元的诉讼请求，一审法院部分予以支持。

【二审法院裁判要点】关于案涉保理合同的性质。首先，根据《商业银行保理业务管理暂行办法》第6条第1款规定，保理业务是以债权人转让其应收账款为前提，集应收账款催收、管理、坏账担保及融资于一体的综合性金融服务。从概念上分析，保理法律关系应当由三个要素构成：一是应当以应收账款转让为前提；二是书面的保理合同；三是保理商应提供应收账款催收、管理、坏账担保或保理融资等服务。债权人转让其应收账款不仅是保理法律关系成立的基本要件，也是保理法律关系区别于其他法律关系的根本性特征。保理商通过受让应收账款，取得对债务人的直接请求权。在本案中，从《商业保理合同》约定来看，富海融通公司的主要义务是向创丰公司提供保理融资款，而未提供其他金融服务，创丰公司的主要义务是按约定用途使用保理融资款、支付保理业务服务费等合同约定的费用以及在保理期限届满后偿还保理融资款本金等，但并未约定将债务人支付的应收账款作为保理融资的第一还款来源，相反，还款义务人是创丰公司。合同约定的融资保理期限是半年，但约定转让应收账款的期间是1年，二者存在矛盾。现有证据无法证明签订合同的各方当事人对于应收账款产生的基础合同、应收账款的数额、是否有效转让、是否实际用应收账款偿还融资款以及能够清偿的比例等进行任何形式的确认。因此，可以看出各方的关注点集中在融资款是否发放，是否收回。《商业保理合同》内容上并不具有保理合同的典型特征。从合同的履行情况来看，一方面，在二审调查中，创丰公司、富海融通公司均确认未将应收账款转让通知债务人，根据《合同法》第80条第1款的规定，该转让对债务人不发生效力。故案涉金融服务缺失保理业务中应收账款有效转让这一基本前提。另一方面，创丰公司作为借款人，向富海融通公司出具借据，麦某青、麦某威、梁某彬作为担保人，各方均签字盖章，且创丰公司、富海融通公司均确认该借款与《商业保理合同》的融资款为同一款项。富海融通公司实际支付了该款项，创丰公司也部分清偿，符合借款合同的特征，因此，《商业保理合同》应当认定名为保理合同实为借款合同。

2. 平煤神马物流公司、平煤神马能源公司与建行青岛市北支行等金融借款合同纠纷［最高人民法院（2018）最高法民再 128 号民事判决书］

基本案情

【一审法院查明事实】2013 年 6 月 14 日，建行青岛市北支行与澳海公司签订《有追索权国内保理合同》，约定：澳海公司为建行青岛市北支行提供有追索权保理的买方清单，建行青岛市北支行向澳海公司提供有追索权国内保理服务，保理预付款最高额度为 2 亿元，有效期自 2013 年 6 月 14 日至 2014 年 6 月 14 日；澳海公司未能按约向建行青岛市北支行偿付应付款项的逾期罚息；当建行青岛市北支行受让的应收账款因任何原因不能按时足额收回时，建行青岛市北支行均有权向澳海公司进行追索，澳海公司应确保买方按时足额向建行青岛市北支行进行支付。无论任何情形，澳海公司应无条件按时足额偿还建行青岛市北支行支付给该公司的保理预付款，并支付预付款利息等全部应付款项；发生澳海公司（或买方）没有履行到期债务等情形，视为澳海公司违约，在澳海公司未足额向建行青岛市北支行支付全部应付未付款项前，建行青岛市北支行作为应收账款的债权人，仍享有应收账款的一切权利；因澳海公司违约导致的费用应由澳海公司承担。同日，建行青岛市北支行与王某某、郝某某签订《最高额保证合同》，约定：王某某、郝某某为澳海公司在主合同项下的一系列债务提供最高限额 3.2 亿元的连带责任保证。

2013 年 6 月 20 日，澳海公司与平煤物流公司签订《煤炭采购合同》，约定：澳海公司将 8 万吨煤炭以 601 元/吨的价格卖给平煤物流公司。2014 年 2 月 25 日，澳海公司出具《应收账款转让债权通知书》，载明：澳海公司将 4663.76 万元应收账款转让给建行青岛市北支行，建行青岛市北支行成为应收账款债权人，平煤物流公司只有向建行青岛市北支行履行付款义务方能构成对应收账款债务的有效清偿。平煤物流公司收到该通知书后向建行青岛市北支行出具《回执》载明，该公司确认《应收账款转让债权通知书》所述应收账款债权已全部转让给建行青岛市北支行，该公司确保按该通知书的要求及时、足额付款至建行青岛市北支行的指定账户。

2013 年 11 月 26 日，澳海公司开具纳税人为平煤物流公司的四张增值税发票。2014 年 2 月 26 日，澳海公司向建行青岛市北支行出具《应收账款转让申请书》，载明：澳海公司申请将上述 4663.76 万元应收账款转让给建行青岛市北支行，该公司保证已完全履行应收账款项下应尽的义务，并且无瑕疵地拥有该应收账款债权；如果该公司未能完全履行应收账款项下应尽的义务或应收账款债权有瑕疵或发生保理合同任一违约情形，该公司将赔偿建行青岛市北支行由此产生的一切损失。同日，建行青岛市北支行向澳海公司出具《应收账款受让通知书》，同意受让该公司转让的上述应收账款。同日，根据澳海公司出具的委托建行青岛市北支行支付 3000 万元货款给信恒基公司的《支付委托》，建行青岛市北支行将 3000 万元付至澳海公司在建行青岛市北支行处开立的账户，并于次日从澳海公司上述账户将 3000 万元电汇至信恒基公司中国工商银行账户。

2011 年 11 月 22 日，平煤集团出资 2.6 亿元全资设立平煤物流公司。同年 12 月 7 日、12 月 21 日、12 月 22 日，平煤物流公司将其中国民生银行基本账户中的 2 亿元、3000 万元、1000 万元先后汇至平煤集团的中国工商银行账户。

2014 年 9 月 25 日，平煤集团研究决定将平煤物流公司注册资本由 2.6 亿元减至 16 422.57 万元，并办理了变更登记手续，且在减资说明中注明截至 2014 年 11 月 13 日，平煤物流公司减资前的债权债务已清理完毕，若有债务，由投资人按减资前的出资额承担责任。

2013 年 6 月 20 日，平煤物流公司与信恒基公司签订了《煤炭采购合同》，主要约定煤炭采购金额、数量及发票开具等事宜。2013 年 6 月 15 日，平煤物流公司、澳海公司、信恒基公司签订了三方《协议》，主要约定：信恒基公司将货款全部支付给平煤物流公司后，平煤物流公司按照合同约定及时支付给澳海公司，澳海公司在信恒基公司未付款之前，不得向平煤物流公司追索货款；如信恒基公司因重组、改制、破产、诉讼、经营等原因无法全部或部分支付平煤物流公司货款，三方承诺相互抵销、放弃债权债务，不得相互追索，也不得采取调解、仲裁、诉讼等民事、行政或司法救济手段；办理银行保理或其他业务时，如需平煤物流公司承担对银行等其他主体付款义务时，应当以信恒基公司先付款为责任承担的前提，平煤物流公司仅在信恒基公司付款的前提下承担对所有合同方的付款义务；在银行保理业务到期日前7—10个工作日，信恒基公司将贸易合同款项全额转入平煤物流公司账户，信恒基公司将货款全部支付给平煤物流公司后，平煤物流公司按照约定转入银行保理账户，澳海公司在信恒基公司未付款之前，不得向平煤物流公司追索货款；办理银行保理业务的一方应明确告知银行或保理业务的主体其与平煤物流公司签订的贸易合同及本协议规定内容，如未告知，产生的责任由办理银行保理业务的一方承担。2013年7月13日，平煤物流公司、澳海公司、信恒基公司签订了《货权转让协议》，主要约定：澳海公司与平煤物流公司、平煤物流公司与信恒基公司分别签订煤炭买卖合同，澳海公司直接将煤炭交付给信恒基公司，三方视为货权交付完毕。

2014年6月4日，建行青岛市北支行出具《应收账款逾期通知书》，记载商业发票项下应收账款已于2014年5月25日到期，建行青岛市北支行要求平煤物流公司将资金付至澳海公司在建行青岛市北支行的账号。平煤物流公司于2014年6月5日出具《回执》记载了该公司于该日收到建行青岛市北支行发出的上述通知书，并已知晓该通知书的全部内容。

【二审法院另查明事实】2014年2月25日，澳海公司向平煤物流公司出具的《应收账款转让债权通知书》载明，我公司日前已完成下表所列发票/合同项下的发货。2014年6月4日，建行青岛市北支行向平煤物流公司出具的《应收账款逾期通知书》载明：澳海公司已根据与贵公司签订的《商务合同》发运货物，并将商业发票项下应收账款债权转让给我行。上述《应收账款转让债权通知书》《应收账款逾期通知书》均由平煤物流公司签收，且签收时并未提出异议。

二审庭审中，平煤物流公司与平煤集团自认其未向建行青岛市北支行披露过平煤物流公司、澳海公司、信恒基公司于2013年6月15日签订的三方《协议》内容；平煤物流公司账目中并未记载案涉应付账款。

【再审法院另查明事实】2013年6月15日平煤物流公司、澳海公司、信恒基公司签订三方《协议》第5条第2款约定，信恒基公司将货款全部支付给平煤物流公司之后，平煤物流公司按照合同约定及时支付给澳海公司。澳海公司在信恒基公司未付款之前，不得向平煤物流公司追索货款。第5条第4款约定，办理银行保理或其他业务时，如需平煤物流公司承担对银行等其他主体付款义务时，应当以信恒基公司先付款为责任承担前提，平煤物流公司仅在信恒基公司付款的前提下承担对所有合同方的付款义务。办理银行保理业务的一方应明确告知银行或者保理业务的主体其与平煤物流公司签订的贸易合同及本协议规定内容，如未告知，产生的责任由办理银行保理业务的一方承担。第6条第3款货款支付条款约定，办理银行保理等业务，需要平煤物流公司对银行出具应收账款通知等证明手续时，须按照本协议第5条规定内容执行，或在证明手续中注明平煤物流公司对银行付款按照澳海公司与平煤物流公司、平煤物流公司与信恒基公司之间的《煤炭采购合同》及本协议约定执行。否则，由此产生的一切后果，平煤物流公司不承担责任。

裁判要点

【一审法院裁判要点】关于平煤物流公司应否向建行青岛市北支行承担付款义务的问题。平煤物流公司提交的该公司与澳海公司、信恒基公司签订的三方《协议》约定"办理银行保理或其他业务时，如需平煤物流公司承担对银行等其他主体付款义务时，应当以信恒基公司先付款为责任承担前提，平煤物流公司仅在信恒基公司付款的前提下承担对所有合同方的付款义务"，"办理银行保理业务的一方应明确告知银行或保理业务的主体其与平煤物流公司签订的贸易合同及本协议规定内容，如未告知，产生的责任由办理银行保理业务的一方承担"，故平煤物流公司作为案涉保理合同的非签约方有理由相信建行青岛市北支行知晓该协议的相关约定，针对本案即在信恒基公司未将货款支付给平煤物流公司前，平煤物流公司不应承担向澳海公司或该公司指定的债权受让人付款的义务。平煤物流公司向建行青岛市北支行出具的《回执》虽载明该公司确认《应收账款转让债权通知书》所述应收账款债权（包括其全部附属权利）已全部转让给建行青岛市北支行，建行青岛市北支行为上述应收账款债权的合法受让（购买）人，该公司确保按通知书的要求及时、足额付款至建行青岛市北支行的指定账户，但根据上述协议的约定该付款应以信恒基公司将货款支付给平煤物流公司为前提。在信恒基公司未付款给平煤物流公司之前，平煤物流公司享有对澳海公司不支付货款的抗辩权，在澳海公司将应收账款转让给建行青岛市北支行后，亦应及于建行青岛市北支行。庭审中澳海公司法定代表人吕某某称该公司在办理保理业务时已将三方《协议》提交给建行青岛市北支行，后该公司的委托诉讼代理人又予以否认，前后矛盾。如澳海公司在办理保理业务时已将三方《协议》提交给建行青岛市北支行，则在信恒基公司将货款支付给平煤物流公司之前，平煤物流公司理所当然不应向建行青岛市北支行承担付款责任。如澳海公司在办理保理业务时确未将三方《协议》提交给建行青岛市北支行，则系隐瞒关键事实，欺骗建行青岛市北支行以套取建行青岛市北支行的保理预付款，澳海公司应承担相应的法律责任。

建行青岛市北支行与澳海公司之间的保理合同系在澳海公司与平煤物流公司签订《煤炭采购合同》前签订，即保理合同签订时，澳海公司与平煤物流公司之间的煤炭购销基础关系并不存在。根据澳海公司、平煤物流公司及信恒基公司之间先后签订的两份《煤炭采购合同》及三方《协议》《货权转让协议》的相关约定，信恒基公司为煤炭最终买受人，其本应向平煤物流公司支付货款，平煤物流公司再向澳海公司支付货款，而本案中澳海公司竟然让建行青岛市北支行代为向信恒基公司支付货款，有悖常理。建行青岛市北支行在本案中既未核实煤炭购销基础交易的真实性即澳海公司是否已实际将8万吨煤炭发给平煤物流公司或信恒基公司，也未审查澳海公司向建行青岛市北支行出具的《支付委托》载明支付信恒基公司3000万元货款的相关基础交易资料，即发放3000万元保理预付款，没有尽到必要的审查义务，对此其自身存在重大过失。鉴于平煤物流公司否认收到信恒基公司给付的任何货款，且建行青岛市北支行现有证据不足以证明澳海公司将 8 万吨煤炭发给了信恒基公司，亦无证据证明信恒基公司已将货款付给平煤物流公司，在此情况下让平煤物流公司承担付款责任显失公平，故一审法院不予支持建行青岛市北支行诉请平煤物流公司支付建行青岛市北支行 4663.67 万元及相应利息的主张。

【二审法院裁判要点】对于平煤物流公司是否向建行青岛市北支行支付案涉应收账款的问题。二审法院认为，第一，本案保理业务的办理基础是平煤物流公司与澳海公司之间基于《煤炭采购合同》形成的应收账款，建行青岛市北支行作为保理商通过债权转让的方式，取得上述应收账款的相关权益，由平煤物流公司向建行青岛市北支行履行应收账款的还款责任，以确保之后澳海公司申请的保理融资款的偿付。平煤物流公司在一审中对《煤炭采购合同》、澳海公司出具的增值税发票真实性均无异议。结合 2014 年 2 月 25 日澳海公司向平煤物流公司出具的《应收账款转让债权通知书》和 2014 年 6 月 4 日建行青岛市北支行向平煤物流公司出具的《应收账款逾期通知书》均载明，澳海公司已经完成了案涉基础买卖合同项下的发货义务，平煤物流公司在上述通知书回执中签字且并未提出异议的事实。因此，澳海公司与平煤物流公司之间存在应收账款。第二，平煤物流公司及澳海公司均未提交证据证明建行青岛市北支行办理案涉保理业务时知晓三方《协议》内容，并且在平煤物流公司出具《应收账款转让债权通知书》及《应收账款逾期通知书》的《回执》时亦未向建行青岛市北支行提示存在三方《协议》，故三方《协议》对于平煤物流公司付款条件的约定系平煤物流公司、澳海公司和信恒基公司之间的内部约定，不能对抗建行青岛市北支行的付款请求权。因此，平煤物流公司应向建行青岛市北支行偿还案涉应收账款及逾期付款利息。

【再审法院裁判要点】关于平煤物流公司能否以建行青岛市北支行未尽到审查义务为由对抗建行青岛市北支行的付款请求权的问题，平煤物流公司依据《商业银行保理业务管理暂行办法》第 15 条，认为建行青岛市北支行违规办理案涉保理业务，且在办理业务过程中未履行任何审查义务，应自行承担由此造成的损失。根据《合同法》第 82 条规定，债务人对让与人的抗辩，可以向受让人主张。商业银行开展保理业务应当遵循内部流程规范和《商业银行保理业务管理暂行办法》，但商业银行作为债权受让人，其执行业务流程是否规范并不属于债务人主张抗辩事由的范围。平煤物流公司对建行青岛市北支行的付款请求权提出抗辩，其抗辩权的基础应源于基础交易合同项下的抗辩事由，而建行青岛市北支行是否尽到审查义务并非基础交易合同关系中的抗辩事由，平煤物流公司以此作为对建行青岛市北支行付款请求权的抗辩理由，没有法律依据。

第七章

《民法典》第 769 条之保理合同抗辩权系列：基础合同债务人管辖抗辩

麻　莉　丁俊峰[*]

*麻莉，北京市第四中级人民法院民庭二级法官助理。

　丁俊峰，法学博士，长期从事贸易融资法律实务研究。

　　保理商和应收账款债权人在保理合同中约定了管辖条款，但在基础合同中，应收账款债权人和债务人也约定了管辖条款，该两份合同中约定的管辖法院不一致。保理商同时起诉了应收账款债权人和债务人，债务人提出管辖异议，人民法院应如何确定管辖？

一、关于保理合同管辖异议纠纷的基本裁判思路

　　关于前述管辖权争议，一种观点认为应当按照基础合同的约定确定管辖。保理合同约定的管辖对债务人没有约束力，不能据此生成对债务人的管辖权。债权转让是保理业务开展的基础，保理合同以基础合同的债权转让为前提。根据《民法典》第 548 条的规定，债务人接到债权转让通知后，债务人对让与人的抗辩，可以向受让人主张。如果基础合同约定了管辖条款，债务人可以援引作为其抗辩理由。同时，保理商承接了基础合同项下的权利，同样应当负担该合同项下的义务，包括其中的管辖条款。故保理商应当受基础合同管辖条款约束，案件的管辖应当按照基础合同予以确定。

　　另一种观点认为应当以保理合同的约定来确定管辖。保理合同为主要法律关系，应该由主要法律关系来确定管辖权。保理合同中的管辖约定如果意思表示明确，符合法律规定，应当认定该管辖约定合法有效。同时，基础合同的债权人和债务人及保理商的关系构成一笔完整的保理业务。债权人与保理商之间的应收账款债权转让是保理关系的核心，债权人和债务人之间的基础交易关系从属于保理合同法律关系，应以保理合同的约定来确定整个案件的管辖法院。

　　我们认为应当采第一种观点。根据债权转让规则的基本原理，债权转让后，债务人对让与人的抗辩，可以向受让人主张。保理商因债权转让取得基

础合同的应收账款债权，亦应负担基础合同项下的义务，接受应收账款债权所附着的管辖权条款，并受到约束。据此，基础合同项下债务人享有的所有抗辩均得以向债权受让人即保理商主张，其中亦应包括诉讼管辖条款的抗辩。同时，债权让与以不增加债务人负担为原则，不应使得债务人处于更为不利的地位。在保理商向基础合同债权人、债务人同时主张权利时，若依据保理合同约定的管辖条款来确定管辖法院，无疑会增加债务人合同以外的负担。故应根据基础合同的管辖约定或者依据基础合同确定的地域管辖来确定管辖法院。

二、有追索权保理中债务形态的认定

从司法实践来看，国内发生纠纷的保理业务当中以有追索权保理业务为主。当事人通常会在有追索权保理合同中作出如下约定：应收账款债权人将其于基础合同项下享有的应收账款债权转让给保理商，若债务人在约定期限内不能足额偿付应收账款，保理商有权按照协议约定向债权人或债务人追索全部或部分依据基础合同及保理合同产生的由保理商受让的全部应收账款。可见，在有追索权的保理中，应收账款债权人、债务人对保理商均负有合同义务，而应收账款债权人、债务人所负债务之间的关系为何，将会直接影响司法裁判中责任承担方式的认定。就实体法角度而言，应收账款的债权人、债务人同时对保理商负有债务，在学理上区分为连带债务、不真正连带债务，以及补充债务。

连带债务，指的是债的主体一方为多数人，多数人一方的各个当事人之间存在连带关系的债，而连带关系，是指当事人各自的债务或者债权具有共同目的，从而在债的效力上、债的消灭上相互发生牵连，包括连带债权和连带债务。[1]而不真正连带债务是指多数债务人就基于不同发生原因而偶然产生的同一内容的给付，各负全部履行之义务，并因债务人之一的履行而使全部债务均归于消灭的债务。[2]连带债务与不真正连带债务存在很多相同之

---

[1] 魏振瀛主编：《民法》，北京大学出版社、高等教育出版社 2010 年版，第 353 页。

[2] 孔祥俊：《论不真正连带债务》，载《中外法学》1994 年第 3 期。

处，从主体角度来看，同一债权人对应多个债务人；从债务人的给付义务来看，各债务人均负全部给付义务；从给付后果来看，任一债务人清偿债务的行为会使全体债务归于消灭。但是，二者仍有许多显著的不同：第一，不真正连带债务中的数个债务基于不同的原因而发生，而连带债务中的数个债务往往基于同一原因产生；第二，连带债务须有法律明文规定或者当事人的明确约定，而不真正连带债务的发生纯属偶然，不同债务是偶然联系在一起的；第三，连带债务具有共同目的，而不真正连带债务缺乏共同目的，数个债务是偶然联系在一起的；第四，连带债务内部分担上存在内部求偿权，而不真正连带债务在多数情况下存在终局责任人，若是非终局责任人首先清偿了债务，则其可向终局责任人追偿。不真正连带债务是一种特殊的多数人之债，属于广义的请求权竞合，包含相互独立的法律关系。[1]

补充债务，指的是数人承担同一债务，债权人应当首先请求其中某一个债务人清偿债务，只有在该债务人的财产不足以清偿时，债权人方可请求其他债务不足部分依法予以补充的债务形式。[2]补充债务中数个债务人按照先后顺序承担债务，债权人需要按顺序向债务人主张权利。权利人必须首先行使顺序在先的请求权，在顺序在先的请求权行使中，第一顺序的责任人不能赔偿、赔偿不足或者下落不明而使请求权不能满足时，再行使其他的请求权，以保障自己的损害赔偿请求权能够完满实现。[3]补充债务与不真正连带债务在功能上存在竞合，但在法律效果上存有差异。二者的主要差异在于，依据补充债务，债权人必须按照数位债务人的顺位逐次主张权利，而依据不真正连带债务，债权人则可以在数位债务人中任意选择主张权利的对象。其中，既有先诉抗辩权，也有追偿权的情况当属于完全补充债务。[4]

从保理合同的特点来看，有追索权的保理中，保理商可以依据基础合同要求应收账款义务人履行付款义务；亦可以依据保理合同向应收账款债权人

---

〔1〕　宗慧、孟繁超：《不真正连带债务的诉讼法研究》，载《南京航空航天大学学报（社会科学版）》2005年第4期。

〔2〕　魏振瀛主编：《民法》，北京大学出版社、高等教育出版社2010年版，第48页。

〔3〕　杨立新：《论不真正连带责任类型体系及规则》，载《当代法学》2012年第3期。

〔4〕　李中原：《论民法上的补充债务》，载《法学》2010年第3期。

主张追索权。追索权与应收账款付款请求权是基于不同法律关系形成的相互独立的两个请求权，二者法律关系应为不真正连带关系。具体理由包括：第一，应收账款债权人、债务人对保理商负有债务系依据不同的合同，基于不同的原因；债权人、债务人共同对保理商所负债务并未基于相同的意思联络，而是偶然联系在一起；保理商对应收账款债权人、债务人分别享有独立的请求权，但应收账款债务人是基于基础法律关系而产生的债务的最终责任人，先行偿付的一方有权向终局责任人追偿。第二，由于完全的补充债务中补充债务人相较于主债务人具有先诉抗辩权，而先诉抗辩权具有经过司法程序的性质。有追索权保理合同中，一般约定应收账款付款请求权行使在先，追索权行使在后，保理商行使追索权的条件可以理解为保理商向债务人主张偿付应收账款未获清偿这一客观事实，而并非必须以诉讼等方式提出且不能得到清偿。因完全的补充债务须以先诉抗辩权的存在为前提，故在这一性质下，保理合同中应收账款债权人、债务人对保理商所负债务之间的关系并非完全的补充债务。

综上所述，有追索权保理中，应收账款债权人、债务人之间成立不真正连带之债，其中一方向保理商履行了给付义务，则另一方免除相应的清偿责任。当保理商不能先行从应收账款债务人处获得清偿时，有权根据保理合同约定向应收账款债权人行使追索权，要求转让人返还保理融资款本息和相关费用。应收账款债权人向保理商清偿后即获得反转让应收账款，其作为债权人有权向债务人主张基础合同的债权。需要强调的是，应收账款债权人与债务人之间的不真正连带关系，应当遵循当事人在保理合同中约定的请求权行使顺序。

三、保理合同纠纷中的诉讼形态

不真正连带债务中，债权人对不同债务人分别享有独立的请求权，债权人可以同时或先后请求全体或部分债务人履行债务。但在诉讼程序上，保理商可否为分别起诉，或者一并起诉；在同案起诉时，法院是否应当进行合并审理，立法对于上述问题并无详细明确之规定。尤其是是否应当合并审理问题，在司法实务界亦存在不同做法：一种认为不能合并审理，[1]另一种则是支持合并审理。[2]保理商同时起诉应收账款债权人、债务人，在程序法上属于诉的主观合并，是共同诉讼最一般的发生程序。依照我国《民事诉讼法》第 55 条的规定，以共同诉讼人之间对诉讼标的的关系的不同，将共同诉讼分为两类：一类是诉讼标的为共同的必要共同诉讼，另一类是诉讼标的为同种类的普通共同诉讼。对诉讼标的如何理解关系到诉讼形态的认定。

（一）诉讼标的理论

诉讼标的即诉讼的对象，是原告针对被告提出的特定权利主张。诉讼标的作为民事诉讼的核心，发挥着确定当事人攻防重心、是否构成重复起诉、是否构成客观的诉的合并等重要作用。关于诉讼标的理论，存在传统诉讼标的理论与新诉讼标的理论的不同学说。二者立场不同，前者将诉讼标的与实体法之权利义务关系联结，后者则将诉讼上请求权之概念脱离实体法请求权之概念，自行建构诉讼标的之定义。[3]根据传统诉讼标的理论，诉讼标的以实体法上的请求权为基础，实体法上的请求权则由实体法律关系决定。由于该说无法解决请求权竞合情形下的重复起诉等问题，故德国学者提出不以实体法请求权作为识别诉讼标的的根据，而以诉的声明和案件事实作为根据，因为这种识别方法和标准区别于原有的方法和标准，因而被称为新诉讼标的理论。[4]

1. 传统诉讼标的理论

传统诉讼标的理论认为应当根据原告的权利主张来确定诉讼标的，即诉

---

[1]　河南省高级人民法院（2015）豫法民二终字第 215 号判决书中，二审法院在一审已经全案审理的情况下，以借款担保合同纠纷与债权转让纠纷并非基于同一法律事实、同一法律关系，不能合并审理为由，驳回了保理商对债务人的起诉及债务人的反诉。该案后由最高人民法院裁定提审，（2018）最高法民再 192 号民事判决书认定：河南省高级人民法院驳回保理商对于债务人的起诉及相关反诉的处理不符合保理法律关系特征，割裂了多种法律关系之间的内在联系，增加了当事人的诉累，不利于纠纷一体化解决，法院予以纠正。

[2]　最高人民法院（2015）民二终字第 98 号民事裁定书认为：应收账款的债权转让与保理合同的订立构成一笔完整的保理业务，涉及三方权利义务主体以及相互之间的权利义务关系，在该案中最高人民法院支持了一审法院的合并审理的立场。

[3]　姜世明：《民事诉讼法基础论》，元照出版公司 2011 年版，第 91 页。

[4]　张卫平：《民事诉讼法》，法律出版社 2019 年版，第 200 页。

讼标的以实体法上的请求权为基础，争议的实体法律关系有多少个，就有多少个诉讼标的。该理论以实体法概念做联结，在一般情况下能将不同的诉讼标的加以区分，简便易行，对案件的审理和判决都有一定的合理性。其优点在于符合法的安定性，诉讼秩序稳定，攻防对象特定，不会对当事人产生突袭，操作性强，具有现实合理性。但缺点在于无法解决请求权竞合情形下一个事件将可能经过数次审判、产生数个判决的问题，可能导致就同一个事实当事人重复起诉、纠纷解决的拖延、诉讼成本的增加，且可能造成二重给付。

2. 新诉讼标的理论

新诉讼标的理论，非指某一种理论，而是为了弥补传统诉讼标的理论的上述缺陷而提出的不同于传统诉讼标的理论的各种观点。该理论不以实体法请求权作为识别诉讼标的的根据，而以诉的声明和案件事实作为根据。新诉讼标的理论主张在一次诉讼程序中一举解决当事人之间的纠纷，扩大了诉讼制度解决纷争的功能，但未妥善处理诉讼标的的识别与既判力客观范围一致性的问题，有可能使得原告未主张的实体法上的请求权基础受到既判力遮断。新诉讼标的理论的主要观点包括以下几种。

(1) 二分支说。该说认为诉讼标的识别标准有两个：诉的声明和事实。如果事实只有一个，且诉的声明也只有一个，则诉讼标的也只有一个。该学说缓解了传统诉讼标的理论下的请求权竞合问题，但其自身也存在难以解决的缺陷。在一个诉的声明由几个事实追加证明的情况下，仍然不能解决请求权竞合问题。

(2) 一分支说。该说认为诉讼标的内容应依诉的声明加以确定，事实、理由都只是抗辩的手段，与诉讼标的无关。该说有利于解决请求权竞合问题，但在相同当事人之间请求给付金钱或种类物诉讼的情形下，如何区别后诉与前诉存疑。一分支说下，既判力遮断范围过大，且完全割裂了与实体法权利的关系，亦存在一定的缺陷。

(3) 新实体法说。该说仍然强调诉讼标的与实体法请求权的联系，但却抛弃了一个法律构成要件，即一个实体法请求权的陈旧原则和观念，而以事实关系为判断实体法请求权的标准，即凡基于同一事实关系而发生的，以同一给付为目的的数个请求权存在时（按旧说），因为发生请求权的事实关系是单一的，所以实际上只存在一个请求权，而并不是有数个请求权同时存在，这不是真正意义上的实体法请求权竞合，这种所谓的竞合，只是属于"请求权基础竞合"。[1]但新实体法说没有确定的标准来区分请求权竞合和请求权基础竞合，导致无法判断实体法上请求权是否同一。

除上述标的理论外，我国台湾地区则发展了诉讼标的相对论的见解，承认当事人在程序上的主体权，保障当事人之程序处分权、赋予当事人平衡追求实体利益与程序利益及防止突袭性裁判等，在该理论下，原告可以选择"实体法上请求权"作为诉讼标的，亦可以选择"求为给付之地位"作为诉讼标的，原告甚至可以选择以"纷争事实"之本身作为诉讼标的。[2]该说充分尊重了原告的选择权，且我国台湾地区规定受诉法院不论采诉讼标的之新说或旧说为审理，均应将原告就其所主张事实所忽略之法律关系予以晓谕，使其知有所叙明或补充，而获得机会用以尽可能地利用同一程序解决涉及该法律关系之纷争，追求程序利益，受益于促进诉讼之突袭性裁判之产生。

我国主流学说一般采传统诉讼标的理论，认为诉讼标的等同于实体上的法律关系。但传统诉讼标的理论无法解决不真正连带债务中债权人同时起诉数个债务人而存在的多个诉讼标的问题。且仅以法律关系识别诉讼，难以反映社会生活和交易，尤其是像保理这种金融交易场合，法律行为往往更多结合交易行为，各方主体虽然所签订的合同文本独立，但往往一个交易事实构成一个整体的法律关系，传统诉讼标的理论可能无法达到一次性解决纷争、诉讼经济等目的。如果采新诉讼标的理论，保理商同时起诉应收账款债权人及债务人时，虽然债务发生的原因不同，但是导致纠纷的自然事实是相同的，且保理商的诉的声明同一，故只存在一个诉讼标的。另外，从共同诉讼制度的设立目的来看，一方面是维护司法的权威，防止出现互相矛盾的事实认定与判决结果；另一方面是出于方便当事人诉讼、方便法院审理的角度考量，有助于诉讼经济价值目标的实现。采新诉讼标的理论，允许保理商将应

---

[1] 王斌、李龙、李婵：《民事诉讼标的三大理论述评》，载《重庆大学学报（社会科学版）》2008 年第 2 期。

[2] 黄国昌：《民事诉讼理论之新开展》，北京大学出版社 2008 年版，第 340—343 页。

收账款债权人及债务人作为共同被告提起同一诉讼,进而合并案件审理,有助于查明最终责任人,减轻当事人诉累,保障法院能够统一裁决。我国目前亦有学者主张应以案件事实来确定诉讼标的,将其理解为"生活事实、纠纷事实"这样比法律关系更加宽泛的范畴。将对诉讼标的的理解放在更为基础的纠纷事实这一层次,即把与本案纠纷有关联的生活事实视为同一个诉讼标的,则有了成立必要共同诉讼的可能性。[1]

(二) 共同诉讼形态

当保理商一并起诉应收账款债权人和债务人时,法院采取何种形式对案件进行合并审理,涉及共同诉讼形态的问题。

1. 共同诉讼形态的划分标准

我国民事诉讼法将共同诉讼分为两类:诉讼标的共同的为必要共同诉讼,诉讼标的是同种类的为普通共同诉讼。保理业务中应收账款债权人、债务人之间成立不真正连带之债,按照传统诉讼标的理论,债权人与债务人之间法律关系不同,故诉讼标的并非同一,因此并不能按照必要共同诉讼处理。如果按照普通共同诉讼处理,鉴于普通共同诉讼是否合并审理不仅需要法院决定,还应当取得当事人的同意,而被告可能出于迟延诉讼等目的,滥用其异议权,干扰合并程序的实施,这会在根本上破坏普通共同诉讼制度功能的发挥。

从比较法上考察,德日以判决是否需要对全体共同诉讼人合一确定为标准,将共同诉讼分为必要共同诉讼和普通共同诉讼,又以是否需要共同诉讼为标准,将必要共同诉讼进一步分为固有必要共同诉讼与类似必要共同诉讼。[2]普通共同诉讼既无共同诉讼之必要,亦无合一确定之必要。固有必要共同诉讼是指必须针对全体共同诉讼人来一次性且划一性地解决纠纷之共同诉讼形态;类似必要共同诉讼是指各人可以单独起诉或被诉,但若数人起诉

---

〔1〕 参见王亚新:《诉讼程序中的实体形成》,载《当代法学》2014 年第 6 期;罗恬漩、王亚新:《不真正连带责任诉讼问题探析》,载《法律适用》2015 年第 1 期。
〔2〕 段文波:《德日必要共同诉讼"合一确定"概念的嬗变与启示》,载《现代法学》2016 年第 2 期。

或被诉，则必须采用共同诉讼之形态，而且在法律上也应当保障合一确定之情形。[1]固有必要共同诉讼包括共同诉讼的必要与判决的合一确定性，类似必要共同诉讼则仅包含判决合一确定，对程序则无此要求。

2. 诉讼形态的判定——类似必要共同诉讼

（1）合一确定之必要。

有追索权保理诉讼应属于具有合一确定判决必要性的共同诉讼，其诉讼形态应为类似必要共同诉讼。从实体法角度考察，在保理法律关系中，保理商与应收账款债权人、债务人诉争的虽然为不同的法律关系，但具有非常紧密的牵连性，法院对上述法律关系所涉事实亦需进行相同的认定，保理商的诉讼请求亦指向同一款项，且同一诉讼中，基础交易债权人、债务人任何一方对债务的清偿行为，构成另一方对保理商债务的减轻或消灭。这种损益关系使得保理商与债权人、债务人之诉的诉讼标的具有牵连性，而这种牵连性为适用类似必要共同诉讼提供了条件。在保理商将应收账款债权人、债务人一并起诉至法院时，为了避免法院对不同法律关系所涉及的共同事实作出矛盾的认定，从防止矛盾裁决的角度，二者具有合一确定判决之必要，即对当事人而言最终只有一个确定的胜败结果，从而达到实体认定一致，防止裁判冲突的目的。故在保理商一并起诉时，法院须合并审理、一并裁判。从诉讼法的要素来看，在当事人一并起诉时进行合并审理亦有利于查清事实，实现纠纷的一次性解决，降低诉讼成本，减轻当事人的诉累，达到诉讼经济及合理利用司法资源的目的。

（2）保理商的程序选择权。

如上所述，保理商有权自主向其中任意一人请求赔偿，其对应收账款债权人、债务人均享有独立的请求权。就诉讼形态而言，是否形成共同诉讼系基于保理商的选择，合并或分离，是保理商行使处分权的结果，一旦合并起诉，则要求法院的裁判必须对全体共同诉讼人合一确定。从必要共同诉讼的分类标准来看，这也符合类似必要共同诉讼的特点。在保理商分别单独起诉债权人或债务人时，另外一方是否要参加诉讼以及诉讼地位问题，可采用民

---

[1]　[日] 新堂幸司：《新民事诉讼法》，林剑锋译，法律出版社 2008 年版，第 540 页。

事诉讼法中的第三人制度，将其列为无独立请求权第三人。这是因为在保理商单独起诉的场合，另外一方与案件的处理结果有法律上的利害关系，其参加诉讼的目的是维护自己的合法权益，避免法院对他人作出的判决对自己的权利义务发生消极影响。又因为其参加诉讼并非对本诉中的原、被告争议的诉讼标的主张独立的请求权，故另外一方是作为无独立请求权第三人参加诉讼。

3. 我国司法实践中的做法

审判实践中，深圳前海合作区人民法院发布了《前海保理裁判指引（试行）》[1]，天津市高级人民法院发布的《保理纪要（一）》中亦认可了保理商向债权人和债务人或者仅向债务人主张权利这种方式。《关于修改〈民事案件案由规定〉的通知》规定，同一诉讼中涉及两个以上的法律关系的，应当根据当事人诉争的法律关系的性质确定个案案由；均为诉争的法律关系的，则按诉争的两个以上法律关系并列确定相应的案由。根据上述通知内容可知，在传统诉讼标的理论下，基于不同法律关系的多个诉讼请求并案审理亦有法可依。从保理商同时行使追偿权与应收账款请求权的司法判例来看，目前的趋势是对两种请求权合并审理。如（2019）最高法民申 6143 号案件，[2]（2018）沪 0115 民初 53159 号案件。[3]

（三）合并审理与合并管辖

在保理商同时起诉债权人、债务人的场合，因为管辖冲突可能导致法院对于是否合并审理产生疑问。在保理合同和基础合同分别约定了不同的管辖法院时，已经受诉的法院可否对其无管辖权的另一合同行使管辖权，即诉的

---

[1] 其中第 7 条规定："保理商仅以债权人或者债务人为被告提起诉讼的，可以根据案件审理需要决定是否追加债务人或者债权人作为第三人参加诉讼。"

[2] 最高人民法院认为，虽基于不同的法律关系分别向多个债务人同时主张相关权利，但均在保理法律关系范围之内，目的是追回向保理融资款项。一、二审法院基于案涉诉讼标的的共同性，根据 2017 年《民事诉讼法》第 52 条之规定，将本案合并审理，并无不当；且合并审理不仅不会损害当事人的合法权益，反而可以使各方当事人在同一诉讼中充分发表意见，避免债权人就同一债权双重受偿。

[3] 法院认为两种法律关系共同构成了一笔完整的保理融资交易业务，具有整体性，在不违反相关法律规定的情况下，两种法律关系宜作一案处理。

合并过程遭遇了管辖权的障碍。笔者认为，在保理商同时起诉应收账款债权人、债务人时，应当采取合并审理的基本立场，进而合并管辖保理商对应收账款债权人、债务人的两个诉讼。主要理由包括以下几种。

第一，两个诉讼之间具有牵连性是合并管辖的前提条件。从合并管辖的定义来看，其指的是对某个案件有管辖权的法院，可以管辖与该案件有牵连的其他案件。[1]合并管辖使得受诉法院的管辖权得以实际扩张，突破了现有的管辖制度，故其前提必须是两诉之间存在牵连关系，基于有利于法院集中进行法庭调查、防止矛盾裁判及诉讼效率的价值考量，才能在一定程度上以牺牲被告的管辖利益为代价进行合并管辖。此外，在法律上牵连关系的认定应当限定于两诉中当事人诉讼请求所涉及的实体法律关系，如两诉基于同一基础事实或者同一法律关系，以此防止原告将关联性过低的纠纷进行合并。

第二，两个请求权合并审理是合并管辖的基础。在合并管辖与合并审理的逻辑顺序方面，应是先讨论案件是否可以合并审理，然后在此基础上讨论合并管辖的问题，若案件不应合并审理，则当然不应合并管辖。[2]如果本就不应在一案中合并审理，则法院可能直接裁定分案审理，此时合并管辖将无从谈起。在具体案例中，被告所提的管辖异议有时也可视为对法院合并审理方式提出的异议，此时合并管辖与合并审理在实质上就会重合。[3]

第三，合并管辖符合保理交易结构的基本特征。保理商与应收账款债权人、债务人诉争的法律关系具有非常紧密的牵连性，法院对上述法律关系所涉事实亦需进行相同的认定，可以说，各方当事人的权利义务分配与诉争的两法律关系息息相关。同时，在保理商将应收账款债权人、债务人一并起诉至法院时，从防止矛盾裁决、查清事实的角度考量，二者具有合一确定判决之必要，法院具有合并审理的正当性，同时，为了防止管辖障碍束缚合并审理程序效益的发挥，可以在共同诉讼中适用合并管辖。

第四，需要注意的问题是，由于合并管辖也是一种特殊的法定管辖，合并管辖的情形及管辖权的归属均由法律直接规定，是国家意志的体现，具有

---

〔1〕 江伟主编：《民事诉讼法学》，北京大学出版社2015年版，第89页。
〔2〕 刘鹏飞：《普通共同诉讼的权限分配与范围界定》，载《法学论坛》2020年第1期。
〔3〕 刘鹏飞：《普通共同诉讼的权限分配与范围界定》，载《法学论坛》2020年第1期。

法定性。故不能自行创设合并管辖的规则，或者以类推方法确定管辖。实践中，有判例认为在保理商同时起诉时应当合并审理，但应由保理合同约定的管辖地法院进行审理。[1]《前海保理裁判指引（试行）》第6条亦有"保理商将债权人、债务人作为共同被告，根据保理合同约定向有管辖权的人民法院起诉后，债务人提起管辖权异议的，不予支持"。对此，笔者持否定态度，主要原因有以下几点：首先，鉴于合并管辖系一种特殊的法定管辖，其具体情形和管辖权的归属均应由法律直接规定，而法律并未规定受诉法院可以管辖与保理合同之诉有牵连的基础合同之诉，在法律没有规定的情况下不能任意突破现有管辖制度。其次，保理合同源于基础合同，保理商受让应收账款债权，表明其愿意接受基础合同的约束，而不能表明债务人愿意接受保理合同的约束，如果牵连管辖则将违背债务人的意志和订立合同时的预期。最后，合并管辖的目的是为诉的合并提供管辖权的程序保障，能否进行合并审理有赖于合并管辖的保障，合并管辖是诉的合并制度的衍生物，但不能因为合并审理的需要而径自忽视债务人对管辖权所提之异议，让债务人牺牲其管辖利益，使保理商获得不应得的管辖利益。从利益权衡的角度来看，存在有失公平之嫌。至于保理商同时起诉时的管辖规则，笔者将在下文进行详述。

四、保理合同纠纷案件中的管辖权问题

如题所述，在合并管辖的情形下，如何确定管辖法院存在不同的观点。下文主要根据保理商行使诉权的主要路径对保理合同纠纷中的管辖权确定问题予以探讨。

（一）保理商仅起诉债权人时管辖权的确定

在保理商仅起诉债权人的情形下，管辖原则上依据保理合同来确定，在合同没有约定的情形下则依据法律规定来确定。具体而言，依照我国《民事诉讼法》第35条的规定，如果当事人之间存在管辖协议的，应当优先尊重当事人约定，充分体现当事人意愿。因此，保理商与债权人因保理合同的签

---

[1] 最高人民法院（2015）民二终字第283号民事裁定书。

订、履行等发生纠纷，仅以债权人为被告提起诉讼的，如果保理合同中就管辖进行了约定，则应依照该约定而确定管辖。如果保理合同无约定管辖、约定管辖不明或约定管辖无效的，应依据《民事诉讼法》第22条的规定[1]，由被告住所地或保理合同履行地法院管辖。对于被告住所地，因绝大多数保理案件中的被告（债权人）均为法人，对于被告住所地应根据《民事诉讼法解释》来确定。[2]司法实践中需要明确的问题是保理合同没有约定履行地点或者约定不明确时管辖的确定。从目前已有的地方性司法政策规定来看，《保理纪要（一）》规定保理融资款的发放地为保理合同的履行地，《前海保理裁判指引（试行）》认为合同没有约定的，依照《民事诉讼法》的相关规定确定管辖。依照《民事诉讼法解释》第18条规定，本章认为，保理合同没有约定履行地点或者约定不明确时，保理合同履行地的确定仍应以接收货币一方所在地为准，即保理商住所地。[3]

（二）保理商仅起诉债务人时管辖权的确定

在保理商仅起诉债务人的情形下，应当依据《民事诉讼法》的有关规定，结合基础合同中有关管辖的约定确定管辖。保理商单独起诉债务人，所依据的法律关系是基础合同项下的债权债务关系。保理商接受债权转让，其中应包括解决争议的条款，故应当按照基础合同的约定确定管辖。

颇具争议的问题是：基础合同没有合意管辖条款，且合同没有约定履行地点或者约定不明确的，根据《民事诉讼法解释》的规定，合同履行地应以接收货币一方所在地为准，但"接受货币一方所在地"，是指保理商所在地还是原应收账款债权人所在地？司法实务中有两方截然不同的观点：第一种观点认为应当由保理商所在地法院进行管辖，保理商受让了应收账款债

---

[1]　我国《民事诉讼法》第24条规定，因合同纠纷提起的诉讼，由被告住所地或者合同履行地人民法院管辖。

[2]　《民事诉讼法解释》第3条规定，公民的住所地是指公民的户籍所在地，法人或者其他组织的住所地是指法人或者其他组织的主要办事机构所在地。法人或者其他组织的主要办事机构所在地不能确定的，法人或者其他组织的注册地或者登记地为住所地。

[3]　在保理商单独起诉债务人的场合，一般而言，保理商主张债权人的合同履行义务为返还保理融资款，保理商的诉讼请求亦为债权人返还该款项。据此，根据合同履行义务的内容以及当事人的诉讼请求，在保理商起诉要求债权人还款的情况下，可以认定接收货币一方为保理商。

权，其与债务人形成了一个新的债权债务关系，保理商取得债权并向债务人主张权利时，保理商即为接收货币一方。第二种观点认为保理中的债权转让系基于基础合同关系形成，基础合同中的债权人（卖方）应为接收货币一方，即债权人所在地法院有管辖权。

笔者认为，上述不同观点的核心在于依据履行地规则确定合同诉讼管辖的时间基准，笔者赞同采用第二种观点，即履行地中"接受货币一方"的判断，应当以合同订立时为准，而非合同债权转让时为准。理由如下：其一，以合同订立时为履行地确立的时间基准，有助于增强合同诉讼管辖法定履行地规则的确定性，减少争议，规制对管辖规则的滥用，如果将履行地基准时定于转让时或起诉时，债权人为了规避管辖，则有可能通过任意转让债权而人为制造管辖连接点。其二，从严格的文义解释的角度，"接受货币一方"，指的是双方当事人中的一方，即缔约时的债权人，不能解释为包括当事人之外的第三人，至少在法律没有明确规定其包括债权转让情形下的当事人的时候，将"接受货币一方"扩大理解为债权受让人，似有不妥。其三，债权转让以不增加债务人负担为原则，不能任由债权人的自由处分而忽视对债务人的保护。如果允许原债权人随时进行债权让与进而任意改变管辖规则，则债务人订立合同时对管辖的预期将无从谈起，债务人的管辖利益将受原债权人的单方意志影响，从而可能导致当事人之间管辖利益的失衡。

（三）保理商同时起诉债权人与债务人时管辖权的确定

在保理商同时起诉债权人与债务人的情形下，因保理商与应收账款债务人之间一般没有契约关系，基础合同和保理合同如果均约定了不同的协议管辖条款，则易导致协议管辖冲突的情况发生。故在保理商同时起诉的场合，如果债务人提出管辖异议，则应根据基础合同的约定确定管辖或依据基础合同确定法定管辖。主要理由如下。

第一，债权转让规则的基本立场。有追索权的保理其性质应为附追索条款的债权让与，保理商向债务人主张权利系基于应收账款的债权转让，从而取代了原债权人的地位。《民事诉讼法解释》第33条规定：合同转让的，合同的管辖协议对合同受让人有效，但转让时受让人不知道有管辖协议，或者转让协议另有约定且原合同相对人同意的除外。根据该条的规定，除受让人不知道的除外，原合同约束债权受让人，同时除债务人同意外，否则债权转让带来的管辖变动不约束债务人。保理中的应收账款债权转让属于合同转让，有效的管辖协议亦不因合同的转让而发生效力变更。对保理商而言，其在受让应收账款债权时应通过对基础合同的审查能够推断其应明知基础合同的管辖条款。同时，保理商因债权转让取得原基础合同的权利，亦应负担基础合同下的义务，受到管辖条款的约束。《民法典》第 548 条规定，债务人接到债权转让通知后，债务人对让与人的抗辩，可以向受让人主张。债权转让，是债权受让人承继了原债权出让人的权利和义务，因为债权转让而产生的变更，系债之主体的变更，债的内容并未改变，故不能因债权转让影响债务人的利益。其在基础合同中对抗债权人的事由，亦可以对抗新债权人。由此债务人享有对基础合同中管辖条款的抗辩权，其向保理商主张的抗辩事由应以基础交易合同范围为限，基础交易项下债务人享有的所有抗辩均得以向债权受让人即保理商主张，亦应包括诉讼管辖协议的抗辩。从债权转让不增加债务人负担的角度出发，使新债权人（保理商）受到基础合同中关于管辖约定的约束，能够避免债务人因债权让与而受到损害，防止债权人通过虚假的债权转让恶意规避管辖问题，保护债务人的程序利益。

第二，从司法实践中的做法来看，多数地方规定及司法判例均采根据基础合同的约定确定管辖的立场。《保理纪要（一）》第 5 条第 2 款规定：保理商向债权人和债务人或者仅向债务人主张权利时，应当依据《民事诉讼法》的有关规定，结合基础合同中有关管辖的约定确定管辖。江苏省高级人民法院民二庭课题组在研究报告《国内保理纠纷相关审判实务问题研究》中倾向于认为可以按照基础法律关系确定管辖法院。[1]此外，（2019）津0102 民初 2810 号案件、（2015）中区法民初字第 12850 号案件、（2015）甘民二终字第 157 号案件等，法院均采取了依据《民事诉讼法》的有关规定，结合基础合同中有关管辖的约定确定管辖的基本立场。需要关注的是，保理

---

[1] 江苏省高级人民法院民二庭课题组：《国内保理纠纷相关审判实务问题研究》，载《法律适用》2015 年第 10 期。

商向保理合同约定的管辖法院或者依据保理合同确定的法定管辖法院同时起诉应收账款债权人、债务人，在立案时，人民法院应当告知保理商其对应收账款的债务人的诉讼不属于该院管辖，保理商有权撤回相应的诉讼请求（或者重新起诉）。如果保理商坚持起诉而应收账款债务人提起管辖异议的，保理商的抗辩不符合《民事诉讼法解释》第 33 条规定的法定条件时，人民法院应当将全案移送至基础合同约定的管辖法院或者依据基础合同确定的法定管辖法院。

（四）保理商同时起诉债权人、债务人、担保人时管辖权的确定

在保理商向债权人、债务人及担保人一并主张权利的场合，而保理合同、基础合同、保证合同约定的管辖法院存在冲突时，笔者认为亦应当根据债权人与债务人之间的基础合同确定管辖。[1]

第一，从担保合同的从属性角度来看，担保合同旨在保障债权人的债权，系主合同的从合同，担保合同以主合同的存在为前提，具有从属性。在担保合同和主合同约定选择的管辖法院不一致时，应当依据《担保制度司法解释》第 21 条的规定确定管辖法院。该条规定：主合同和担保合同发生纠纷提起诉讼的，应当根据主合同确定案件管辖。该条款明确了主合同和担保合同约定冲突时如何确定管辖法院，有助于避免不必要的管辖权异议，节约司法资源、提高争议解决的效率。同时，从拟定当事人真实意图角度，担保合同应当晚于或者与主合同同时签订，且作为从合同，当事人无相反意思表示时，可推定担保人应知悉主合同管辖条款及主从合同管辖一致原则，故应当认为同意主合同管辖约定，此结果亦不违反合同当事人所预期的法律效果。故根据上述规定，保理商一并向担保人主张权利的，如果主合同（保理合同）与担保合同选择管辖的法院不一致的，应以主合同（保理合同）的协议管辖为准。

第二，从担保合同与基础合同管辖条款之间的逻辑关系来分析，在保理合同、基础合同管辖约定冲突的情况下，保理商承继了基础合同的权利义

---

[1] 此处仅围绕保理合同的担保人展开讨论，保理商同时起诉基础合同之担保人管辖如何确定分析原理类似。

务，其接受债权转让，其中应包括解决争议的管辖条款，故应当按照基础合同的约定确定管辖。同时，由于担保合同系从合同，其从属性决定其必然受保理合同管辖条款的制约，在保理合同、担保合同管辖约定冲突的情况下，应按照主合同保理合同来确定管辖法院，而保理合同是担保合同的主合同，从逻辑关系上分析，在保理合同当事人受基础合同管辖条款约束的前提下，担保合同的当事人自然也应当受基础合同管辖条款的约束。故对于保理商向债权人、债务人及担保人一并主张权利的场合，应当根据债权人与债务人之间的基础合同确定管辖。

【关联法条】

▶法律法规

《民法典》

第五百四十八条　债务人接到债权转让通知后，债务人对让与人的抗辩，可以向受让人主张。

《民事诉讼法》

第二十四条　因合同纠纷提起的诉讼，由被告住所地或者合同履行地人民法院管辖。

第三十五条　合同或者其他财产权益纠纷的当事人可以书面协议选择被告住所地、合同履行地、合同签订地、原告住所地、标的物所在地等与争议有实际联系的地点的人民法院管辖，但不得违反本法对级别管辖和专属管辖的规定。

▶司法解释

《担保制度司法解释》

第二十一条　主合同或者担保合同约定了仲裁条款的，人民法院对约定仲裁条款的合同当事人之间的纠纷无管辖权。

债权人一并起诉债务人和担保人的，应当根据主合同确定管辖法院。

债权人依法可以单独起诉担保人且仅起诉担保人的，应当根据担保合同确定管辖法院。

《民事诉讼法解释》

第三条　公民的住所地是指公民的户籍所在地，法人或者其他组织的住所地是指法人或者其他组织的主要办事机构所在地。

法人或者其他组织的主要办事机构所在地不能确定的，法人或者其他组织的注册地或者登记地为住所地。

第十八条　合同约定履行地点的，以约定的履行地点为合同履行地。

合同对履行地点没有约定或者约定不明确，争议标的为给付货币的，接收货币一方所在地为合同履行地；交付不动产的，不动产所在地为合同履行地；其他标的，履行义务一方所在地为合同履行地。即时结清的合同，交易行为地为合同履行地。

合同没有实际履行，当事人双方住所地都不在合同约定的履行地的，由被告住所地人民法院管辖。

第三十三条　合同转让的，合同的管辖协议对合同受让人有效，但转让时受让人不知道有管辖协议，或者转让协议另有约定且原合同相对人同意的除外。

▶司法解释性质文件

《关于修改〈民事案件案由规定〉的通知》

五、适用修改后的《案由规定》应当注意的问题

3. 存在多个法律关系时个案案由的确定。同一诉讼中涉及两个以上的法律关系的，应当根据当事人诉争的法律关系的性质确定个案案由；均为诉争的法律关系的，则按诉争的两个以上法律关系并列确定相应的案由。

▶**地方司法文件**

《保理纪要（一）》

五、管辖的确定

保理合同以基础合同的债权转让为前提。保理业务由应收账款转让和保理两部分组成，主要呈现两种诉讼类型：一是保理商以收回保理融资款为主要目的，起诉债权人和债务人或者仅起诉债务人。此时，保理商的法律地位是应收账款债权受让人，基于基础合同的债权转让而主张债务人偿还应收账款，以及因债务人不能偿还时债权人依约所应承担的回购义务，案件审理的重点是基础合同应收账款的偿还。二是保理商仅因保理合同的签订、履行等起诉债权人，例如要求支付保理费用等，案件审理的重点是保理合同的履行。

保理商向债权人和债务人或者仅向债务人主张权利时，应当依据民事诉讼法的有关规定，结合基础合同中有关管辖的约定确定管辖。

保理商和债权人仅因保理合同的签订、履行等发生纠纷，按照保理合同的约定确定管辖。保理合同中无管辖约定或者约定不明确的，应当由被告住所地或者保理合同履行地法院管辖，保理融资款的发放地为保理合同的履行地。

保理商向债权人、债务人及担保人一并主张权利的，应当根据债权人与债务人之间的基础合同确定管辖。

保理商、债权人与债务人另有管辖约定的，按照其约定确定管辖。

《前海保理裁判指引（试行）》

第四条　【仅起诉债权人时管辖权的确定】因保理合同的签订、履行等发生纠纷，保理商仅起诉债权人的，合同有约定且不违反法律规定的，从其约定；合同没有约定的，依照《中华人民共和国民事诉讼法》的相关规定确定管辖。

第五条　【仅起诉债务人时管辖权的确定】因应收账款给付发生纠纷，

保理商仅起诉债务人的，按以下原则确定管辖：（一）基础合同有约定的，按照其约定确定管辖，但转让协议另有约定且债务人同意的除外；（二）债务人对应收账款转让通知书中变更原约定管辖的要求予以确认的，按变更后的管辖约定确定管辖法院；（三）基础合同中无管辖约定或者约定不明的，依照《中华人民共和国民事诉讼法》的相关规定确定管辖。

第六条　【将债权人、债务人一并起诉时管辖权的确定】保理商将债权人、债务人作为共同被告，根据保理合同约定向有管辖权的人民法院起诉后，债务人提起管辖权异议的，不予支持。

【典型案例】

华融河南分公司、马某伟与华乐公司、天惠公司等借款担保合同纠纷
[最高人民法院（2018）最高法民再192号民事判决书]

基本案情

【法院查明事实】2013年4月12日，中行新区支行和金鹰公司签订2013年《授信额度协议》，主要约定：中行新区支行向金鹰公司提供8000万元授信额度；使用期限自协议生效之日起至2014年4月1日止等。同日，晶诚公司、王某华、马某伟、郑某、陈某蕾作为连带责任保证人分别与中行新区支行签订了《最高额保证合同》，该合同主要约定保证人晶诚公司、王某华、马某伟、郑某、陈某蕾对金鹰公司的债务最高债权额8000万元提供连带责任保证，保证期间为借款期满后两年等。

2013年4月28日，金鹰公司向中行新区支行申请国内商业发票贴现业务，双方签订了2013年《国内商业发票贴现协议》及相关文件，《国内商业发票贴现业务》作为《国内商业发票贴现协议》的附件一，该附件一明确载明：至发票到期日后30天仍无法收回的应收账款，被授权行应立即从卖方账户中扣收贴现款项。扣款时如卖方账户余额不足，被授权行可考虑使用该卖方其他交易的收入款来优先抵补该部分欠款等，中行新区支行享有向卖方金鹰公司追索的权利；当日，中行新区支行向天惠公司送达《应收账款债权转让通知书》，载明根据贵司与金鹰公司签订购销合同订单，卖方已于日前完成发货，并将商业发票项下应收账款债权转让给我行。天惠公司当日向中行新区支行出具《应收账款债权转让确认书》，该确认书载明，我司确认已收到金鹰公司为执行合同订单向我司发货而出具的商业发票并收到货物，兹向贵行确认该商业发票上所载内容与合同订单的要求一致，货物验收合格。我司知悉贵行为该发票项下应收账款债权的合法受让人，并承诺对本发票涉及的基础交易不提出异议，我司保证于 2013 年 10 月 20 日前将本发票项下款项 22 121 600 元付至贵行指定的账户。我司承诺：无论何种原因，如果我司未将该发票项下款项支付上述账户，则贵行有权向我司追索卖方（金鹰公司）在本笔融资项下所欠融资本息（含罚息）、复利及律师费、催收费等一切费用。我司与卖方的商业纠纷或争议将不影响我司对贵行的付款，只有对贵行付款方能解除在上述发票项下我司的付款义务。中行新区支行于 2013 年 5 月 2 日为金鹰公司办理贴现融资，金额 17 697 280.00 元，该贴现款项于 2013 年 10 月 23 日到期，截至 2014 年 3 月 4 日，该笔款项利息（含罚息）为 960 820.73 元。

2013 年 6 月 25 日，金鹰公司向中行新区支行申请国内商业发票贴现业务，签订了《国内商业发票贴现协议》及相关文件；2013 年 6 月 25 日、2013 年 7 月 10 日，华乐公司分别向中行新区支行出具《应收账款债权转让确认书》，确认已收到金鹰公司出具的商业发票，并承诺分别于 2013 年 12 月 21 日前、2014 年 1 月 5 日前将应付金鹰公司的账款付至中行新区支行指定的账户，无论何种原因，如未将上述款项款付至中行新区支行指定账户，中行新区支行有权向华乐公司追索金鹰公司在本笔融资项下所欠融资本息（含罚息）、复利及律师费、催收费等一切费用。中行新区支行分别于 2013 年 7 月 5 日、2013 年 7 月 16 日为金鹰公司办理贴现融资。该两笔贴现款项分别于 2013 年 12 月 24 日、2014 年 1 月 8 日到期，截至 2014 年 3 月 4 日，该两笔款项利息（含罚息）为 1 308 061.07 元。

在金鹰公司向华乐公司出具的商业发票上，均加盖有"此发票项下应收账款已转让至中国银行河南省分行"字样。天惠公司、华乐公司未将应付金鹰公司的账款付至中行新区支行指定账户。

裁判要点

【一审法院裁判要点】中行新区支行与金鹰公司、晶诚公司、王某华、马某伟、郑某、陈某蕾、天惠公司、华乐公司分别签订的《授信额度协议》《最高额保证合同》《国内商业发票贴现协议》《应收账款债权转让确认书》等，系各方当事人真实意思表示，且不违反有关法律、行政法规的强制性规定，合法有效。(1) 中行新区支行已经履行了向金鹰公司办理贴现融资的义务，协议期满后，金鹰公司未按约定偿还借款本息，已构成违约，应当承担违约责任，中行新区支行诉请金鹰公司偿还借款及利息，证据充分。(2) 晶诚公司、王某华、马某伟、郑某、陈某蕾作为保证人，在借款期满后未履行保证义务，中行新区支行有权要求晶诚公司、王某华、马某伟、郑某、陈某蕾按照《最高额保证合同》约定对金鹰公司的债务承担连带保证责任。(3) 天惠公司、华乐公司未按《应收账款债权转让确认书》的承诺将应付金鹰公司的账款付至指定账户的情况下，中行新区支行有权向天惠公司、华乐公司追索金鹰公司在对应融资项下所欠融资本息、复利等一切费用。(4)《最高额保证合同》上有晶诚公司签章，其辩称不是法人行为，没有事实和法律依据，法院未予采纳。(5) 华乐公司反诉称其是在重大误解的情况下签署了《应收账款债权转让确认书》，该确认书应予以撤销。原审法院认为在《应收账款债权转让确认书》中华乐公司确认已收到金鹰公司出具的商业发票，而在每张发票上均加盖有"此发票项下应收账款已转让至中国银行河南省分行"字样，其诉称金鹰公司没有通知该发票项下应收账款已转让，存在重大误解的理由不足，华乐公司的反诉请求和理由不成立，证据不足。综上，中行新区支行的诉讼请求，事实清楚，证据充分，符合合同约定和法律规定，一审法院予以支持。

【二审法院裁判要点】中行新区支行起诉要求金鹰公司还款，晶诚公司、王某华、马某伟、郑某、陈某蕾承担担保责任，依据的是《授信额度协议》《最高额保证合同》和《国内商业发票贴现协议》，当事人之间是借款担保合同纠纷。中行新区支行起诉天惠公司、华乐公司，依据的是天惠公司、华乐公司分别签章的《应收账款债权转让确认书》，当事人之间是合同债权转让纠纷，两者并非基于同一法律事实、同一法律关系，不应合并审理。

【再审法院裁判要点】本案融资担保法律关系与债权转让法律关系应否合并审理。本案涉及多方当事人、多份合同、多种法律关系，其中金鹰公司、天惠公司、华乐公司签订有煤炭买卖合同，各方形成买卖合同关系；中行新区支行、金鹰公司、晶诚公司、王某华、郑某、陈某蕾签订有《授信额度协议》《国内商业发票贴现协议》《最高额保证合同》，各方形成融资担保法律关系，中行新区支行、天惠公司、华乐公司之间有《应收账款债权转让通知书》《应收账款债权转让确认书》，各方又形成债权转让法律关系。从上述合同及文件内容看，本案交易安排为，中行新区支行为金鹰公司提供贸易融资，但前提是金鹰公司将对天惠公司、华乐公司因履行双方买卖合同产生的应收账款债权转让给中行新区支行；天惠公司、华乐公司在应收账款债权转让后成为中行新区支行的债务人，向中行新区支行履行还款义务，以确保金鹰公司与中行新区支行《国内商业发票贴现协议》项下融资款的偿付；同时晶诚公司、王某华、郑某、陈某蕾对金鹰公司的债务提供连带保证。上述交易系一整体安排。根据《商业银行保理业务管理暂行办法》第6条第1款关于"保理业务是以债权人转让其应收账款为前提，集应收账款催收、管理、坏账担保及融资于一体的综合性金融服务"的规定，本案业务即属于以应收账款合法、有效转让为前提的银行保理融资服务。

关于保理类型，金鹰公司与中行新区支行签订的《国内商业发票贴现协议》第22条约定："如已贴现融资的应收账款至发票到期日后30天仍无法收回，保理商有权立即收回融资本息，并有权从卖方账户主动扣款或采取其他办法主动收款，直至收回融资本息。"金鹰公司向中行新区支行出具的《国内商业发票贴现融资申请书》第6条第3款约定："……贵行保留一切必要措施向我司追索融资本息的权利……"据此应当认为，本案属于有追索权的保理。对于有追索权的保理，保理商在债权未获清偿的情况下，不仅有权请求基础合同的债务人向其清偿债务，同时有权向基础合同应收账款债权的让与人追索。本案中，中行新区支行即是同时向金鹰公司主张了追索权，又向天惠公司、华乐公司主张了应收账款债权。虽然中行新区支行基于不同的法律关系分别向多个债务人同时主张，但均在保理法律关系范围之内，目的只有一个，即追回向金鹰公司提供的保理融资款项。因此，本案应当合并审理，并根据各方法律关系认定各债务人的责任顺序和范围。二审法院在一审已经全案审理的情况下，以借款担保合同纠纷与债权转让纠纷并非基于同一法律事实、同一法律关系，不能合并审理为由，驳回中行新区支行对于天惠公司、华乐公司的起诉以及华乐公司对中行新区支行的反诉，该处理不符合保理法律关系特征，割裂了多种法律关系之间的内在联系，增加了当事人的诉累，不利于纠纷一体化解决，应予以纠正。

第八章

《民法典》第 766 条之有追索权保理：功能主义视角下有追索权保理合同纠纷的司法裁判

孙 倩[*]

*孙倩，上海金融法院综合审判一庭四级高级法官。

《民法典》第766条首次对有追索权保理人如何实现权利救济作出规范，但对该条文所蕴含的法理亦有不同解读。对于司法实践中形成的附担保条件的债权让与说、间接给付说及让与担保说三种观点，《民法典》采纳了让与担保说，这也符合动产担保体系功能化的立法背景和技术安排。但是，让与担保说与有追索权保理存在诸多排异之处，其症结在于引入功能主义的过程中，所有权用作担保功能时该当如何处理。《民法典》在立法技术上采取功能主义与形式主义相结合的路径，司法裁判中应当严守功能主义的边界，确认所有权担保功能的同时，不能否定其本身的归属意义。在此基础上，分类探讨具体司法实践中有追索权保理人同时起诉应收账款债权人和债务人以及单独起诉时的难点问题和解决思路。

一、有追索权保理概述

随着《民法典》的出台，保理合同作为一种全新的典型合同类型，首次在我国现行法律层面予以确认。在保理行业的诸多业态中，有追索权保理与无追索权保理无疑是其中最为重要的分类。《民法典》保理合同章专门用第766条、第767条两个条文分别对有追索权保理和无追索权保理作出了规定。

无追索权保理也称买断型保理，其性质属于"债权买卖"，[1]是指保理人向应收账款债权人支付价款并受让应收账款后，自行承担债务人的信用风险，即有权就全部应收账款受偿，但无权向债权人主张返还保理融资款或回购应收账款债权。有追索权保理是指保理人除收取应收账款外，还有权向应收账款债权人主张返还保理融资款或回购应收账款债权。有追索权保理并不

---

〔1〕　李宇：《民法典中债权让与和债权质押规范的统合》，载《法学研究》2019年第1期。

是我国特有的保理类型，据 FCI《全球保理行业活跃度报告（2017）（上）》调查，有追索权保理占据全球保理业务总量的 44%，高于无追索权保理（占比 32%）。[1]

当前，在我国保理行业实践中，有追索权保理主要表现为两种形式：一种是反转让或回购型，即债务人履行不能时，保理人有权将应收账款再次转回给应收账款债权人，例如中国服务贸易协会商业保理专业委员会发布的《国内商业保理合同（示范文本）（适用于有追索权保理业务）》中载明："12.1 发生下列情形之一时，保理商有权向卖方发送《应收账款反转让通知书》，将未受偿的已受让应收账款再次转让回给卖方：12.1.1 无论何等原因，在该应收账款到期日或宽限期届满日（如保理商已给予宽限期的），保理商未足额收回保理首付款的；……"该示范文本在业内也得到广泛运用。另一种是为债权人设定归还保理融资款及相应利息的义务。例如，在中国建设银行上海第二支行与中厦公司、麟旺公司等合同纠纷中，[2]保理合同约定，如应收账款因任何原因不能按时收回时，保理人均有权向债权人追索，债权人应无条件按时足额偿还保理人支付的保理预付款及相应利息等费用。形成前述两种业态的主要原因在于，商业保理公司在发展初期为避免触及贷款资质的行业准入限制，回避使用借款合同特有的本金、利息等表述，相应设计出回购条款逐渐成为行业惯例，银行从事保理业务则无此顾忌。

综上所述，有无追索权保理的主要差异在于，保理人除向债务人主张权利外，还能否向应收账款债权人追索。长期以来，我国审判实务中对于有追索权保理的法律性质并未形成统一认识，尤其是保理人能否在向债务人请求支付应收账款的同时，再向债权人行使追索权，存在较大争议。保理合同"入典"提升了保理的立法层级，对于保理相关纠纷的司法裁判具有重要意义。《民法典》第 766 条和第 767 条明确了不同保理形式下保理人的权利救济手段以及有追索权保理下保理人的清算义务，但是，对于有追索权保理的法律性质，以及保理人同时或先后向债权人、债务人主张权利时的处理方

---

[1] 《全球保理行业活跃度报告（2017）（上）》，载 http://www.cfec.org.cn/view.php? aid = 1899，最后访问日期：2020 年 9 月 4 日。

[2] 上海市高级人民法院（2017）沪民终 171 号民事判决书。

式，仍未作出清晰的界定。而"法院对于保理合同中应收账款转让行为性质的认定将导致对于责任顺位和责任关系判断的差异"。[1]本章即从有追索权保理的性质出发，探讨《民法典》第766条的具体实施路径。

二、有追索权保理的法律性质探究

（一）裁判观点之争

从近几年的司法裁判来看，《民法典》出台之前，司法实践在探索中主要形成了以下三种裁判思路。

1. 附担保条件的债权让与说

有裁判观点认为，有追索权保理可以解释为附担保条件的债权让与行为，保理合同中的主要权利义务关系为基础交易项下的应收账款转让，追索权的行使相当于应收账款债权人对债务人付款行为的担保。[2]该观点强调，无论是无追索权保理，还是有追索权保理，保理的核心权利义务关系均为债权让与，这是保理合同作为一种有名合同区别于他种典型合同的本质特征，有追索权保理只是在债权让与中附加了一个担保。

附担保条件的债权让与说统一了无追索权保理和有追索权保理的理论基础，在实践中得到许多法院认可，但未能解决有追索权保理中保理人的清算问题，按此学说，应收账款债权人是在融资款范围内承担担保责任，那么除非合同有明确约定，保理人有权拿到全部的应收账款，而无需向应收账款债权人返还。

2. 间接给付说

间接给付，又称新债清偿、为清偿之给付，是指"因清偿债务而为异于原定给付之给付，因债权人就新给付之实行受满足，而使旧债务消灭"。[3]

---

〔1〕　参见关丽、丁俊峰、包晓丽：《保理合同纠纷中基础交易合同债务人拒绝付款的司法认定》，载《法律适用》2019年第23期。

〔2〕　参见最高人民法院（2014）民二终字第271号民事判决书、上海市高级人民法院（2017）沪民终171号民事判决书。

〔3〕　参见史尚宽：《债法总论》，中国政法大学出版社2000年版，第819页。

间接给付说与传统审判思维的区别在于，间接给付说把融资关系作为保理合同中的主要权利义务关系，应收账款债权人为清偿旧债（即融资款）将应收账款转让给保理人，保理人对债务人的债权成为新债。此时，保理人应先行使新债债权，即先向债务人为请求，债务人履行不能时，再向债权人追索。

最高人民法院在珠海华润银行与江西燃料公司等合同纠纷中创造性地将间接给付理论应用至保理合同法律关系中。[1]该判决认定，有追索权的保理业务所包含的债权转让合同的法律性质并非纯正的债权让与，而应认定为是具有担保债务履行功能的间接给付契约。间接给付理论下的有追索权保理包含担保功能和清偿功能，在担保功能方面，追索权的功能相当于应收账款债权人为债务人的债务清偿能力提供了担保，这一担保的功能与放弃先诉抗辩权的一般保证相当。

然而，将间接给付理论运用至有追索权保理场景中还有待商榷。在保理法律关系中，并不存在"新债"和"旧债"之分，应收账款债权人取得融资款后不需要立即还款。如果按照间接给付说，顺此推理则融资款未届清偿期就要同步转让应收账款以清偿旧债，在法理上难为妥当。

3. 让与担保说

让与担保，又称为担保之给付，是指"债务人或者第三人为担保债务的履行，将担保物的所有权移转予担保权人，债务清偿后，担保物应返还予债务人或第三人；债务不获清偿时，担保权人得就该担保物受偿的一种担保形式"。[2]

虽然我国法律未明文规定让与担保制度，但《九民纪要》第71条明确承认了让与担保的效力。在保理法律关系的处理上，让与担保说亦把融资关系作为保理合同中的主要权利义务关系，但认为转让应收账款是为偿还融资款作担保，而不是为清偿。保理人此时有变价权，但没有变价义务。也就是说，保理人没有义务先行处置担保财产，可以向债务人请求偿还融资款，也可以请求应收账款债权人给付或者回购应收账款，但并不负有先行请求应收

〔1〕 参见最高人民法院（2017）最高法民再164号民事判决书。
〔2〕 参见高圣平：《动产让与担保的立法论》，载《中外法学》2017年第5期。

账款债务人给付的义务。故应收账款债权人无权请求保理人先行变价或以保理人未先行变价为由抗辩。多地法院在裁判中将有追索权保理的法律性质认定为债权让与担保，例如福燃公司与建行城南支行等金融借款合同纠纷，[1]中国银行福建省分行诉福州飞皇公司等金融借款合同纠纷，等等。[2]

让与担保理论将保理融资关系作为主要法律关系，应收账款转让是为担保融资款的实现，弥补了间接给付理论产生的逻辑问题，即转让应收账款的行为并非清偿融资款，而是用于担保。让与担保理论与间接给付理论最大的区别在于债务履行顺位不同。在让与担保理论下，保理人行使债权请求权并无顺位之分。同时，由于转让应收账款是用于担保，所以保理人对于超额回款负有法定的清算义务。也有观点质疑让与担保理论架构下的保理并非实质意义上的保理，应收账款债权人负担首要偿还责任，违背了保理合同当事人的真实意思和交易成立的基础。[3]

综上所述，以上三种司法裁判路径在保理合同主要权利义务的认定、保理人行使权利顺位以及清算义务等方面均有所不同，详见表8-1所示。

表8-1 三种司法裁判路径的对比分析

	附担保条件的债权让与说	间接给付说（为清偿之给付）	让与担保说（为担保之给付）
主要权利义务的认定	债权转让	借款	借款
保理人行使权利顺位	无	先向债务人主张	无

[1] 参见福建省高级人民法院（2016）闽民终579号民事判决书，法院认为，有追索权保理中的债权让与实属债权让与担保，保理人向债务人请求给付应收账款受阻时，基础合同债权人负有偿还保理融资款本金并支付利息的责任，所以基础合同债权人对保理融资款负有最终偿还责任，其与保理人之间形成了资金借贷关系，保理人受让应收账款实际上起到担保作用。

[2] 参见福建省福州市中级人民法院（2013）榕民初字第1287号民事判决书，法院认为，应收账款转让的目的在于清偿主债务或担保主债务得到清偿，当保理银行因应收账款无法收回而要求卖方承担还款责任时，在卖方未清偿保理融资款前，保理银行仍有权向买方收取应收账款用以偿还主债权，故有追索权保理的从法律关系为债权让与担保关系。

[3] 参见关丽、丁俊峰、包晓丽：《保理合同纠纷中基础交易合同债务人拒绝付款的司法认定》，载《法律适用》2019年第23期。

	附担保条件的 债权让与说	间接给付说 （为清偿之给付）	让与担保说 （为担保之给付）
基础合同债权人 责任范围	融资款本息	融资款本息	融资款本息
清算义务	无	有	有

（二）担保体系功能主义背景下的立法选择

"世界银行集团《全球营商环境报告》迎合国际动产担保制度改革的总体趋势，在其指标体系中将各国是否采行基于功能主义的一元化动产担保交易制度作为评估指标之一。《民法典》的编纂正值我国提出要持续优化营商环境之际……在此背景之下，功能主义的立法潮流必然影响到《民法典》担保物权分编的体系重构和规则设计。"[1]《民法典》第388条第1款规定，担保合同包括抵押合同、质押合同和其他具有担保功能的合同。该法条扩张了担保合同的范围，能够对商事活动中新型担保方式进行制度上的兼容，被认为是本次立法的最大亮点之一。一般认为，所有权保留合同、融资租赁合同、有追索权保理合同即属于典型的"具有担保功能的合同"。

从《民法典》第766条的文字表述来看，保理人和债权人之间约定回购应收账款或返还保理融资款本息，均可成立有效的追索权；而且，与《民法典合同编（草案）（二次审议稿）》第552条之四规定的"保理人有权选择向应收账款债权人主张返还保理融资款本息或者回购应收账款债权，或者向应收账款债务人主张应收账款债权"不同的是，《民法典》最终使用了"可以""也可以"的表述，保理人并非只得择一行使权利，同时主张权利似乎不存在障碍。同时，该条文明确规定了保理人的清算义务，在有追索权保理中，保理人无权再获取超出融资款本息的收益。显然，立法上未采纳前述观点一，即不再认为有追索权保理是附担保条件的债权让与。

至于是间接给付抑或让与担保，我国台湾地区王千维教授曾专门比较为

---

[1] 参见高圣平：《动产担保交易的功能主义与形式主义——中国〈民法典〉的处理模式及其影响》，载《国外社会科学》2020年第4期。

清偿之给付和为担保之给付，认为从债权人取得一项权利或物，进而就该权利或物之变价所生之利益实现债权而言，二者是相当的，故在认定是间接给付还是让与担保时，应依当事人给付之意思而定，但约定不明时，应认定为让与担保，因为此时债权人仅有变价权，而没有变价义务，债权人负担较轻。[1]黄微在其主编的《中华人民共和国民法典合同编释义》中明确写道："在没有约定或约定不明时，由于在为担保的给付中，保理人仅有变价的权利而无变价的义务，对保理人的负担较轻，而无论是何种性质对债权人的最终权益均没有太大影响，因此，基于保理业务的通常实践，避免当事人通过约定排除法定规则的交易成本……故作出本条规定。"[2]也即，全国人大常委会法制工作委员会认为，立法的本意是将有追索权保理的性质定为让与担保。多数学者也均主张，《民法典》第 766 条的规定实际上采纳了让与担保的法律构成。[3]

（三）让与担保与有追索权保理的相容与排异

功能主义立法起源于《美国统一商法典》，逐渐为加拿大、新西兰、澳大利亚及联合国《动产担保交易立法指南》《动产担保交易示范法》所接受，并在世界银行的营商环境评估下形成一股立法潮流。由于我国以大陆法系形式主义立法模式为法治底色，"成文法下形式决定实质的传统，与借助担保权益概念实现的功能转向，必然面临体系贯通的问题"。[4]故对于以所有权为担保手段的交易模式如何进行体系上的兼容，仍是《民法典》公布后有待解决的问题。

让与担保理论从功能主义角度解释了应收账款转让的目的和意义，保理人并非以取得应收账款的"所有权"为最终目的，其真正目的在于收回融

---

〔1〕　参见土千维：《论为清偿之给付》，载《政大法学评论》2011 年 6 月。

〔2〕　参见黄薇主编：《中华人民共和国民法典合同编释义》，法律出版社 2020 年版，第 613 页。

〔3〕　参见高圣平：《动产担保交易的功能主义与形式主义——中国〈民法典〉的处理模式及其影响》，载《国外社会科学》2020 年第 4 期；李宇：《保理合同立法论》，载《法学》2019 年第 12 期；黄和新：《保理合同：混合合同的首个立法样本》，载《清华法学》2020 年第 3 期；李志刚：《〈民法典〉保理合同章的三维视角：交易实践、规范要旨与审判实务》，载《法律适用》2020 年第 15 期。

〔4〕　参见张家勇：《体系视角下所有权担保的规范效果》，载《法学》2020 年第 8 期。

资款和相应利息，从该理论出发，也自然得出保理人所得不能超出融资款本息、因而负有清算义务的结论。同时，将有追索权保理合同纳入担保合同的范畴，通过应收账款转让登记确定优先顺位，也实现了动产担保交易秩序的统一。但是，将应收账款转让作为担保对待，仍存在保理人权利的实现方式、与应收账款质押规则的统一、所有权的效力认定等现实问题。

1. 多次转让时的权利顺位

《民法典》第 768 条规定了债权人多次转让应收账款时的处理模式，第一重判断规则是看有无登记及登记时间，该项规则与整个民法典体系中动产担保交易规则保持一致；第二重判断规则是看通知到达时间；第三重判断规则为，既未登记也未通知的，按比例取得应收账款。从立法者对于第三重判断规则的设置看，也是意在与《民法典》第 414 条多重抵押的顺位保持一致，但是，与其他担保交易不同的是，保理是对应收账款"所有权"的处分，在多重权利转让的情况下，不可能形成多人共有的局面，而如果仅将保理人的权利视作担保权，也就意味着，不承认其对应收账款的"所有权"，保理就不再是"真正"的权利转让了。况且，在司法实践中几无实施的可能性，因为在既无登记，又无通知的情况下，无从查明到底转让了几次，继而无法确定某一保理人所应享有的比例。另外，其中某一保理人破产时，如何确定该项应收账款的归属以及享有比例，亦不明确。

2. 与应收账款质押规则的统一

应收账款质押是典型的权利质权之一。基于动产担保交易秩序统一的考量，保理与应收账款质押理应保持一致，然而，在权利设立上，根据《民法典》第 445 条的规定，应收账款质权采登记生效主义，即自登记时设立，而保理则采登记对抗主义。其中是存在法律冲突，还是考虑到二者区别有意为之，即转移占有是权利质权的成立要件，而应收账款"所有权"转让是保理合同的履行行为，有待明确。如果是后者，又与前述多重转让中不承认保理中的"所有权"相互矛盾。

在权利实现方式上，司法实践中均认定保理人可以直接向债务人收取应收账款。而在应收账款质押中，大多判决质权人通过折价或拍卖、变卖应收账款优先受偿。最高人民法院第53号指导案例福建海峡银行股份有限公司福州五一支行诉长乐亚新污水处理有限公司、福州市政工程有限公司金融借款合同纠纷中，法院认定，由于本案涉及特许经营收益权，不能按一般质权的实现方式进行折价或拍卖、变卖，故判决质权人有权直接向出质人的债务人收取污水处理服务费。[1]也有学者呼吁应当赋予质权人可以直接收取应收账款的权利，[2]但目前尚未形成统一的司法裁判规则。

3. 保理人是否享有完整的归属型"所有权"？

综上分析，前述问题的症结归根结底在于：保理中的"所有权"到底如何安放？保理一开始即围绕着应收账款的融资、催款、坏账担保等功能而产生，因此，长期以来，应收账款转让被认为是保理合同区别于其他有名合同的特征性内容。但是，在让与担保理论下，保理法律关系中的主权利义务为保理人与应收账款债权人的融资关系，此时保理人是否还享有完整的应收账款"所有权"，能否以债权人的身份收取全部应收账款，保理人破产时其名下的应收账款该当如何处理，不无疑问。

所有权的效力认定问题，即"担保性所有权如何与作为制度范型确认的真正的所有权协调"[3]亦是《民法典》第388条"其他具有担保功能的合同"所面临的共性问题。联合国《动产担保交易立法指南》虽然建议各国动产担保交易法制采行功能主义立法方法，但考虑到各国间法制传统的差异，为所有权融资担保提供了两种方案。一是"统一化路径"，即将动产上所有担保购买价金偿付的权利都规定为购买价金担保物权；二是"非统一化的路径"，即一方面在法律体系中规定购买价金担保物权，另一方面规定所有权保留交易与融资租赁交易中的所有权，但法律应当对购买价金担保物权与所有权平等对待，二者之间应适用功能等同的规则。[4]我国《民法典》无疑采纳了第二种路径，即动产担保交易功能主义与形式主义相结合。"从

---

〔1〕 参见福建省高级人民法院（2013）闽民终字第870号民事判决书。

〔2〕 参见赵万一、余文焱：《应收账款质押法律问题》，载《法学》2009年第9期。

〔3〕 参见张家勇：《体系视角下所有权担保的规范效果》，载《法学》2020年第8期。

〔4〕 参见高圣平：《动产担保交易的功能主义与形式主义——中国〈民法典〉的处理模式及其影响》，载《国外社会科学》2020年第4期。

担保目的角度看，各种不同的担保权利类型，无论其所有权归属于担保人（如抵押人、出质人等），还是归属于债权人自己（如所有权担保债权人），其核心都不过是以债权人对担保物的优先受偿权保障债权的实现，此即《美国统一商法典》第 9-202 条所称担保物所有权无关紧要的要义所在，也是不同担保交易实质效果统一的必然要求。然而，其意义也仅止于此，一旦超出担保交易的范畴，前述效果将不复存在。这正是担保权益功能化的边界所在。"[1]因此，在我国《民法典》模式下，赋予所有权担保功能的同时，不能否定所有权本身的归属，即所有权的效力应得到完全承认，只是该所有权与其他具有担保功能的交易采用统一的设立、公示、优先顺位和实现规则。

让与担保理论固然可以解释转让应收账款的功能和意义所在，但其缺陷也恰恰在于过于强调"担保"功能，而忽视了对应收账款"所有权"的处分和归属，正因为如此，司法裁判应对此有所注意，并在具体案件审理中予以调整，实现所有权的回归。保理人可以享有应收账款"所有权"，仅在涉及担保功能时准用典型担保规则。在权利的实现方式上，其受偿方式可以是归属型清算（作为应收账款"所有权人"直接收取款项），也可以是处分型清算（拍卖、变卖应收账款以所得款项受偿）。

三、保理人同时起诉债权人和债务人时的司法裁决

保理人为便于诉讼，往往选择在一个案件中同时起诉应收账款债权人和债务人，要求债权人返还融资款、支付利息和其他费用，并要求债务人按照基础合同支付价款、违约金和其他费用。在此情形下，管辖权如何确定，债权人、债务人所应承担的债务范围如何，以及二者之间是何种关系，司法裁判尚不统一。

（一）应收账款债权人和债务人之间的关系

对于应收账款债权人和债务人所应承担的责任范围以及二者之间的关系，《民法典》第 766 条并未明确规定，由此带来的实践问题有待在司法裁

---

〔1〕 参见张家勇：《体系视角下所有权担保的规范效果》，载《法学》2020 年第 8 期。

判中逐步完善。

关于责任范围，当前司法界较为清晰的裁判原则是分别根据保理合同和基础合同判断，应收账款债权人承担返还融资款本息的责任，债务人按照基础合同约定承担支付相应款项及延期给付违约金的责任，并可向保理人主张其对债权人的抗辩。

应收账款债权人和债务人虽均负给付金钱义务，但保理人不得重复受偿毋庸赘言。然而，在司法实务中，必然面临如何表述债权人和债务人所承担责任的性质，以及二者之间的关系难题，特别是裁判主文的拟定，如果在一起案件中同时按照上述责任范围判决，可能造成保理人有权收取双重给付的误解。

首先要明确的是，应收账款债权人与债务人对保理人的义务并不存在连带关系。《民法典》第178条第3款规定，连带责任由法律规定或者当事人约定。显然，保理中并不存在这种情形。即便从担保的角度出发，如前所述，用作担保的是应收账款债权，债务人并非保理融资款的担保人。《担保制度司法解释》在征求意见稿中曾规定，保理人请求应收账款债权人和债务人承担连带责任的，法院应予支持。但是，在最终发布版本中仅从诉权上明确，保理人可以一并起诉，也进一步印证二者不应承担连带责任。

笔者认为，债权人和债务人之间的关系更接近于不真正连带责任。"不真正连带责任的产生是为了解决在司法实践中出现的各当事人之间的法律关系以不同的法律事实为基础，相同的给付纯属偶然巧合的问题，其宗旨在于避免权利人的不当得利。"[1]该学说起源于德国，虽在德国式微，但在我国学界和司法界均有应用。史尚宽先生从债务发生原因和给付目的上对不真正连带债务予以界定，认为："不真正连带债务谓数债务人基于不同之发生原因，对于债权人负以同一之给付为标的之数个债务，依一债务人之完全履行，他债务因目的之达到而消灭之法律关系。"[2]也有学者从内部求偿权角度寻求对不真正连带责任的解读。我妻荣教授认为："不真正连带之债与普通

[1]　参见陈现杰：《〈关于审理人身损害赔偿案件适用法律若干问题的解释〉的理解与适用》，载《人民司法》2004年第2期。

[2]　参见史尚宽：《债法总论》，中国政法大学出版社2000年版，第672页。

连带之债有两点不同：一是债务人所发生的事由不影响其他人，二是债务人内部关系中不生求偿关系。"[1]税兵教授进一步解释为，"不真正连带债务人之间不会产生基于内部分担关系的求偿权"，而是非终局责任者在承担责任后，产生对终局责任者的追偿权。[2]

保理合同本质上"可归为混合契约中的并向结合契约，即当事人一方负有数个相互并立且属于不同典型的给付，而他方仅负单一的对待给付"。[3]应收账款债权人是基于保理融资关系对保理人负有归还融资款本息的义务，债务人是基于基础合同关系对受让债权的保理人负有支付价款的义务，两项金钱债务产生的原因并不相同，金额亦不相同。但如果一方完全履行，则保理人的目的实现，其对另一方的付款请求权也即消灭。在追偿关系上，债权人和债务人内部并无份额分摊。如果债权人先行清偿，则因应收账款债权的回转而得向债务人主张债权，也即保理人收到融资款本息后将应收账款请求权让与至债权人。而如果是债务人先行清偿，由于其系终局责任人，并不产生对债权人的追偿权。审判实践中，亦有法院在裁判中明确，被告任何一方履行本判决确定的义务的，构成相应债务的消灭，原告（保理人）不得重复受偿。[4]前述判决体现了不真正连带责任的裁判思路，但是，需要指出的是，一方履行义务的，并非构成债务的消灭，而是保理人付款请求权的消灭，因为在债权人履行返还保理融资款本息的情况下，债务人支付应收账款的义务并不因此消灭，只是请求权人发生了变更。

（二）保理人的清算义务

根据《民法典》第766条第二句的规定，应收账款债务人履行付款义务的，保理人在扣除保理融资款本息和相关费用后有剩余的，应将剩余部分返

---

〔1〕参见［日］我妻荣：《我妻荣民法讲义Ⅳ 新订债权总论》，王燚译，中国法制出版社2008年版，第394页。

〔2〕参见税兵：《不真正连带之债的实定法塑造》，载《清华法学》2015年第5期。

〔3〕参见史尚宽：《债法各论》，中国政法大学出版社2000年版，第961页，转引自李宇：《保理合同立法论》，载《法学》2019年第12期。

〔4〕参见上海市高级人民法院（2017）沪民终171号民事判决书、上海市第一中级人民法院（2017）沪01民初1052号民事判决书。

还给应收账款债权人。实践中，有观点提出，既然保理人收取的多余部分要予以返还，那么也就意味着应当判决保理人收取相当于融资款本息的部分。笔者认为，保理人作为应收账款的受让人，享有完整的应收账款债权。相较于应收账款质押，质权人可以就应收账款折价或拍卖、变卖，或是直接要求债务人给付，只是多余的要返还，举轻以明重，让与担保就更应如此了。因此，保理人可以要求债务人履行全部的付款义务，收取款项后再行清算。该种制度安排在债务人破产的情况下，尤具有意义。如果保理人仅得以相当于融资款本息和其他费用的部分申报债权，往往是无法全额受偿，如此应收账款则未能全部发挥其担保功能，失去了保理交易结构安排的意义。

个别案件中还出现保理人仅向债务人主张部分应收账款债权的情况。例如在保理人甲与供应商乙及应收账款债务人 A、B、C、D 保理合同纠纷中，乙将其分别对 A、B、C、D 享有的共计 20 亿元的债权转让给甲，甲向其发放融资款 2 亿元。考虑到诉讼费的承担及后续清算的负担，甲提起诉讼时仅主张融资款 2 亿元及利息，并要求 A、B、C、D 在此范围内承担应收账款项下的付款义务。笔者认为，无论连带债务还是不真正连带债务，债权人均有权起诉一个、数个直至全体的债务人，要求部分或者全部的给付（对于不可分给付只能要求全部之给付）。[1]故该案中，甲的诉讼请求可以得到支持。不过，需要注意的是，虽然保理人可以主张部分应收账款债权，但其无权作出放弃剩余款项的许诺。由于保理人回收融资款本息及其他费用后，应当把应收账款债权反转让给债权人，故其在持有应收账款期间，负有妥善管理应收账款的义务。正如有学者所言，保理人"负有相当于一般委托合同受托人或信托合同受托人的义务，在管理和催收债权时应顾及让与人的利益并尽善良管理人的注意"。[2]因此，在应收账款债权人未予同意的情况下，保理人不能任意放弃应收账款债权。

四、保理人先后提起单独诉讼时的司法裁决

保理人可以择一起诉应收账款债权人或债务人，也可以先后提起单独诉

---

〔1〕 参见马立钊：《连带与不真正连带关系辨析》，载《社会科学辑刊》2015 年第 3 期。
〔2〕 参见李宇：《保理合同立法论》，载《法学》2019 年第 12 期。

讼。在保理人仅就一方提起诉讼时，由于另一方债务履行情况可能牵涉到保理人是否还享有债权、可主张债权的金额等，而案件的判决、履行结果也影响到另一方的利益，故应以追加另一方作为无独立请求第三人为宜。

（一）保理人先向债权人发起诉讼

在反转让或回购型有追索权保理中，保理人提出的诉讼主张通常为要求应收账款债权人支付反转让款或回购款及其他费用，反转让款或回购款的金额相当于融资款本息。在保理人先向债权人提起诉讼的情况下，如果其诉请成立，债权人予以偿还，那么，将引起债权的回转，保理人不再享有应收账款债权，无权再向债务人主张权利。在浦发银行长沙分行与中联公司保理合同纠纷中，[1]最高人民法院经审查认为，浦发银行长沙分行已经在另案中请求湾天公司（应收账款债权人）就该应收账款债权承担回购责任，另案生效判决已经支持了其诉讼请求，在此情形下，浦发银行长沙分行对中联公司不再享有该笔应收账款债权，故浦发银行长沙分行又在本案中诉请中联公司清偿债务缺乏请求权基础，应予驳回。该起案件体现了债权回转后，保理人不能再主张应收账款债权的裁判思路。但值得商榷的是，该案系以生效判决支持作为债权回转的充分条件，而未考虑到判决的履行情况。笔者认为，只有在应收账款债权人完全履行支付反转让款或回购款的义务后，应收账款方回转至债权人处，如保理人虽得到判决支持，但债权人由于清偿能力不足等因素未能履行生效判决，则保理人仍可继续向债务人主张权利。

在还款型有追索权保理中，保理人提出的诉讼主张通常为要求应收账款债权人支付融资款本息，双方并未在保理合同中明确约定支付完毕后应收账款如何处理。笔者认为，在让与担保体系下，债权人将应收账款转让给保理人实际起到担保作用，保理人所能主张的债权也限于融资款本息及相关费用，因此，债权人向保理人还本付息后，保理人的权利已经实现，此时应收账款的担保应予解除，故保理人仍应将应收账款转回至债权人。

---

〔1〕 参见最高人民法院（2017）最高法民申132号民事裁定书。

（二）保理人先向债务人发起诉讼

若保理人选择先起诉应收账款债务人支付基础合同价款，那么，由于债务人是终局的责任承担者，在其履行生效判决后，保理人无权再向应收账款债权人主张权利，同时，债权人和债务人之间也不会产生追偿问题。但是，保理人收到款项后负有清算义务，如果保理人未向债权人返还多余款项，债权人可向其提起不当得利之诉。

（三）单独诉讼中的时效问题

由于连带债务中各债务人的债务对外具有连带性、分担性，对于任一连带债务人所生事项的效力具有涉他性，因而在诉讼时效的制度设计上也有其特殊之处，即对其中一个债务人的诉讼时效中断事由及于其他连带债务人。正如《诉讼时效司法解释》第15条第2款的规定，对于连带债务人中的一人发生诉讼时效中断效力的事由，应当认定对其他连带债务人也发生诉讼时效中断的效力。然而，在保理法律关系中，如前所述，应收账款债权人和债务人是基于不同原因对保理人负有债务，二者之间并无份额分担关系，不构成连带责任。因此，保理人向其中一方主张权利，不会对另一方产生诉讼时效中断的效力。

由此产生的问题是，如果保理人先向应收账款债权人提起诉讼，怠于向债务人主张权利，可能导致应收账款罹于时效。根据《民法典》第761条的规定，保理人提供资金融通、应收账款管理或者催收、应收账款债务人付款担保等服务中的一项即可。审判实践中，保理人仅提供一项资金融通服务亦是常见的合同安排，故保理人并无合同上的催收义务。然而，尽管双方并未约定保理人提供应收账款催收服务，保理人在持有应收账款期间，也应尽到善良管理人的注意义务，对于诉讼时效即将届满的应收账款，应当采取必要措施中断时效。如果因保理人怠于催收等行为导致应收账款超过诉讼时效，可参照《民法典》第432条第1款因保管不善致使质押财产毁损、灭失的规定，保理人应就此对债权人承担赔偿责任，该等赔偿责任可与债权人的还款义务相抵销。

五、结语

合同法上的规范大多为任意性规范，当事人可以通过约定加以排除，在合同没有约定或约定不明时，方适用法律规定补充当事人的意思表示。《民法典》第766条也不例外，该法条的出台充分考虑了国内当前保理业务的通常实践，将商事习惯法律化，避免当事人通过约定排除法定规则额外产生交易成本，故能够取得最大限度的共识。尽管如此，各方当事人如果有另外的交易安排，比如明确约定应收账款债权人与债务人承担连带责任，或是按顺位履行还款义务，那么该等约定合法有效，应当按照合同约定处理。例如在原告远东国际融资租赁有限公司与上海海寓公寓管理有限公司、上海景阔远寓公寓管理有限公司等其他合同纠纷中，法院认定，涉案保理合同约定，保理商有权要求应收账款债务人、债权人承担连带赔偿责任，符合《民法典》第178条第3款规定"连带责任，由法律规定或者当事人约定"，判决两被告连带赔偿经济损失等。[1]

值得进一步思考的是，保理人的清算义务能否通过合同约定排除？在让与担保解释体系下，保理人所享有的债权为其发放的融资款及因此产生的利息和其他费用，应收账款系该项债权的担保。同时，从《民法典》第401条、第428条的规定来看，法律并不否定债务人不能清偿时担保物归属于债权人条款的效力，但同时也明确规定，该种约定所产生的效力为，债权人可就担保物优先受偿，也即要进行归属型清算。就此而言，《民法典》第766条中的"应当"应理解为，有追索权保理人负有法定清算义务，该项义务不能通过约定加以排除。

---

[1] 参见李姝徽、陈卫锋：《〈民法典〉实施后上海首案：上海浦东法院审理并判决一起保理合同纠纷》，载 https://news.sina.com.cn/o/2021-01-04/doc-iiznctkf0082693.shtml，最后访问日期：2021年4月11日。

【关联法条】

▶法律法规

《民法典》

第一百七十八条第三款　连带责任，由法律规定或者当事人约定。

第三百八十八条第一款　设立担保物权，应当依照本法和其他法律的规定订立担保合同。担保合同包括抵押合同、质押合同和其他具有担保功能的合同。担保合同是主债权债务合同的从合同。主债权债务合同无效的，担保合同无效，但是法律另有规定的除外。

第四百零一条　抵押权人在债务履行期限届满前，与抵押人约定债务人不履行到期债务时抵押财产归债权人所有的，只能依法就抵押财产优先受偿。

第四百一十四条　同一财产向两个以上债权人抵押的，拍卖、变卖抵押财产所得的价款依照下列规定清偿：

（一）抵押权已经登记的，按照登记的时间先后确定清偿顺序；

（二）抵押权已经登记的先于未登记的受偿；

（三）抵押权未登记的，按照债权比例清偿。

其他可以登记的担保物权，清偿顺序参照适用前款规定。

第四百二十八条　质权人在债务履行期限届满前，与出质人约定债务人不履行到期债务时质押财产归债权人所有的，只能依法就质押财产优先受偿。

第四百三十二条　质权人负有妥善保管质押财产的义务；因保管不善致使质押财产毁损、灭失的，应当承担赔偿责任。

质权人的行为可能使质押财产毁损、灭失的，出质人可以请求质权人将质押财产提存，或者请求提前清偿债务并返还质押财产。

第四百四十五条　以应收账款出质的，质权自办理出质登记时设立。

应收账款出质后，不得转让，但是出质人与质权人协商同意的除外。出质人转让应收账款所得的价款，应当向质权人提前清偿债务或者提存。

第七百六十一条　保理合同是应收账款债权人将现有的或者将有的应收账款转让给保理人，保理人提供资金融通、应收账款管理或者催收、应收账款债务人付款担保等服务的合同。

第七百六十六条　当事人约定有追索权保理的，保理人可以向应收账款债权人主张返还保理融资款本息或者回购应收账款债权，也可以向应收账款债务人主张应收账款债权。保理人向应收账款债务人主张应收账款债权，在扣除保理融资款本息和相关费用后有剩余的，剩余部分应当返还给应收账款债权人。

第七百六十七条　当事人约定无追索权保理的，保理人应当向应收账款债务人主张应收账款债权，保理人取得超过保理融资款本息和相关费用的部分，无需向应收账款债权人返还。

第七百六十八条　应收账款债权人就同一应收账款订立多个保理合同，致使多个保理人主张权利的，已经登记的先于未登记的取得应收账款；均已经登记的，按照登记时间的先后顺序取得应收账款；均未登记的，由最先到达应收账款债务人的转让通知中载明的保理人取得应收账款；既未登记也未通知的，按照保理融资款或者服务报酬的比例取得应收账款。

▶司法解释

《诉讼时效司法解释》

第十五条　对于连带债权人中的一人发生诉讼时效中断效力的事由，应当认定对其他连带债权人也发生诉讼时效中断的效力。

对于连带债务人中的一人发生诉讼时效中断效力的事由，应当认定对其他连带债务人也发生诉讼时效中断的效力。

▶"两高"规范性文件

《九民纪要》

71.【让与担保】第一款　债务人或者第三人与债权人订立合同，约定将财产形式上转让至债权人名下，债务人到期清偿债务，债权人将该财产返还给债务人或第三人，债务人到期没有清偿债务，债权人可以对财产拍卖、变卖、折价偿还债权的，人民法院应当认定合同有效。合同如果约定债务人到期没有清偿债务，财产归债权人所有的，人民法院应当认定该部分约定无效，但不影响合同其他部分的效力。

▶**地方司法文件**

《保理纪要（一）》

五、管辖的确定

保理合同以基础合同的债权转让为前提。保理业务由应收账款转让和保理两部分组成，主要呈现两种诉讼类型：一是保理商以收回保理融资款为主要目的，起诉债权人和债务人或者仅起诉债务人。此时，保理商的法律地位是应收账款债权受让人，基于基础合同的债权转让而主张债务人偿还应收账款，以及因债务人不能偿还时债权人依约所应承担的回购义务，案件审理的重点是基础合同应收账款的偿还。二是保理商仅因保理合同的签订、履行等起诉债权人，例如要求支付保理费用等，案件审理的重点是保理合同的履行。

保理商向债权人和债务人或者仅向债务人主张权利时，应当依据民事诉讼法的有关规定，结合基础合同中有关管辖的约定确定管辖。

保理商和债权人仅因保理合同的签订、履行等发生纠纷，按照保理合同的约定确定管辖。保理合同中无管辖约定或者约定不明确的，应当由被告住所地或者保理合同履行地法院管辖，保理融资款的发放地为保理合同的履行地。

保理商向债权人、债务人及担保人一并主张权利的，应当根据债权人与债务人之间的基础合同确定管辖。

保理商、债权人与债务人另有管辖约定的，按照其约定确定管辖。

《前海保理裁判指引（试行）》

第六条　【将债权人、债务人一并起诉时管辖权的确定】保理商将债权人、债务人作为共同被告，根据保理合同约定向有管辖权的人民法院起诉后，债务人提起管辖权异议的，不予支持。

《当前商事审判疑难问题裁判指引》

30. 保理合同纠纷案件中的若干问题。

……

保理合同当事人之间存在保理合同和基础合同的双重法律关系，对于是否必须合并审理、根据保理合同还是基础合同法律关系确定管辖尚无法律规定。如果不存在管辖争议，保理合同和基础合同纠纷可以并案审理。一律按照基础合同或者保理合同确定管辖都缺乏充分的依据。如果保理合同和基础合同由不同法院管辖则应当分案审理。

……

【典型案例】

1. 福燃公司与建行城南支行等金融借款合同纠纷〔福建省高级人民法院（2016）闽民终 579 号民事判决书〕

基本案情

【法院查明事实】2013 年 11 月 4 日，建行城南支行与化建公司签订编号"2013 年建闽南公保理（有）字第 41 号"《有追索权国内保理合同》，约定化建公司采用赊销方式销售货物/提供服务进行交易，并向建行城南支行申请有追索权保理业务服务。即建行城南支行作为保理商，在化建公司将商务合同项下应收账款转让给建行城南支行的基础上，向化建公司提供的综合性金融服务；该等服务包括保理预付款、应收账款管理、应收账款催收。同时合同约定保理预付款最高额度及额度有效期；化建公司将其对附件一所列买方即广福鑫公司的全部应收账款转让至建行城南支行，保理预付款比例为合同价款的 80%；同时约定，化建公司保证无条件按本合同的约定在每笔保理预付款到期（含提前到期）前按时、足额向建行城南支行支付保理预付款本息及全部应付款项。化建公司同意，在建行城南支行向其反转让应收账款之前，建行城南支行有权作为应收账款的债权人向买方进行追索，且建行城南支行向买方追索不影响、削弱建行城南支行向化建公司追索的权利，建行城南支行有权同时向化建公司与买方进行追索，化建公司承诺不提出任何异议；并约定因化建公司违反合同任一约定导致的费用，应由化建公司承担。同日，建行城南支行与化建公司签订《应收账款质押/转让登记协议》，对应收账款登记的办理、展期等作了约定。同时，双方签订《融资业务特别约定》，双方对化建公司通过保理合同取得的融资款项的用途、还款来源、融资的发放与支付等作了具体约定；还约定建行城南支行对化建公司提供的材料的形式性审查并不意味着对交易的真实性及合法合规性进行确认，也不意味着建行城南支行介入化建公司与其交易对象或其他第三方的任何纠纷或需要承担化建公司的任何责任和义务。

2013年11月4日，建行城南支行与福燃公司、郭某贤和陈某瑾分别签订《本金最高额保证合同》，约定福燃公司、郭某贤和陈某瑾为化建公司基于"2013年建闽南公保理（有）字第41号"《有追索权国内保理合同》而形成的对建行城南支行的一系列债务提供本金最高额保证，担保范围均为伍仟万元整的本金，以及利息等债务人应向建行城南支行支付的其他款项、建行城南支行为实现债权与担保权而发生的一切费用，保证期间为主债务履行期限届满日后两年止。

2013年12月1日、12月16日，2014年6月3日，化建公司与广福鑫公司分别签订了《工矿产品购销合同》，约定：广福鑫公司向化建公司购买"阴极铜""电解铜"，货款合计为42 375 500元。合同签订后，化建公司向广福鑫公司提供货物，广福鑫公司亦出具《收到货物证明》确认收到货物并开具增值税发票。后化建公司向广福鑫公司发出《应收账款转让通知书》，将对广福鑫公司的上述应收账款转让给建行城南支行。广福鑫公司在收到上述通知后，回执确认知晓债权转让事宜，并确保按通知书要求及时、足额付款至建行城南支行指定账户。化建公司遂依据《有追索权国内保理合同》约定分别向建行城南支行申请保理预付款。建行城南支行依约将保理预付款全部支付给化建公司，但至保理预付款到期日，广福鑫公司未向指定账户付款，化建公司也未付款，各保证人亦未履行保证义务。

裁判要点

【一审法院裁判要点】建行城南支行与化建公司签订的《有追索权国内保理合同》《应收账款质押/转让登记协议》《融资业务特别约定》，建行城南支行与福燃公司、郭某贤和陈某瑾签订的《本金最高额保证合同》，广福鑫公司在《应收账款转让通知书》回执中的盖章确认，系各方当事人的真实意思表示，未违反法律、行政法规的强制性规定，合法有效。

在有追索权国内保理中，卖方将对买方的应收账款债权转让给保理银行，保理银行向卖方发放保理融资款。当保理银行向买方请求给付应收账款受阻时，卖方负有偿还保理融资款本金并支付利息的责任。故卖方对于保理融资款负有最终偿还责任，其与保理银行实际上形成资金借贷关系。卖方将对买方的应收账款债权转让给保理银行，实际上是用以清偿保理融资款本息，当买方拒绝付款而卖方又未依约履行回购义务并足额清偿保理融资款本息时，保理银行依约仍保留对买方主张应收账款债权的权利，此时保理银行受让应收账款实际上起到担保作用。故有追索权保理中的应收账款转让实质上系债权让与担保。因此，在有追索权保理所涉法律关系中，保理银行与卖方的金融借贷系主法律关系，保理银行与卖方、买方之间形成的债权转让关系系从法律关系，并起到让与担保的作用。故卖方对保理融资款本息负有首要偿还责任，买方在应收账款金额范围内承担连带清偿责任。

在建行城南支行与卖方化建公司金融借贷主法律关系中，建行城南支行已依约向化建公司发放保理预付款，因建行城南支行受让化建公司向其转让的讼争应收账款债权无法按期收回，化建公司依约应当向建行城南支行偿还尚欠保理融资款本金 28 746 162.53 元及相应利息。建行城南支行为提起本案诉讼支出律师代理费 10 万元，系其实现债权的合理开支，化建公司依约亦应向建行城南支行赔偿。

根据《本金最高额保证合同》，福燃公司、郭某贤和陈某瑾自愿为卖方化建公司的上述债务提供最高额连带责任保证，且未超过保证期间，依照 2000 年《最高人民法院关于适用〈中华人民共和国担保法〉若干问题的解释》第23条关于"最高额保证合同的不特定债权确定后，保证人应当对在最高债权额限度内就一定期间连续发生的债权余额承担保证责任"的规定，福燃公司应在担保的5000万元最高债权额限度内，郭某贤、陈某瑾应共同在担保的5000万元最高债权额限度内，对讼争债务承担连带清偿责任。

在本案债权转让从法律关系中，建行城南支行从卖方化建公司受让了对买方广福鑫公司基于货物买卖产生的应收账款债权，广福鑫公司在《应收账款转让通知书》上盖章确认，本案庭审中亦未到庭对此提出异议，故本案应收账款债权的转让已对建行城南支行及卖方化建公司、买方广福鑫公司发生法律效力。根据《有追索权国内保理合同》第34条约定，化建公司未清偿上述保理预付款本息之前，建行城南支行仍有权向买方广福鑫公司收取应收账款，以清偿化建公司对建行城南支行所负债务，故广福鑫公司对建行城南支行负有还款责任。基于债权让与担保的从属性，广福鑫公司在其所负债务本金36 127 945.16元及逾期利息（按中国人民银行同期同类贷款利率标准）范围内，由化建公司对建行城南支行所负债务承担连带清偿责任。

【二审法院裁判要点】对于上诉人福燃公司关于免除其保证责任的两项诉请主张，二审法院认为，对于本案所涉及的"应收账款"的基础贸易是否真实存在，建行城南支行一审时提交了化建公司与广福鑫公司签订的《工矿产品购销合同》、广福鑫公司出具的《收到货物证明》和开具的增值税发票、化建公司发给广福鑫公司的《应收账款转让通知书》及广福鑫公司给建行城南支行的《回执》、建行城南支行发给广福鑫公司的《应收账款逾期通知书》为证。其中，《工矿产品购销合同》《收到货物证明》《回执》上广福鑫公司均加盖公司印章予以确认。在本案中，作为基础买卖合同双方的化建公司与广福鑫公司亦未对一审判决提起上诉，应视为该两方对一审判决的认可。基于前述的证据材料，应认定建行城南支行已对基础交易材料尽审核义务，也并不存在与化建公司恶意串通的情形。对于上诉人福燃公司二审时提交的相关发票作废的证据材料，由于发票作废的原因有多种，仅凭发票作废并不能否定买卖合同。同时，根据福燃公司与建行城南支行签订的《本金最高额保证合同》第6条"保证责任"第7项约定"甲方（指福燃公司）保证主合同中甲方（指化建公司）申请保理业务所基于的商务合同真实合法，不存在欺诈。如果由于该基础合同使乙方（指建行城南支行）受到损失，甲方（指福燃公司）应对乙方（指建行城南支行）损失承担担保责任"。由以上约定可以看出，无论本案所涉的基础交易合同真实与否，福燃公司均应按约承担保证责任。综合上述分析，福燃公司关于本案基础交易不真实，建行城南支行与化建公司恶意串通，骗取其提供保证而免除保证责任的主张不能成立。

福燃公司关于案涉融资业务存在"借新还旧"而应免除其保证责任的主张能否成立的问题。二审法院认为，化建公司在其出具的两份《情况说明》中以及庭审时述及，其向建行城南支行支取的保理预付款存在"借新还旧"的情形，但在二审庭审时，法庭向其问及保理预付款的使用情况时，化建公司回答"（款项）到我账户，打到江西铜业、上海进出口贸易公司"。结合建行城南支行二审时提交的证据材料，可以看出，本案并不存在"借新还旧"的情形。

2. 珠海华润银行与江西燃料公司等合同纠纷［最高人民法院（2017）最高法民再 164 号］

【一审法院查明事实】2013 年 9 月 17 日，珠海华润银行与广州大优公司签订了一份《综合授信协议》［合同编号：华银（2013）珠综字（广州）第 2013030403 号］，约定珠海华润银行向广州大优公司提供最高额综合授信额度为 2 亿元整；其中各具体业务的具体授信额度为：商业承兑汇票补贴 2 亿元，贸易融资 2 亿元，贸易融资包括开立信用证、进口押汇、提货担保、进口代收押汇、打包放款、出口押汇、出口托收押汇、进/出口汇款融资、短期信保融资、有追索权保理业务；授信期限为 2013 年 9 月 17 日起至 2014 年 9 月 17 日止，额度项下单笔具体业务最迟到期日为 2015 年 3 月 17 日等。同日，珠海华润银行与珠水能源公司、李某、李某洁签订一份《最高额保证合同》，约定珠水能源公司、李某、李某洁为上述《综合授信协议》及其项下债权人与债务人就每一笔具体授信业务所签订的具体授信业务合同或协议所形成的债权提供最高额保证担保，所担保的主债权最高本金金额不超过 2 亿元；最高额保证担保债权的确定期间自 2013 年 9 月 17 日起至 2014 年 9

月17日止；保证方式为连带责任保证，各保证人共同对债权人承担连带责任等。

2013年11月6日，珠海华润银行与广州大优公司签订一份《国内保理业务合同》，约定本合同项下的保理业务类型属于有追索权的明保理；珠海华润银行为广州大优公司核定的保理融资额度为2亿元整；相关买方关联额度具体明细如下：山煤华南公司5000万元、江西燃料公司5000万元、广东物通公司5000万元、福建华电公司5000万元、华润电力（贺州）公司2亿元、湖南华润电力公司2亿元；珠海华润银行向广州大优公司提供保理融资的方式为：贷款金额为珠海华润银行核准的应收账款金额×融资比例，贷款期限为发票到期日+30天，开立银行承兑汇票期限为5个月，费率0.5‰；本保理融资额度有效期自2013年9月17日起至2014年9月17日止，本合同项下保理融资款的发放应在额度有效期内，融资到期日可超过额度到期日等。双方还约定：融资比例为山煤华南公司、江西燃料公司、广东物通公司、福建华电公司不超过发票金额的80%，华润电力（贺州）公司、湖南华润电力公司不超过发票金额的90%。

上述《国内保理业务合同》签订后，广州大优公司向珠海华润银行提交了其与江西燃料公司在2012年9月6日签订的《煤炭买卖合同》（复印件）一份（合同编号：JXDY1306），《煤炭买卖合同》中江西燃料公司所加盖的合同专用章（1）编码为：3601000065725。同时，广州大优公司还向珠海华润银行提交了该公司开具的名称为江西燃料公司的《广东增值税专用发票》五张（发票号NO：16713153-16713157）。此外，广州大优公司还向珠海华润银行提交了加盖江西燃料公司公章的落款时间为2013年10月24日的《应收账款转让确认书》（编号：ZhGZ001）和《应收账款转让通知确认书》，其中：《应收账款转让确认书》确认江西燃料公司应付广州大优公司账款46 115 344.70元，已付款金额0元，预付款金额0元，佣金及折让金额3680万元，应付账款到期日为2014年3月22日等；《应收账款转让通知确认书》确认已收到上述《应收账款转让确认书》，已知晓并同意按照上述内容执行等。广州大优公司称在2013年10月25日向江西燃料公司发出一份《应收账款转让通知书》（编号：SLF2013022001），告知已将江西燃料公司自 2013 年起至 2014 年止所有的应收账款以及就该部分应收账款所享有的权利全部转让给受让人珠海华润银行等。广州大优公司和珠海华润银行在该通知书上加盖了公司印章，但江西燃料公司否认收到该函件，广州大优公司和珠海华润银行均未向法院提交江西燃料公司已收该函件的记录。

2013 年 11 月 8 日，珠海华润银行为广州大优公司向山西晋运能源公司开出银行承兑汇票四张，合计承兑金额 3680 万元，汇票到期日为 2014 年 4 月 8 日。上述承兑汇票到期后，因广州大优公司资金未到位，珠海华润银行发生上述承兑汇票金额垫款。2014 年 4 月 25 日、6 月 24 日，珠海华润银行委托广东某律师事务所先后向江西燃料公司发出《律师函》，催收 2014 年 3 月 22 日到期的应收账款 46 115 344.70 元及利息，江西燃料公司确认收到上述《律师函》，但以存在虚假合同为由拒绝付款。

江西燃料公司在公安机关备案合同专用章共有两枚，其中：合同专用章（1）编码为：3601000065724，合同专用章（2）编码为：3601000065725。广州大优公司开具的名称为江西燃料公司的五张《广东增值税专用发票》中发票号 NO：16713156、NO：16713157 未在金税工程增值税防伪税控系统认证、抵扣。2014 年 4 月 9 日，广州大优公司向江西燃料公司出具了一份《对珠海华润银行应收账款转让确认书的情况说明》，承认 2013 年 10 月 24 日，广州大优公司在江西燃料公司不知情的情况下，擅自对广州大优公司与江西燃料公司签订的《煤炭买卖合同》（合同编号：JXDY1306）和付款发票进行更改，将已支付的煤款作为应收账款，以江西燃料公司名义对虚假的《应收账款转让确认书》（编号为 ZhGZ001）进行盖章。该虚假盖章行为系广州大优公司与珠海华润银行之间的行为，与江西燃料公司无关，江西燃料公司完全不知情，对珠海华润银行不需承担任何付款义务。

2013 年 11 月 6 日，珠海华润银行与一审第三人广州大优公司签订《国内保理业务合同》，合同第 1 条约定本案所涉保理业务属于有追索权的明保理，第 2 条第 9 款约定有追索权保理业务是指珠海华润银行不承担买方信用风险担保的保理业务。第 2 条第 18 项反转让约定：在合同所约定的特定情形下，珠海华润银行向广州大优公司转回已经受让的应收账款；如珠海华润银行提供保理融资的情况下，广州大优公司向其支付保理融资款及相关未结清费用后，与该应收账款有关的一切权利亦应同时转让回广州大优公司。第40条救济措施第1款约定：如发生下列情况之一，珠海华润银行依据本合同及商务合同的规定可以采取本条第2款规定的救济措施：……（3）买方/债务人明确表示或以自己行为表明将拒绝支付全部或部分的应收账款……；第2款规定甲方有权采取以下一项或几项违约救济措施：……（2）对珠海华润银行享有追索权的保理业务，珠海华润银行有权立即向广州大优公司追索尚未收回的应收账款，有权从广州大优公司在珠海华润银行开立的账户上扣收其应付给其银行的款项……

【二审法院查明事实】中国银行东山支行以广州大优公司不能清偿到期债务且明显缺乏清偿能力为由，向广东省广州市中级人民法院申请对广州大优公司进行破产清算，广东省广州市中级人民法院于2016年4月28日作出（2015）穗中法民破字第12号之一民事裁定，受理中国银行东山支行对广州大优公司的破产清算申请。同日，广东省广州市中级人民法院作出（2015）穗中法民破字第12号指定管理人决定书，指定广东某某律师事务所担任广州大优公司管理人，负责人为陈某。2016年7月8日，珠海华润银行填写了《债权申报登记表》，并邮寄给了广州大优公司管理人，申报债权数额为：本金85 592 467.67元，利息35 417 273.74元，合计为121 009 741.41元。申报债权的依据为：（2015）珠中法民二初字第21号、第26号生效的民事判决书。

【再审法院查明事实】2012年9月6日，江西燃料公司与广州大优公司签订《煤炭买卖合同》（合同编号：JXDY1306），约定由江西燃料公司向广州大优公司采购印度尼西亚进口动力煤，采购计划数量为单船煤炭5.5万吨（+/-10%），交货期限为2013年9月10日前，交货地点为温州状元岙码头，交货方式为外轮舱底交货；煤炭含税到岸基准价格为490元/吨；结算方式为货到付款，以人民币结算，江西燃料公司在收到广州大优公司开出的提货单、货权转移通知书及海关开具的货物放行通知单后7个工作日内支付70%的货款给江西燃料公司，在收到质量、数量检验证书后双方进行结算，广州大优公司根据结算单开具增值税发票并提供所有相关票据，江西燃料公司在收到发票后10个工作日内向广州大优公司付清剩余货款。此外，双方还就质量调整价格、货物验收、违约责任等事项进行了约定。江西燃料公司在该合同上加盖了印章，曾某生代表该公司在合同上签字。

为案涉保理融资业务办理的需要，广州大优公司向珠海华润银行提供了其与江西燃料公司之间的《煤炭买卖合同》（合同编号：JXDY1306）和《煤炭供需合同》［合同编号：JXDY1306（补）］，《煤炭买卖合同》载明的签订时间为2013年9月6日，主要内容为：采购计划数量为单船煤炭9.5万吨（+/-10%），煤炭含税到岸基准价格为490元/吨；结算方式为货到付款，以人民币结算，江西燃料公司在收到广州大优公司开出的提货单、货权转移通知书后提货，货款在收到广州大优公司开具的增值税发票及商检出具的货物质量、数量检验证书后60个工作日内以电汇方式支付。《煤炭供需合同》载明的签订时间为2013年9月15日，其内容主要是将双方于2013年9月6日签订的《煤炭买卖合同》第7条约定的付款条件修改为江西燃料公司在收到广州大优公司开出的增值税发票及商检出具的货物质量、数量检验证书后4个月内以电汇的方式向广州大优公司支付货款。在珠海华润银行的贷款档案中，保留该两份合同的复印件，并经珠海华润银行的工作人员旷某丹等注明"与原件核对一致""已核原件"。

2013年10月24日，珠海华润银行的工作人员王某刚和广州大优公司的工作人员共同到江西燃料公司就案涉保理业务相关应收账款的真实性进行核查。江西燃料公司向珠海华润银行出具了落款时间为2013年10月24日的《应收账款转让确认书》（编号：ZhGZ001）和《应收账款转让通知确认书》（编号：SCF20131022）。在《应收账款转让确认书》中，江西燃料公司向珠海华润银行确认在该公司与广州大优公司于2013年9月6日签署的JXDY1306号《煤炭买卖合同》项下，应付广州大优公司账款46 115 344.70元，应付账款到期日为2014年3月22日等；并郑重声明：（1）上述应付账款贸易背景真实、合法和有效，在转让给珠海华润银行前广州大优公司享有完整和唯一的收款权利。（2）以上应付账款中所列明的债权人名称和明细记载正确。（3）江西燃料公司同意将上述应付账款及所有权益全部确认转让给珠海华润银行。在《应收账款转让通知确认书》中，江西燃料公司确认已收到编号为SCF20131022001的《应收账款转让通知书》，已知晓并确认其同意按照通知中的内容执行，并指定联系人、接收传真的指定号码及签收相关单据的有效印鉴。曾某生代表江西燃料公司在上述《应收账款转让确认书》和《应收账款转让通知确认书》上签字，并加盖了江西燃料公司的印章。珠海华润银行的王某刚、旷某丹在《应收账款转让通知确认书》的左下角注明"面签见证"。

珠海华润银行和广州大优公司向江西燃料公司发出的《应收账款转让通知书》（编号：SCF20131022001）的落款时间为2013年10月25日，主要内容为：鉴于广州大优公司已经与珠海华润银行签订了《国内保理业务合同》，广州大优公司已经将对江西燃料公司自2013年起至2014年止的所有应收账款以及就该部分应收账款所享有的权利转让给珠海华润银行，基于该转让，受让人珠海华润银行已经成为江西燃料公司的债权人，享有广州大优公司原先作为债权人的所有权利和权益；广州大优公司同意，除非受让人珠海华润银行事先书面同意，广州大优公司不得从江西燃料公司收取该债权下的任何金额或者取得清偿，本通知未经受让人珠海华润银行同意不得撤销和更改；请江西燃料公司向受让人珠海华润银行履行上述应收账款项下的义务，并将应收账款直接付至指定的账户；请依随本通知书签署《应收账款转让通知确认书》，并将签署后的确认书交回受让人珠海华润银行。对该通知书的落款日期为2013年10月25日的原因，珠海华润银行的解释是因笔误所致。

2014年10月30日，受江西燃料公司的委托，江西某司法鉴定中心出具《鉴定意见书》［赣天剑司鉴〔2014〕文鉴字第（92）号］，对2013年10月24日《应收账款转让确认书》（编号：ZhGZ001）中"收款人名称"及"合同号"栏的填写字迹与其余部分填写字迹是否为同一人书写、是否为一次性书写形成的问题表达了如下鉴定意见：《应收账款转让确认书》中收款人名称、合同号与其他部分字迹是同一人书写，但两部分字迹的笔画粗细及墨迹的反射吸收峰存在差异，为不同笔书写形成，不是一次性书写形成。

江西燃料公司向广州大优公司的付款情况如下：2013年9月30日，直接由其账户中转账支付1000万元；2013年10月12日，直接由其账户中转账支付400万元；2013年11月13日，以背书转让银行承兑汇票的方式分三笔支付

900 万元；2013 年 12 月 31 日，直接由其账户中转账支付 379.091132 万元。

裁判要点

第一，关于江西燃料公司所称的基础债权瑕疵能否对抗债权受让人珠海华润银行的问题。

本案中，江西燃料公司和广州大优公司之间的基础债权债务关系是基于煤炭买卖合同关系而发生。根据各方当事人在诉讼中的陈述和举证情况，可以认定双方于 2012 年 9 月 6 日签订的数量为 5.5 万吨、价款为 2450 万元的《煤炭买卖合同》（合同编号：JXDY1306）系真实发生的业务，广州大优公司据此而对江西燃料公司享有相应的债权。但在本案保理融资业务的办理过程中，广州大优公司并未向珠海华润银行提交前述《煤炭买卖合同》，而是变造了合同编号同为 JXDY1306 的《煤炭买卖合同》，将合同签订时间更改为 2013 年 9 月 6 日，数量更改为 9.5 万吨、价款更改为 4611 万余元。对该变造行为，虽然广州大优公司和江西燃料公司在诉讼中均坚称系广州大优公司和珠海华润银行所为，江西燃料公司并不知情。但在案证据表明，广州大优公司和江西燃料公司的陈述与本案事实不符。理由如下：

其一，江西燃料公司实际知道其在真实的煤炭买卖合同项下欠付广州大优公司的货款数额。该 5.5 万吨煤炭买卖合同约定，货款结算由广州大优公司和江西燃料公司直接进行。而且，从本案中货款结算的实际情况来看，案涉货款亦均是江西燃料公司采用直接由其账户中转账、背书转让银行承兑汇票的方式直接向广州大优公司支付，并无委托第三方支付、结算的情形。由此可以认定，江西燃料公司作为案涉《煤炭买卖合同》的买受人，不仅应当知道，而且实际知道其与广州大优公司之间货款已经支付和尚未支付的具体情况。

其二，江西燃料公司在《应收账款转让确认书》中确认广州大优公司对其享有 46 115 344.70 元应收账款的行为，是故意而为的欺诈行为。《合同法》第 42 条第 3 项规定，当事人在订立合同过程中，故意隐瞒与订立合同有关的重要事实或者提供虚假情况，给对方造成损失的，应当承担损害赔偿责任。据此，在当事人准备、商议订立合同的过程中，一方当事人有义务就与订约相关的重要事实如实回答对方当事人的询问，这是基本的商业伦理，也是诚信原则的当然要求。本案中，广州大优公司对江西燃料公司的应收账款是否真实存在、数额多少，是珠海华润银行在决定是否发放贷款时必须考虑的重要事实。江西燃料公司在珠海华润银行向其调查基础交易合同的真实性时，负有如实陈述的法定义务。本案中，截至 2013 年 10 月 24 日江西燃料公司签署《应收账款转让确认书》之前，已经在该 5.5 万吨煤炭买卖合同项下直接向广州大优公司实际支付了 1400 万元货款。曾某生作为江西燃料公司的时任党委书记，同时也是在该合同上签字的授权委托代表，在回答珠海华润银行的问询时，只需要向本单位的财务人员核实，就可以准确告知货款的支付和结余情况。但江西燃料公司在《应收账款转让确认书》中并没有如实向珠海华润银行陈述该 5.5 万吨煤炭买卖合同项下账款的支付和结余情况，反而径行确认应收账款余额为 46 115 344.70 元，已付款金额为 0 元，并郑重声明该应付账款的贸易背景真实、合法和有效，同意将该账款所享有的权益全部转让给珠海华润银行，据此，应当认定江西燃料公司就与订约有关的重要事实向珠海华润银行提供虚假情况，系欺诈行为。就此事实，江西燃料公司抗辩理由主要包括两个方面：一方面，在 2013 年 10 月 24 日珠海华润银行向其核实贸易背景真实性时，因实际用户贵溪发电公司并未得出实际的结算金额而不能确定应收账款的具体金额。另一方面，《应收账款转让确认书》的签署系受珠海华润银行和广州大优公司的误导，江西燃料公司的本意仅是确认贸易背景真实，曾某生签署《应收账款转让确认书》时，该确认书最初只填写了收款人名称为广州大优公司及合同编号为 JXDY1306 的内容，其他内容均未填写，江西某司法鉴定中心已经就该确认书上的内容并非一次性书写形成提供了鉴定意见。本院认为，江西燃料公司关于案涉应收账款的数额需要依赖贵溪发电公司具体结算的诉讼理由，并无相应事实依据。从江西某司法鉴定中心鉴定意见的内容来看，只能证明该确认书中的手写部分内容是同一人以不同的笔书写形成，并不能由此得出收款人和合同编号之外的内容系由广州大优公司事后擅自填写的结论，更不能证明广州大优公司和珠海华润银行对江西燃料公司进行误导的事实存在。故本院对其抗辩理由不予采信。退而言之，即便江西燃料公司所称其初衷只是确认存在应收账款这一事实真的存在，其在珠海华润银行就案涉应收账款的真实性进行调查、核实的过程中不进行完整、准确的陈述，而是交由广州大优公司任意填写，亦应当认定其行为构成故意隐瞒与订立合同有关的重要事实的行为。

其三，江西燃料公司在签署《应收账款转让通知确认书》后，仍然继续向广州大优公司支付剩余货款，主观恶意明显。《合同法》第80条规定："债权人转让权利的，应当通知债务人。未经通知，该转让对债务人不发生效力。债权人转让权利的通知不得撤销，但经受让人同意的除外。"据此规定，债权转让依让与人和受让人的意思表示一致而发生效力，对债务人而言，一经通知，债权让与即对其生效，债务人应当向新债权人履行债务。但在本案中，江西燃料公司在确认其收到编号为SCF20131022001的《应收账款转让通知书》并承诺按照通知中的相关内容执行的情况下，仍于2013年11月13日、12月31日分别向广州大优公司支付了剩余的900万元和379.091132万元货款。江西燃料公司的上述付款行为，系在明知相关债权已经由珠海华润银行受让的情况下实施的，不仅直接违反了其在《应收账款转让确认书》和《应收账款转让通知确认书》中向珠海华润银行作出的未经其同意不向广州大优公司支付货款的承诺内容，也违反了《合同法》第80条的规定，该擅自清偿行为无法以任何理由加以正当化，亦不能产生对抗珠海华润银行的效力。江西燃料公司关于其签署确认书之时保理合同尚未正式签订，珠海华润银行并非适格的受让人，以及在保理合同签订后其未收到债权转让通知，有理由相信债权转让合同并未成立，向广州大优公司支付尾款合理的诉讼理由，无任何事实和法律依据，本院不予采信。

综上所述，本院认定，江西燃料公司事实上知道广州大优公司变造案涉9.5万吨煤炭买卖合同的行为，且在珠海华润银行向其调查、核实的过程中，与广州大优公司共同实施欺诈行为，制造双方之间存在46 115 344.70元应收账款的假象，亦因此该9.5万吨合同系广州大优公司和江西燃料公司双方共同通谋实施的虚伪意思表示，依法应当认定为无效合同。

《合同法》第82条规定："债务人接到债权转让通知后，债务人对让与人的抗辩，可以向受让人主张"。上述规定之规范意旨，系为保护债务人之利益不至于因债权转让而受损害，就债务人能否以系争债权系通谋虚构为由向受让人抗辩这一问题，立法本身未设明文规定。被申请人江西燃料公司所提交的本院（2011）民提字第322号民事判决及（2016）最高法民申1519号民事裁定等先例裁判中，处理的法律问题均系在基础合同有效情况下的抗辩问题，与本案并不相同，故该等先例裁判形成的处理意见尚不能解决本案中的法律问题。根据民法基本原理，双方当事人通谋所为的虚伪意思表示，在当事人之间发生绝对无效的法律后果。但在虚伪表示的当事人与第三人之间，则应视该第三人是否知道或应当知道该虚伪意思表示而发生不同的法律后果：当第三人知道该当事人之间的虚伪意思表示时，虚伪表示的无效可以对抗该第三人；当第三人不知道当事人之间的虚伪意思表示时，该虚伪意思表示的无效不得对抗善意第三人。据此，江西燃料公司关于案涉应收账款虚假的诉讼理由能否对抗珠海华润银行，取决于珠海华润银行在受让债权时是否善意。本案中，珠海华润银行在签订案涉《国内保理业务合同》之前，不仅审核了广州大优公司提交的《煤炭买卖合同》和增值税发票的原件，还指派工作人员王某刚到江西燃料公司调查贸易背景的真实性，并对江西燃料公司签署《应收账款转让确认书》《应收账款转让通知确认书》等行为进行面签见证，向江西燃料公司送达了《应收账款转让通知书》，应当认定在案涉保理合同签订之前，珠海华润银行已经就基础债权的真实性问题进行了必要的调查和核实，广州大优公司和江西燃料公司共同向珠海华润银行确认了基础债权真实、合法、有效，珠海华润银行已经尽到了审慎的注意义务，其有理由相信广州大优公司对江西燃料公司享有46 115 344.70元债权。虽然珠海华润银行在开展贸易背景调查的过程中，存在《应收账款转让通知确认书》的落款时间为2013年10月24日、《应收账款转让通知书》的落款时间为2013年10月25日，以及实际开展面签见证的工作人员仅为1人的工作疏忽，但因江西燃料公司并不否认《应收账款转让确认书》和《应收账款转让通知确认书》上曾某生的签名和江西燃料公司印章的真实性，故该等工作瑕疵的存在，并不影响本案的事实认定。对江西燃料公司关于广州大优公司开具的NO：16713156、NO：16713157两张增值税发票未在金税工程增值税防伪税控系统认证、抵扣，以及9.5万吨《煤炭买卖合同》中江西燃料公司合同专用章编码不一致，珠海华润银行存在重大过失等抗辩理由，本院认为，在江西燃料公司以《应收账款转让确认书》这一书面形式明确其与广州大优公司之间的应付账款金额为 46 115 344.70 元、到期日为 2014 年 3 月 22 日，应付账款的贸易背景真实、合法和有效的情况下，前述增值税发票是否认证、抵扣以及印章编码与备案印章是否一致等事由，原则上不应纳入珠海华润银行的调查、核实范围，即便珠海华润银行对上述事项已经有所认识，亦并不足以引起珠海华润银行的合理怀疑，故对江西燃料公司的此点抗辩理由，本院不予支持。综上所述，申请人珠海华润银行关于江西燃料公司应当以其承诺行为向珠海华润银行承担清偿责任的申请理由成立，本院予以支持。江西燃料公司关于珠海华润银行作为债权受让人的权利不能超越原权利的范围，其有权以基础债权已经不存在的事由对抗珠海华润银行的诉讼理由不能成立，本院不予支持。一审判决关于珠海华润银行受让的应收账款债权并非真实合法有效的债权，江西燃料公司有权以应收账款债权系虚假债权为由拒绝向珠海华润银行履行清偿义务的认定，未能准确区分虚伪意思表示在当事人之间的效力和对第三人的效力，本院予以纠正。

第二，关于珠海华润银行在已经通过另案诉讼向广州大优公司主张权利的情况下，能否继续要求江西燃料公司清偿债务的问题。

本案中，在珠海华润银行就案涉保理融资款项已经通过另案向广州大优公司主张权利的情况下，其能否就案涉保理融资债权继续向江西燃料公司主张权利，各方当事人存在争议。珠海华润银行主张，其既可以向广州大优公司追索，也可以向次债务人江西燃料公司求偿，对一方当事人的权利追索，并不影响对另方当事人的权利主张。江西燃料公司和广州大优公司认为，珠海华润银行在另案中主张权利的行为，已经将案涉应收账款反转让至广州大优公司，其无权再行向江西燃料公司主张权利。本院认为，根据《国内保理业务合同》的约定，本案保理业务属于珠海华润银行不承担买方信用风险担保的有追索权的明保理，在珠海华润银行的债权不能获得清偿时，珠海华润银行除有权以债权受让人身份要求应收账款债务人江西燃料公司清偿债务外，还有权向广州大优公司行使追索权和反转让应收账款的权利。具言之，珠海华润银行对江西燃料公司享有求偿权的基础是基于债权转让合同的约定，其因受让债权而取代广州大优公司成为江西燃料公司的债权人；对广州大优公司享有反转让和追索权的基础是基于其和广州大优公司之间的借款合同法律关系。由于保理业务是从境外引进的业务类型，在国内开展的时间还不长，学说和实务层面对该项业务中所使用的源自英美法背景的相关术语、惯例如何纳入我国固有法律体系中相应的概念、范畴还没有开展充分的讨论。对这一问题的评判，关键在于厘清珠海华润银行对江西燃料公司的求偿权和对广州大优公司所享有的债权反转让和追索权等合同权利的法律性质，以及前述权利依其法律性质能否同时并存。

关于珠海华润银行对广州大优公司的反转让应收账款的权利与对江西燃料公司的求偿权能否并存的问题。关于应收账款的反转让，案涉《国内保理业务合同》第2条第18项约定了两种类型：在合同所约定的特定情形下，珠海华润银行向广州大优公司转回已经受让的应收账款；如珠海华润银行提供保理融资的情况下，广州大优公司向其支付保理融资款及相关未结清费用后，与该应收账款有关的一切权利亦应同时转让回广州大优公司。关于特定情形下的反转让，该合同第38条和第39条约定：出现基础合同发生商业纠纷，但基础合同双方当事人未向珠海华润银行提交商业纠纷处理意见等情形的，珠海华润银行可以向广州大优公司发出《应收账款反转让通知书》，同时要求广州大优公司向珠海华润银行支付保理融资款及相关未结清费用；在珠海华润银行要求反转让的情况下，广州大优公司应按照《应收账款反转让通知书》的要求向珠海华润银行支付本息和费用，未及时足额支付的，珠海华润银行有权从广州大优公司账户中主动扣款或采用其他办法强行收回有关款项。根据上述约定，保理商向债权出让方反转让债权的法律效果依法应当认定为解除债权转让合同，将债权返还给出让人，故应收账款的反转让应受合同法总则中关于合同解除的相关规定的调整。案涉《国内保理业务合同》中关于广州大优公司归还了保理融资款及相关未结清费用后，与该应收账款有关的一切权利亦应同时转回，以及发生江西燃料公司不履行偿还义务等情形，珠海华润银行有权通知广州大优公司反转让债权的约定，应当解释为案涉债权转让合同的约定解除条件。因此，在合同约定的解除条件成就的情况下，如果珠海华润银行向广州大优公司反转让债权，因债权转让合同解除后其已不再具有江西燃料公司的债权人身份，其要求江西燃料公司清偿债务的权利基础已不存在，故该项权利与其对江西燃料公司的求偿权在法律性质上不能同时并存。据此，珠海华润银行在本案中要求江西燃料公司清偿债务的诉讼请求能否得到支持，取决于其另案提起的诉讼是否应当认定为已经行使了解除债权转让合同的权利，将债权返还给广州大优公司。

本案中，珠海华润银行在为广州大优公司申请开具的承兑汇票垫款后，于 2014 年 4 月 25 日、6 月 24 日向江西燃料公司催收应收账款 46 115 344.70 元及利息。后因江西燃料公司未向珠海华润银行清偿债务，珠海华润银行以广州大优公司、江西燃料公司、珠水能源有限公司、李某、李某洁为共同被告，向广东省珠海市香洲区人民法院提起诉讼，要求其偿还保理融资款 3680 万元及其利息，后因江西燃料公司提出管辖权异议上诉，广东省珠海市中级人民法院以（2015）珠中法立民终字第 62 号民事裁定驳回珠海华润银行对江西燃料公司的起诉，由该院对珠海华润银行诉广州大优公司、珠水能源公司、李某、李某洁金融借款合同纠纷进行审理。在该案审理期间，珠海华润银行于 2015 年 4 月向一审法院提起本案诉讼。2015 年 11 月 20 日，广东省珠海市中级人民法院作出（2015）珠中法民二初字第 21 号民事判决，判令广州大优公司向珠海华润银行偿还保理融资款本金 3680 万元及利息，珠水能源公司、李某、李某洁对上述还款义务承担连带清偿责任。在珠海华润银行主张权利的过程中，并无书面文件证明其表达过向广州大优公司反转让债权的意思。而且，从珠海华润银行所实施的系列诉讼行为的实际情况来看，其真实意思是坚持要求江西燃料公司和广州大优公司同时承担债务，核心诉求是要求广州大优公司与江西燃料公司共同归还所欠借款，始终没有包含向广州大优公司归还债权的意思表示。故本院认定，珠海华润银行在另案诉讼中所主张的权利，在性质上属于要求广州大优公司归还借款的追索权，并非债权的反转让。江西燃料公司关于珠海华润银行已经将案涉应收账款反转让给广州大优公司的诉讼理由，并无相应的事实依据，本院不予采信。原审判决关于珠海华润银行对该笔债权实际已经通过向广州大优公司行使诉权、其已经不再享有对江西燃料公司的应收账款债权的认定，并不符合本案的实际情况，设若珠海华润银行的真实意思是解除债权转让合同，其不会再坚持提起本案诉讼主张其已经不再拥有的权利，本院对该认定予以纠正。

关于珠海华润银行向江西燃料公司的求偿权和向广州大优公司追索权能否同时并存的问题。大陆法系的通说认为，有追索权的保理业务所包含的债权转让合同的法律性质并非纯正的债权让与，而应认定为是具有担保债务履行功能的间接给付契约。间接给付，学说上又称为新债清偿、新债抵旧，或为清偿之给付。根据民法基本原理，间接给付作为债务清偿的方法之一，是指为清偿债务而以他种给付代替原定给付的清偿，并不具有消灭原有债务的效力，在新债务履行前，原债务并不消灭，只有当新债务履行且债权人的原债权因此得以实现后，原债务才同时消灭。从司法实践中的情况来看，对保理商有追索权的保理业务中，在债权未获清偿的情况下，保理商不仅有权请求基础合同的债务人向其清偿债务，同时有权向基础合同债权的让与人追索这一问题，并无分歧认识，但在原有债务和受让债权的数额不一致的情况下应当如何确定清偿义务范围和顺序，还没有先例判决可以遵循。案涉《国内保理业务合同》第40条约定：如发生买方/债务人明确表示或以自己行为表明将拒绝支付全部或部分的应收账款等情形的，珠海华润银行有权立即向广州大优公司追索尚未收回的应收账款，有权从广州大优公司在珠海华润银行开立的账户上扣收其应付给其银行的款项。根据双方在《国内保理业务合同》中的约定和间接给付的法理，珠海华润银行本应先向江西燃料公司求偿，在未获清偿时，才能够向广州大优公司主张权利，追索权的功能相当于广州大优公司为江西燃料公司的债务清偿能力提供了担保，这一担保的功能与放弃先诉抗辩权的一般保证相当。参照《担保法》关于一般保证的法律规定，江西燃料公司应当就其所负债务承担第一顺位的清偿责任，对其不能清偿的部分，由广州大优公司承担补充赔偿责任。就这一法律问题，广东省珠海市中级人民法院另案中作出的（2015）珠中法立民终字第62号民事裁定书的认定并不正确，导致当事人因同一事件所引发的纠纷不能通过一个诉讼程序加以解决，本应予以纠正，但考虑到珠海华润银行的实体权利能够在本案中得到救济，本院不再通过审判监督程序对该院的相关裁判予以纠正。因珠海华润银行对广州大优公司债权并未得到实际清偿，故其虽然通过另案向广州大优公司行使了追索权，但仍然有权就未获清偿的部分向江西燃料公司主张，故本院对珠海华润银行在本案中的诉讼主张，予以支持。但在江西燃料公司应当承担的清偿义务范围方面，揆诸间接给付的基本法理，因珠海华润银行并不承担该应收账款不能收回的商业风险，其受让广州大优公司对江西燃料公司所享有的债权，目的是清偿广州大优公司对其所欠的债务，珠海华润银行实际向广州大优公司发放的借款本金为 3680 万元，故珠海华润银行在本案中对江西燃料公司所能主张的权利范围，依法应当限缩至 3680 万元借款本金及其利息的范围之内。同时，珠海华润银行基于该笔贷款受让了对江西燃料公司的 4611 万余元的应收账款，其对江西燃料公司清偿债务的信赖利益仅为应收账款本金 46 115 344.70 元及其利息，这一信赖利益范围也应当成为江西燃料公司对其承担责任的最高上限，故江西燃料公司向珠海华润银行清偿该 3680 万元本金的利息的实际数额，不能超过该 46 115 344.70 元本金及相应利息。江西燃料公司关于广州大优公司让与的债权虚假、真实债权已经清偿完毕的诉讼理由，不影响其在本案中的责任承担，江西燃料公司在承担责任后，可以根据其实际履行情况向广州大优公司另行主张。此外，因本案判决的执行涉及广东省珠海市中级人民法院对（2015）珠中法民二初字第 21 号判决的执行，以及广东省广州市中级人民法院受理的广州大优公司的破产清算程序，在执行本案判决的时候应当注意，广州大优公司、珠水能源公司、李某、李某洁等保证人或江西燃料公司任何一方对债务的清偿或部分清偿，都应相应免除另一方的清偿义务，以避免珠海华润银行就同一债权双重受偿。二审判决关于在有追索权保理业务中，保理银行对应收账款转让方享有追索权，其有权依据保理合同约定选择向应收账款债权人或债务人主张权利，应收账款债权人或债务人一方对保理银行履行义务，则另一方免除相应的清偿责任的认定正确，法院予以确认。

第九章

《民法典》 第 768 条之应收账款重复转让

冯洁语[*]

---

*冯洁语，江苏省高级人民法院民六庭法官，南京大学法学院副教授。

《民法典》第 768 条的意义在于确定多重保理人时债权的归属。本条第 1 分句和第 2 分句确立了登记绝对优先的规则，即使保理人先通知了债务人，在后的保理人明知该事实，但仍能基于登记取得债权。第 3 分句规定了在没有登记的情况下，根据通知的顺序确定哪个保理人享有债权。在此种情况下，通知同时构成了对债务人的权利主张要件。第 4 分句规定在没有登记和通知时，保理人根据融资款或服务报酬比例按份共有债权。这一规定符合公平、效率和维护诚信的价值判断，在理论构成上则应当采按份共有的理论。

一、规范意旨

（一）条文的意义与目的

《民法典》第 768 条规定了多重保理债权让与后，应收账款债权的归属问题，处理的是多个保理人之间的内部关系。与物权变动中可能发生一物二卖的情况类似，保理业务中也可能发生"一权二转"的情况。债权人可能就同一应收账款债权，分别与多个保理人订立保理合同。在此种情况下，需要明确应收账款债权的归属。因此，本条规定了不同保理债权让与公示手段之间的关系。需要指出的是，本条不解决保理人与债务人之间的关系，二者之间的关系取决于《民法典》第 546 条，也就是仅取决于谁通知了债务人。

就本条的规范目的来看，本条试图确立登记作为最为优先的公示手段，优先于其他债权让与。[1]在保理人均没有登记的情况下，根据通知到达债务人的时间顺序，确定谁享有保理债权。在没有登记或通知时，各保理人之间地位平等，根据融资款或服务报酬的比例均分应收账款债权。在最后一种情

---

〔1〕　参见黄薇主编：《中华人民共和国民法典合同编解读（下册）》，中国法制出版社 2020 年版，第 929 页。

况中，全国人大常委会法制工作委员会明确提及，此种做法与《民法典》第 414 条第 1 款第 3 项的规定相同。[1]因此，其规范目的而言，体现了多重保理时，保理人之间地位平等。

（二）规范定位与适用范围

从"请求—抗辩"体系的规范定位来看，《民法典》第 768 条是辅助性规范。由于本条规范的是保理人之间的关系，因此其辅助不是保理人与债务人之间的请求权，而是保理人与保理人之间、保理人与第三人之间的关系。在保理人与债务人之间，根据《民法典》第 546 条第 1 款的规定，通知的保理人可以向债务人主张债权。对此，以通知为唯一的标准，不涉及登记等其他的公示要件。但是该保理人取得应收账款以后，能否保有该应收账款，则取决于保理人之间的关系。举例而言，债权人将同一应收账款债权先后转让给保理人甲和保理人乙，其中甲先通知了债务人，而乙办理了登记。在此种情况下，固然甲得向债务人收取债权，但收取债权以后能否保有应收账款，则取决于第 768 条所确定的顺序。具体而言，乙得基于《民法典》第 763 条、第 985 条向甲主张不当得利返还。此外，在保理人与第三人的关系中，例如与债权人的扣押债权人的关系中，第 768 条同样起到辅助性作用，例如，如果债权人的债权申请扣押前，债权人已经将应收账款债权转让给了保理人，并办理了登记，则保理人同样可以第 768 条、第 985 条向扣押债权人主张返还。

《民法典》第 768 条亦是强行法规范，当事人不得以合意的方式排除适用。

就适用范围来看，本条适用于多重保理人之间并无争议，但本条是否可以类推适用于其他情况，尤其是保理人与其他债权受让人或扣押债权人之间，存在较大争议。全国人大常委会法制工作委员会认为，本条仅规定了保多个保理人之间的关系，没有规定保理人与其他债权处分的受让人之间的关系，也没有规定保理人与扣押债权人等第三人之间的关系，然而，"有些立

[1] 参见黄薇主编：《中华人民共和国民法典合同编解读（下册）》，中国法制出版社 2020 年版，第 930 页。

法例也按照本条所规定的顺位确定不同主体之间的顺位"。[1]就此种表述来看，似乎以暧昧的态度委婉表达了本条也可以类推适用于其他多重债权让与之间顺位的确定。相反，学说则对此争议较大，主流观点将前三分句关于登记或通知的规则可以类推适用于其他债权让与，相反，最后一分句的"按照保理融资款或者服务报酬的比例取得应收账款"则仅可类推适用于担保性债权让与。[2]新近学说则认为在我国法上，债权多重让与的问题不存在漏洞，因此不得类推第 768 条。[3]最高人民法院在《担保制度司法解释》第 66 条明确了就同一应收账款债权同时存在保理、质押和转让时，类推适用第 768 条。《关于适用〈中华人民共和国民法典〉合同编通则部分的解释（草案）（一次审议稿）》第 51 条曾规定，债权多重让与时根据通知的顺序确定各个受让人之间的顺位，这一规定与第 768 条背后的理念是相同的，可以认为是将第 768 条类推适用于保理以外的债权多重让与。但是最终出台的《关于适用〈中华人民共和国民法典〉合同编通则部分的解释》删除了该条。由此，最高人民法院对于第 768 条能否类推适用于所有的债权多重让与仍然没有明确表态。

笔者认为，从体系上来看，本条属于典型的债权让与的规则，其体系位置更应当位于《民法典》合同编通则的债权让与部分，而非保理合同部分。事实上，从立法过程来看，本条的前三分句也曾被规定在合同编通则部分。从条文解释的整体性角度来看，本条应当统一适用于所有的债权让与。否则，当应收账款债权多重转让既有保理人，也有非保理人的债权受让人时，根据《担保制度司法解释》第 66 条类推适用第 768 条；如果债权多重让与受让人中没有保理人时，尽管没有司法解释明确规定，但仍应当类推适用第 768 条。

---

〔1〕　参见黄薇主编：《中华人民共和国民法典合同编解读（下册）》，中国法制出版社 2020 年版，第 930—931 页。

〔2〕　参见朱虎：《债权转让中的受让人地位保障：民法典规则的体系整合》，载《法学家》2020 年第 4 期；李宇：《保理法的再体系化》，载《法学研究》2023 年第 4 期。

〔3〕　方新军：《债权多重让与的体系解释》，载《法学研究》2023 年第 4 期。

二、历史沿革和比较法例

(一)历史沿革

2019 年 4 月,《民法典(草案)(一次审议稿)》合同编通则"合同的变更和转让"部分第 336 条规定,"债权人将同一债权转让给数人,债权转让可以登记的,最先登记的受让人优先于其他受让人;债权转让未登记或者无法登记的,债务人最先收到的债权转让通知中载明的受让人优先于其他受让人"。换言之,将该规则定位债权让与的一般规则,适用于所有债权多重让与的情形。但随后的《民法典(草案)(二次审议稿)》第 552 条之 6 则在保理合同中,规定了"应收账款债权人将同一应收账款重复转让,致使多个保理人主张权利的,已登记的先于未登记的受偿;均已登记的,按照登记的先后顺序受偿;均无登记的,由应收账款债务人最先收到的转让通知中载明的保理人受偿"。上述两个草案中,均未规定无登记和通知时,多重让与的情况。在 2020 年 5 月的《民法典(草案)(三次审议稿)》中,第一次规定了无登记和通知时多重让与的处理。该草案第 768 条规定,"应收账款债权人就同一应收账款订立多个保理合同,致使多个保理人主张权利的,已经登记的先于未登记的取得应收账款;均已经登记的,按照登记时间的先后顺序取得应收账款;均未登记的,由最先到达应收账款债务人的转让通知中载明的保理人取得应收账款;既未登记也未通知的,按照保理融资款或者服务报酬的比例取得应收账款"。最终的《民法典》完全采纳了该条的观点和内容。

从全国人大常委会法制工作委员会的说明来看,该条立法时,参考了中国人民银行《应收账款质押登记办法》(已失效)第 6 条和《前海保理裁判指引(试行)》第 35 条。[1]中国人民银行《应收账款质押登记办法》(已失效)第 6 条规定的是应收账款债权多重质押的问题。"在同一应收账款上设立多个权利的,质权人按照登记的先后顺序行使质权。"值得说明的是,

---

〔1〕 参见黄薇主编:《中华人民共和国民法典合同编解读(下册)》,中国法制出版社 2020 年版,第 931 页。

《前海保理裁判指引（试行）》第 35 条规定的是登记的效力，而非多重让与的问题。多重让与的问题规定在《前海保理裁判指引（试行）》第 38 条中，该条前两项规定的权利之间的顺位与《民法典》第 768 条前三分句所确定的权利顺位基本相同，均以登记为绝对优先顺位，通知在均无登记的情况下，起到对抗要件的功能。饶有趣味的是，《前海保理裁判指引（试行）》第 38 条第 3 项规定，在无登记和通知的情况下，根据发放保理融资款的先后顺序确定保理人之间权利的顺位。这一规定与 2012 年《买卖合同司法解释》第 9 条类似，2012 年《买卖合同司法解释》第 9 条第 2 项规定，[1]在一物二卖的情况下，如果物权没有发生变动，那么"先行支付价款的买受人"可以请求出卖人履行。

（二）比较法例

根据全国人大常委会法制工作委员会的说明，本条在立法时，着重参照了《德国民法典》和《日本民法典》的规定。[2]事实上，《德国民法典》从未正面规定多重让与中权利顺位的问题。《德国民法典》更多是从处分行为效力的一般论述中推导出了多重债权让与的效力问题。处分行为从性质来看，必然存在优先性，也即所谓优先原则。与债权人先达成债权让与的准物权合意的受让人取得债权以后，债权人即使再与其他人达成债权让与的合意，也因为其无处分权而导致其与他人达成的债权让与待定不生效。

相反，《日本民法典》第 467 条则明确规定了多重让与时的对抗问题。在第 467 条以外，日本在 1998 条制定了《日本关于债权让与对抗要件的民法特例法》。该法在 2004 年被修正为《日本关于动产和债权让与对抗要件的民法特例法》。由此同样形成了通知和登记并存的二元的对抗要件模式，但通过立法的拟制将登记等同为了通知。作为一般法的《日本民法典》第 467 条规定，多重让与的情况下，以附确定日期的方式作出的通知起到公示作用，取得此种通知的债权受让人可以对抗第三人，其中包括债权的二重受让

---

[1] 根据 2021 年 1 月 1 日实施的《买卖合同司法解释》，本条已由第 9 条改为第 6 条。

[2] 参见黄薇主编：《中华人民共和国民法典合同编解读（下册）》，中国法制出版社 2020 年版，第 928 页。

人、债权质权人等。[1]而作为特别法的《日本关于动产和债权让与对抗要件的民法特例法》规范的是法人的金钱债权，其范围大致与我国《民法典》保理合同中规定的应收账款债权相同。《日本关于动产和债权让与对抗要件的民法特例法》第 4 条第 1 款将债权让与登记等同于附确定日的通知，登记的日期就是所附的确定日。

从比较法的经验来看，无论是德国法还是日本法均不存在类似我国《民法典》第 768 条的登记绝对优先主义，也没有根据不同的债权让与基础关系，区分不同的对抗要件。这也从另一个侧面，佐证了《民法典》第 768 条应当普遍适用于一切债权让与的顺位确定，而非仅适用于保理债权让与。否则的话，会导致我国民法上债权让与对外效力规则的"双轨制"。[2]

三、登记（《民法典》第 768 条第 1 分句和第 2 分句）

（一）登记的主体和内容

《民法典》第 768 条第 1 分句和第 2 分句以应收账款登记作为多重债权让与时的对抗要件。目前，我国保理债权让与登记系统为中国人民银行动产融资统一登记公示系统。根据中国人民银行发布的《动产和权利担保统一登记办法》第 2 条、第 7 条，应收账款转让登记的主体是债权的受让人，也即保理人。这一点也符合当事人的利益状况，最有动力办理登记的人是债权的受让人。

《动产和权利担保统一登记办法》第 9 条第 1 款则规定了登记的内容包括当事人的基本信息、担保财产的描述、登记期限。其中，第 11 条、第 12 条针对登记期限做了细化规定。根据这两个条文，登记期限最短 1 个月，最长不超过 30 年，担保权人可以多次展期。尽管第 11 条第 1 句，要求担保权人根据主债权履行期限合理确定登记期限，但登记的期限与债权的存续期限没有关系。[3]由于登记期限可以长于债权存续的期限，因此，这一规定也为未来应收账款的保理让与提供了对抗要件。

---

[1] 潮見佳男『新債権総論Ⅱ』（信山社、2017）464 頁参照。

[2] 对此的批判也可以参见李宇：《保理合同立法论》，载《法学》2019 年第 12 期。

[3] 潮見佳男『新債権総論Ⅱ』（信山社、2017）481 頁、482 頁参照。

（二）登记的效力

1. 登记绝对优先原则（《民法典》第768条第1分句）

《民法典》第768条第1分句和第2分句明确了债权让与对抗要件的顺序，即债权让与对第三人的效力以登记为最优先。根据全国人大常委会法制工作委员会的说明，多重保理的情况下，即使第一保理人先通知，但第二保理人后登记，该登记的保理人仍得优先于在先通知的保理人优先受偿。[1]而我国学说则更进一步，认为即使后登记的保理人恶意，明知应收账款债权已经办理过保理业务，且已经通知了债务人，其仍得通过登记，获得优先受偿的地位。[2]

这种立法模式被称为"登记优先模式"。与之相对的模式还有以登记为唯一对抗要件的"登记一元模式"、[3]以通知为唯一对抗要件的"通知模式"和我国之前通说所采的"合同成立模式"。从形式上看，第768条似乎同时采纳了登记和通知两种对抗要件。但是在登记具有绝对优先效力的前提下，理性的保理人均会选择登记。这就削弱了通知对抗的实际效果。登记优先模式，实质上是将债务人彻底从债权受让人和第三人之间的对抗关系中解脱出来。如果按照通知对抗的理念，那么债务人相当于"情报中心"，[4]在多重让与的情况下，受让人应当询问债务人，债务人须负担答复义务。而登记优先模式可以避免债务人的答复义务，因为第768条的对抗要件不考虑受让人善意、恶意的主观状态，即使在其他受让人通知债务人后，进行登记的债权受让人（保理人）明知在先的通知，仍得优先于通知的债权受让人。

---

〔1〕 参见黄薇主编：《中华人民共和国民法典合同编解读（下册）》，中国法制出版社2020年版，第929页。

〔2〕 参见朱虎：《债权转让中的受让人地位保障：民法典规则的体系整合》，载《法学家》2020年第4期。

〔3〕 从价值判断和效果来看，"登记优先模式"实际上是"登记一元模式"的修正方案。日本在此次债法改革中将此种方案作为"登记一体化"方案的妥协方案。白石大「債権譲渡の対抗要件制度に関する法改正の日仏比較」安永正昭＝鎌田薫＝能見善久監修『債権法改正と民法学Ⅱ 債権総論・契約（1）』（商事法務、2018）221頁。

〔4〕 债务人情报中心是指在通知主义下，为了取得对抗，必须通知债务人，因此债务人了解的债权让与情报是最全面的。石田剛『債権譲渡禁止特約の研究』（商事法務、2013）19頁参照。

因此，保理人必然会首先选择查看登记，而非询问债务人。[1]

从效率和经济的角度来看，登记优先模式是妥当的。从比较法视野来看，日本法的对抗要件模式允许债权的出让人自由选择，登记的效力与附确定日的通知效力相同，二者之间的顺位取决于时间的先后。[2]这就意味着，在前述案例中，乙仍得优先于丙。在后的保理人丙一方面必须查阅登记，另一方面仍然必须向债务人询问是否收到通知。对于保理人而言，其查询成本较之登记绝对优先模式更高；对于债务人而言，增加了回答的负担。在日本债法修改过程中，参与立法的学者也意识到了这一问题，但由于提出的方案均无法取得一致同意，因此维持了现状。[3]

2. 登记之间的顺位（《民法典》第 768 条第 2 分句）

在多重保理均登记的情况下，《民法典》第 768 条第 2 分句规定以登记的时间顺序为依据，确定权利的对抗顺位。这一规则也与《应收账款质押登记办法》（已失效）第 6 条规定的权利多重质押时的处理一致。目前，中国人民银行动产融资统一登记公示系统的登记时间精确到秒，因此几乎不可能发生无法根据登记时间判断顺位的情况。

3. 登记和对债务人的对抗要件的关系

《民法典》第 768 条第 1 分句和第 2 分句规定的登记效力，仅指登记是否会导致债务人对于债权让与从善意变为恶意，从而必须向登记的受让人履行。债务人对债权让与是否知情，影响其是否受到保护。如果债务人虽然未收到通知，但已通过其他方式明知或应知债权已转让（恶意），则其是否仍应向债权出让人清偿。对此，最高人民法院在一些案例中采通知作为判断对债务人生效的唯一标准。[4]但是，在债权让与登记以后，未通知以前，能否

---

[1] 白石大「債権譲渡の対抗要件制度に関する法改正の日仏比較」安永正昭＝鎌田薫＝能見善久監修『債権法改正と民法学Ⅱ 債権総論・契約（1）』（商事法務、2018）214 頁、219 頁。

[2] 潮見佳男『新債権総論Ⅱ』（信山社、2017）480 頁参照。

[3] 潮見佳男『新債権総論Ⅱ』（信山社、2017）460 頁参照。

[4] 例如，在最高人民法院（2016）最高法民申 7 号案件中，最高人民法院在说理部分明确表示，债务人应当向谁履行债务，取决于其是否收到债权转让通知。债务人在没有收到债权转让通知前，无论其是否实际知晓债权转让的情况，债权转让对债务人均不发生法律效力，债务人仍应向原债权人履行债务。

认为债务人已经构成恶意（明知或应知债权让与），从而依据诚信原则，不得向债权出让人清偿？从债务人保护的原则来看，如果认为债务人此时已属恶意，且不得向债权出让人清偿，那就意味着对债务人苛加了查询义务，增加了债务人履行义务的风险。因此，不应当认为债权让与登记以后，债务人就构成恶意，发生类似通知的效力。《民法典（草案）（一次审议稿）》第335条第1款规定"债权人转让权利的，应当通知债务人。未经通知，该转让对债务人不发生效力，但是债务人明知该债权转让的除外"。第2句中的但书，相比于《合同法》第80条第1款是新增的规则。《民法典（草案）（二次审议稿）》仍然保留。但是在2019年12月《民法典（草案）》中，第546条规定的债权让与通知规则删除了上述但书。民法典立法者最终未采取包括登记在内的其他方式代替让与通知的模式。

因此，在保理应收账款转让登记以后，对于债务人而言，其没有查询登记的义务，即使知道债权让与已经登记，其主观状态也不受影响，其仍然可以信赖通知。例如，6月1日，甲与保理人乙订立保理合同，将其对丙的债权转让给乙，随后甲对丙进行了通知，但未登记。7月1日，甲又与保理人丁订立保理合同，并办理了登记。丙根据甲的通知，向乙进行清偿。此时，债权让与对债务人的效力和对第三人的效力发生分离，发生相应的法律效果。即在对第三人的关系中，适用《民法典》第768条，丁优先于乙。但是在对债务人的关系中，由于丙向乙为清偿，且清偿有效，丁对丙的债权因履行而消灭。[1]此时，丁只能基于不当得利向乙请求返还其所受领的给付。

四、通知（《民法典》第768条第3分句）

（一）通知的性质、主体、方式和内容

《民法典》第768条规定的通知与《民法典》第546条、第764条规定的通知相同，其性质均为准法律行为，是观念通知的一种。因此，在一定程度上可以类推法律行为的规则。例如，行为能力、代理等规则。需要指出的是，由于第546条第2款规定了通知的撤销必须经过债权受让人的同意。基

---

〔1〕　类似的构想案例，潮见佳男『新債権総論Ⅱ』（信山社、2017）485頁参照。

于该规则，需要对通知错误的撤销进行限制。对于通知错误的撤销，不包括对债权让与事实的错误，债权让与事实的错误仅仅为动机错误。[1]例如，应收账款债权没有转让，但债权人错误以为自己已经将债权转让给了保理人并因此发出了通知，该通知的事实有误，或者转让了 1000 元的债权，但债权人误以为转让了 1500 元的债权，因此向债务人发出了转让 1500 元债权的通知。这两种情况下，均仅为动机错误，不得依据《民法典》第 147 条主张重大误解撤销。

就通知的主体来说，我国《民法典》区分了一般债权让与和保理债权让与。第 546 条是《民法典》合同法通则的一般性规定，适用于一切债权让与。该条规定通知的主体是债权人。第 764 条作为新增的保理合同的条款，允许在保理债权让与中，由保理人进行通知。这就在保理中扩大了通知的主体。这对于保理人而言，更为便捷。当然，由于第 764 条是新增条文，因此，尚未见保理人单独通知的情况。我国目前的保理实践往往采共同通知的形式，此种情况下，不属于《民法典》第 764 条适用的范围，而是适用《民法典》第 546 条第 1 款。

就通知的内容来说，通知必须使得债务人能够明确债权受让人和被转让债权的数额。[2]这一点也是债权让与作为处分行为须符合特定原则的要求。

就通知的形式来看，《民法典》第 546 条没有规定通知的形式。因此，债权人发出的通知不要式。但《民法典》第 764 条规定了保理人发出的通知必须表明保理人身份并附有必要凭证。首先，需要明确的是，表明身份和附上必要凭证是否两个必须同时具备。从本条的规范目的来看，无论是表明身份还是附上必要凭证，其目的均在于使得债务人足以信赖通知，信赖债权让与已经真实发生。对此，应当借鉴德国法的经验，综合各个因素加以判断。在这个意义上，表明保理人身份和附上必要凭证二者不应被理解为概念的构成要件，缺一则通知不生效力，而应当理解为互相可以补足的要素。例如，假设保理人所附的凭证是经过法院判决确认的债权转让合同，那么，纵使不

---

〔1〕 详见冯洁语：《准法律行为的无效和撤销——以德国债权让与通知瑕疵为考察对象》，载《南京大学学报（哲学·人文科学·社会科学）》2018 年第 2 期。

〔2〕 Vgl. BeckOGK/Lieder, 1. 1. 2021, BGB § 409 Rn. 26.

表明其身份，该通知也对债务人发生效力。其次，就表明身份的要件来说，目前的司法实践和保理实践均不重视应当如何表明保理人身份。对于这一问题的解答，必须回到保理人通知的规范目的上。保理人通知的前提是不增加债务人的审查义务，通知能够使得债务人信赖债权让与真实发生。在这个意义上，保理人的身份具备一定的意义，因为在我国从事保理业务有一定的资质要求，[1]因此，保理公司的身份对于债务人是否产生信赖有一定的影响。所以，保理人发出通知，应当附上可以证明其具备保理业务从业资格的文件。最后，保理人单独发出通知，除表明其身份外，还须附上必要的凭证。根据全国人大常委会法制工作委员会的说明，所谓必要凭证系指经过公证的债权转让合同。[2]我国部分学说则较为激进，认为提供保理合同的原件及复印件、基础交易合同复印件、债权人与债务人的往来单据、银行流水清单、应收账款债权登记信息等即可。[3]笔者认为，不宜采此种观点。按照此种观点，债务人在收到保理人的通知以后，仍有进一步审查合同真实性的义务。这就增加了债务人的负担，从比较法例来看，在债务人对通知存在疑问的情况下，其也没有义务审查或向债权人询问。[4]

（二）通知的效力

在多重保理均未登记的情况下，保理应收账款的顺位取决于通知的顺位。在此种情况下，通知具备双重效力。通知一方面构成对债务人的权利主张要件，另一方面构成权利对抗要件，通知实现了这两种效力的合一。

1. 通知的对外效力

多重保理让与，均没有登记的情况下，以通知的顺序确定对抗顺序。这一规则改变了《民法典》以前我国关于债权让与顺位的通说。在《民法典》之前，《合同法》没有规定债权让与在什么情况下可以对抗第三人，因此学

---

〔1〕 例如，江西省对于保理公司颁发商业保理公司经营许可证，以进行监管。

〔2〕 参见黄薇主编：《中华人民共和国民法典合同编解读（下册）》，中国法制出版社2020年版，第917页。

〔3〕 参见谢洪飞、朱广新主编：《民法典评注 合同编 典型合同与准合同2》，中国法制出版社2020年版，第549页。

〔4〕 Vgl. MüKoBGB/Roth/Kieninger, 8. Aufl. 2019, BGB § 407 Rn. 16.

说上争议较大，主要有通知对抗说和合同成立说两种观点。根据前者，在多重让与的情况下，债权让与通知债务人以后，债权受让人得对抗其他受让人。[1]根据后者，按照债权让与的合意达成时间先后顺序，而非按照通知到达债务人的时点，确定谁是债权受让人。[2]在《民法典》制定以前，合同成立说是学界通说，其理由主要有三：第一，从我国当时的实证法来看，《合同法》没有对债权让与对第三人的效力作特别规定，那么应当按照法律行为生效的一般理论确定债权让与的生效时间；[3]第二，债权让与通知不能起到公示的作用，并且通知对抗说是以债务人承担公示机关的作用与功能为前提的，这会加重债务人的负担；[4]第三，《合同法》上债权让与通知的规范目的在于保护债务人，在债权多重让与中采通知主义，可能不利于保护债务人，因为假如债务人明确知晓前一让与事实并对前一受让人为清偿，会因为后一让与被通知而沦为无效的清偿。[5]

对于这一问题，我国司法实践的观点则不同于我国通说。以太保公司与中鼎公司债权转让合同纠纷为例，该案中，2002 年 11 月 25 日，东方公司广州办事处向中鼎公司转让包括本案债权在内的 44 亿多债权，该债权让与没有通知债务人。2003 年 1 月 29 日，中鼎公司又将部分债权转让给太保公司。2004 年 2 月 5 日，东方公司广州办事处通知了债务人，债权已经移转给中鼎公司。2004 年 2 月 6 日，因太保公司未能付清全部价款，中鼎公司向其发出通知，要求部分解除合同，仅移转已经支付价款的相应比例的债权给太保公司。太保公司则以中鼎公司在与其订立债权让与合同时，东方公司广州办事处尚未通知债务人，因此中鼎公司没有取得债权，构成欺诈为由，主张太保公司与中鼎公司的债权让与合同无效。广东省高级人民法院针对这一问题认为，《合同法》第 80 条仅规定了通知对债务人的效力，通知"并非影响该债权转让的效力"。此外，根据最高人民法院的规定，"债权转让通知义务

---

〔1〕 采此说者，参见韩海光、崔建远：《论债权让与和对抗要件》，载《政治与法律》2003 年第6 期；李永锋、李昊：《债权让与中的优先规则与债务人保护》，载《法学研究》2007 年第 1 期。

〔2〕 采此说者，参见韩世远：《合同法总论》，法律出版社 2018 年版，第 619 页。

〔3〕 韩世远：《合同法总论》，法律出版社 2018 年版，第 619 页。

〔4〕 其木提：《债权让与通知的效力》，载《交大法学》2010 年第 1 期。

〔5〕 徐涤宇：《〈合同法〉第 80 条（债权让与通知）评注》，载《法学家》2019 年第 1 期。

在案件审理中仍可履行，债权转让通知义务未及时履行只是使债务人享有对抗受让人的抗辩权，它并不影响债权转让人与受让人之间债权转让协议的效力。因此，向债务人发出债权转让通知并非债权转让协议的生效要件"。最高人民法院在审理后维持了原判，同样认为，"中鼎公司与太保公司签订《债权转让协议》时，已经取得自东方公司广州办事处受让的标的债权"。[1]要言之，该案明确了债权的移转不以通知为要件。饶有趣味的是，本案其实并未涉及通知的对外效力。本案中发生的是两次连续的债权让与，不涉及权利竞合的问题。与之类似，日本法同样认为，在不动产交易中，虽然《日本民法典》第 177 条规定，不动产物权变动，未经登记不得对抗第三人。但如果甲将房屋卖给乙，乙又卖给丙，两次交易均未登记，由于甲和丙之间不存在物权支配的竞争关系，因此甲不是第三人，即使丙未取得登记，仍得对抗甲。[2]因此，仅从太保公司与中鼎公司债权转让合同纠纷无法判断通知是否具备对外效力。更值得关注的是，在白银汇达商贸有限公司、白银市铜城热力有限责任公司债权转让合同纠纷再审案中，债权人将债权分别转让给了两个受让人，债权出让人先向债务人通知了债权转让合同订立在后的受让人，然后再向债务人通知了债权转让合同成立在先的受让人。最高人民法院在判决理由中明确认为"债权人和受让人形成债权转让的合意后，债权人只需通知债务人即可完成债权转让"。[3]在邓某强与建行大行宫支行等债权转让合同纠纷的再审程序中，江苏省高级人民法院也表达了类似的观点。在该案中，债权出让人在 2012 年 11 月 16 日与邓某强签订了债权让与担保协议，但没有及时通知债务人。2012 年 11 月 20 日债权出让人又与保理人建行大行宫支行签订了有追索权的保理协议，并在 2013 年 1 月 7 日通知了债务人。2013 年 2 月 1 日，邓某强才以共同签名的方式通知债务人。二审南京中级人民法院一方面确认了两次债权转让协议均有效，另一方面则明确了两次债权

---

〔1〕 参见最高人民法院（2004）民二终字第 212 号民事判决书。
〔2〕 近江幸治『物権法』（成文堂、2020）82 頁参照。
〔3〕 参见最高人民法院（2018）最高法民申 850 号民事裁定书。当然，需要指出的是，本案中，最高人民法院最终判决债权转让合同在先的债权受让人败诉，理由不在于其通知在后，而是认为在先的债权受让人，无法证明其与债权出让人订立的债权转让合同成立。

让与的顺位根据通知的顺序决定。再审中，江苏省高级人民法院赞同了这一观点。[1]

《民法典》第768条第3分句则明确采纳了我国目前司法实践中的观点，在没有登记的情况下，以通知到达的顺序确定债权的顺序。需要指出的是，由此要进一步回答我国之前学界通说对于通知对抗主义的质疑。就我国学界通说采合同成立主义的理由来看，第一点理由不过是基于实定法的形式论证，那么，在《民法典》第768条第3分句对于通知的对外效力作出明确规定以后，该理由也就不成立了。关键在于第二点和第三点理由。这两点理由作为实质理由，均立足于债务人保护的价值判断。就第二点理由来说，采通知对抗主义以后，债务人又回到了"情报中心"的地位。对于债务人而言，确实无法期待其承担起公示机关的作用与功能。但在立法已经作出选择的情况下，只能在解释论上更加偏向于保护债务人，以避免增加其负担。针对债务人是否有答复的义务这一问题，应当更加偏向于保护债务人，在解释上应当认为债务人没有答复的义务，否则不当增加了债务人的负担。[2]这就意味着，即使债务人因为过失错误回答了债权受让人的询问，导致债权受让人因此与债权出让人订立债权让与合同，但无法取得债权，债务人也不因此承担缔约过失责任。举例而言，债务人甲在已经收到通知的情况下，错误答复了保理人的询问，误以为自己没有收到通知，在此种情况下，保理人与债权出让人订立保理合同，以至于无法向债务人主张债权，债权出让人也陷入破产，无法返还融资款，债务人不因错误回答而承担侵权责任。当然，如果债务人故意误导保理人，由于其行为已经达到了悖俗的程度，那么应当承担侵权责任。采合同成立主义的第三点理由涉及通知的对内效力问题，详见下文。

2. 通知的对内效力

根据《民法典》第546条第1款，债权人转让债权，未通知债务人的，

---

[1] 参见江苏省高级人民法院（2016）苏民申780号民事裁定书、江苏省南京市中级人民法院（2015）宁商终字第636号民事判决书。

[2] 类似观点，白石大「債権譲渡の対抗要件制度に関する法改正の日仏比較」安永正昭＝鎌田薫＝能見善久監修『債権法改正と民法学Ⅱ債権総論・契約（1）』（商事法務、2018）214頁。

该转让对债务人不发生效力。采合同成立主义的第三点理由认为，如果采通知对抗主义，债务人在通知以前，如果知道了债权已经让与，仍然必须向债权出让人为清偿。并且如果债务人知道了前一债权让与的事实，但是先收到了后一债权让与的通知，那么其必须向发出通知的受让人为清偿，否则不受保护。[1]

　　这一问题的核心在于是否要以通知作为债务人保护的唯一依据。具体而言，以债务人对于债权让与是否知情的主观状态作为债务人是否应当向受让人清偿的唯一依据，对于这一问题我国司法实践的观点存在反复。2009年《关于审理涉及金融不良债权转让案件工作座谈会纪要》第2条第2句规定，"不良债权已经剥离至金融资产管理公司又被转让给受让人后，国有企业债务人知道或者应当知道不良债权已经转让而仍向原国有银行清偿的，不得对抗受让人对其提起的追索之诉，国有企业债务人在对受让人清偿后向原国有银行提起返还不当得利之诉的，人民法院应予受理……"，似背离了《合同法》第80条第1款第2句的规定，以债务人的主观状态作为保护的标准，而非以通知为唯一的客观标准。王富博法官在针对"中国信达资产管理公司济南办事处与中国银行股份有限公司淄博市周村支行金融债权转让合同纠纷"的评论中明确表示应当根据债务人的主观情形，分别赋予受让人不同的救济方式。尽管2009年《关于审理涉及金融不良债权转让案件工作座谈会纪要》的适用范围是国有银行对国有企业享有的不良金融债权，并不当然适用于一般债权让与，但是，最高人民法院在多个批复中，均明确表示一般债权让与也应当参照该纪要。例如，在《关于如何理解最高人民法院法发〔2009〕19号〈会议纪要〉若干问题的请示之答复》中，最高人民法院指出，"根据《纪要》的精神和目的，涉及非国有企业债务人的金融不良债权转让纠纷案件，亦应参照适用《纪要》的规定"。就此而言，在一般债权让与中，债务人保护的限度同样取决于债务人的主观状态，而非仅取决于通知。但是，在2016年的"遵义渝禾商贸有限责任公司诉中信银行股份有限公司贵阳分行公司、简某刚、杨某平保理业务合同纠纷"中，最高人民法院

----

〔1〕　参见徐涤宇：《〈合同法〉第80条（债权让与通知）评注》，载《法学家》2019年第1期。

似改变了前述以债务人主观状态为保护依据的观点，转向了以通知作为统一、客观标准的做法。该案中，债权让与没有通知债务人，但是债务人知晓了债权让与的事实，因此以此为由，拒绝向债权出让人为清偿。最高人民法院明确表示，"债务人应当向谁履行债务，取决于其是否收到债权转让通知。债务人在没有收到债权转让通知前，不论其是否实际知晓债权转让的情况，债权转让对债务人均不发生法律效力，债务人仍应向原债权人履行债务"。[1]

新公布实施的《民法典》中，并未明确通知是不是债务人保护的唯一标准。但全国人大常委会法制工作委员会在对《民法典》第546条的说明中明确强调，要以通知作为债务人保护的客观时点，避免考察债务人主观因素可能导致的不确定性。[2]

尽管以通知作为纯粹的客观标准在价值判断上是否妥当尚存在争议。但在此种观点下，则可以避免合同成立主义所指出的通知对抗要件主义的第三点问题。即使债务人明确知晓前一债权让与的事实，也只能信赖通知。这对于债务人而言，没有增加负担，其只需要审查通知是否有效。在这个意义上，多重保理中，保理人之间的关系与债务人无关。

五、对抗要件不具备时的债权分割（《民法典》第768条第4分句）

《民法典》第768条最后分句规定债权多重让与，均未登记或通知时，按债权比例分割。这一规定是第768条中最富争议的规定。

（一）《民法典》第768条第4分句的来源和其他替代方案

我国学界有观点认为，《民法典》第768条第4分句源自担保物权竞合时的处理规则。[3]典型如动产抵押权的竞合，根据《民法典》第414条第1款第3项规定，抵押权未登记的，按照债权比例清偿。这一规则针对的是同一标的物上，多个担保物权并存的情形。根据该条的第2款，本条适用于其

---

〔1〕 参见最高人民法院（2016）最高法民申7号民事判决书。

〔2〕 参见黄薇主编：《中华人民共和国民法典合同编解读（上册）》，中国法制出版社2020年版，第291页。

〔3〕 参见朱虎：《债权转让中的受让人地位保障：民法典规则的体系整合》，载《法学家》2020年第4期。

他担保物权竞合的情况。这一规则背后的逻辑是动产所有人在设定多个动产抵押时，每次的行为均为有权处分，并且由于均未登记，因此各抵押人互为第三人，彼此之间不得对抗，因此对抵押财产拍卖、变卖的价款享有相同的权利。[1]由此可见，支撑此种方案背后的理念是平等原则。如果将担保物权理解为对标的物交换价值的支配，此种方案意味着，多个担保物权人按债权比例"共有"了标的物的交换价值。

除了上述分割标的物的方案，《买卖合同司法解释》第6条提供了另外一种解决方案。该条规定，在动产一物二卖，多个债权竞合的情况下，首先交付优先，其次已经履行买卖价款的优先，最后买卖合同成立在先的优先。在已经交付的情况下，并非同一位阶权利之间的竞合问题，而是物权优先于债权，是无权处分他人之物的问题。在物权尚未变动的情况下，才是真正的债权之间的竞合问题。此时，《买卖合同司法解释》第6条确定的规则是根据付款的先后顺序确定债权的顺序，均未支付的，根据债权成立的时间顺序确定优先顺序。其理由是维护诚信原则，保护善意相对人，并且尽可能避免一物二卖。

此外，也有观点认为，在一物二卖的情况下，应当通过执行程序解决。以债权的多重让与为例，如果均没有登记或通知债务人，那么，如果有受让人申请扣押，这一问题不是同一位阶权利之间的对抗问题，而是转变成了扣押债权人与未通知或未登记债权人之间的顺位问题，扣押的债权受让人优先于其他的债权受让人。[2]此种模式和上述合同成立顺序的模式存在类似性，均是一个受让人排斥其他受让人。

（二）债权分割论的价值判断和理论构成

综上所述，在权利竞合的情况下，大致形成了三种模式，第一，债权分割模式；第二，合同成立顺序模式；第三，债权人扣押模式。《民法典》第768条第4分选择了债权分割模式，笔者认为此种选择不论是在价值判断和

---

〔1〕　参见黄薇主编：《中华人民共和国民法典物权编解读》，中国法制出版社2020年版，第712页。

〔2〕　朱虎：《债权转让中的受让人地位保障：民法典规则的体系整合》，载《法学家》2020年第4期。

理论构成方面均具备优势。[1]

1. 不同模式背后的理由

债权分割模式认为同一位阶的权利彼此之间是平等的，这是平等思想的体现。此种思想在财产的分配程序中至关重要。在破产分配中，我国《企业破产法》第113条规定，普通破产债权在破产程序中按债权比例平均受偿。在一般的执行案件中，根据《执行规定（试行）》第55条第3款，一份生效法律文书确定金钱给付内容的多个对债权人同一被执行人申请执行，执行的财产不足清偿全部债务的，各债权对执行标的物均无担保物权的，按照各债权比例受偿。

相反，无论是合同成立顺序模式还是债权人扣押模式，均体现了同一位阶权利人之间的"竞赛关系"。先订立合同或者先申请执行的权利人优先于其他权利人。这一观点自罗马法以来就存在了。[2]同类型的物权性权利之间的顺位取决于时间顺位。这是因为物权是归属关系，将一个物归属到他人的财产中，因此，如果不同的权利将物归属到不同的财产中，那么必须要有顺位层级。[3]由此可见，合同成立顺序是物权本质属性的要求。饶有趣味的是，我国运用合同成立顺序模式解决的不是同一位阶的物权竞合的情况，而是债权竞合的情况。债权本身由于其相对权的属性，彼此之间是平等的。在一物二卖均未履行的情况下，多个买受人之间彼此相互平等。在履行之前，向谁履行由债务人决定。[4]因此，传统上，一般采债权人扣押模式，由先申请扣押的债权人取得标的物，其他的买受人因其享有的是债权，故而无法提出执行异议。[5]采债权人扣押模式的理由一方面在于物权的归属功能，另一方面也鼓励了债权人积极申请执行。[6]

---

[1] 相同见解参见朱晓喆、冯洁语：《保理合同中应收账款多重转让的优先顺序》，载《法学评论》2022年第1期。

[2] Vgl. Wieling/Finkenauer, Sachenrecht, 6 Aufl., Springer, 2020, S. 10.

[3] Vgl. Wieling, Sachenrecht, Bd. I, 2 Aufl., Springer, S. 22.

[4] Vgl. Wieling, Sachenrecht, Bd. I, 2 Aufl., Springer, S. 22.

[5] Vgl. Baur/Stürner/Bruns, Zwangsvollstreckungsrecht, 13 Aufl., C. F. Müller, 2006, S. 556.

[6] Vgl. Jörg Neuner, Der Prioritätsgrundsatz im Privatrecht, AcP 203 (2003), 46, 60 f.

但是，最高人民法院在动产一物二卖中明确放弃了债权人扣押模式。其理由是合同成立顺序是为了避免不诚信的债务人任意清偿导致的投机行为。采债权人扣押模式，债务人仍有投机的可能，其可以向合同成立在后的债权人为有效的清偿，继而使得该债权人成为标的物的物权人，得以优先于其他债权人受偿。从避免此种投机行为的角度来看，更好的方法是根据合同成立的时间确定受让人之间的顺位。但是，需要指出的是，根据合同成立的时间顺序是不符合债权平等原则，有违债权的本质属性的。

由此可见，各个模式背后的理由大致可以分为价值判断和理论构成两个层面。从价值判断来看，第一，债权分割模式体现的是债权平等原则，在债权竞合的情况下，债权彼此之间应当是平等的。第二，债权人扣押模式则激励债权人执行，尽快履行完毕债务。在这一点上，可以认为债权人扣押体现了效率优先的价值判断。事实上，效率也一直是执行程序追求的价值之一。2012 年《浙江省高级人民法院执行局关于印发〈关于多个债权人对同一被执行人申请执行和执行异议处理中若干疑难问题的解答〉的通知》第 13 条规定，在债权竞合的情况下，首先申请财产保全并成功保全债务人财产的债权人相比其他参与分配的债权人，可以多获得一定比例的债权。第三，合同成立顺序模式体现的则是诚信，避免投机行为的发生。

从理论构成来看，第一，债权分割模式在理论构成上以债权作为相对权的特性为基础。债权彼此之间平等。由于债权是请求特定人为给付的权利，不涉及物的归属问题，因此，在一个标的上成立多个债权在逻辑上也是可能的。并且债权欠缺公示，对于成立在后的债权人而言，无法查证债务人是否已经和他人签订了标的相同的债权。第二，债权人扣押模式的理论构成上采物权优先原则，先将其转化成物权的债权人可以优先于债权。第三，合同成立顺序模式突破了债权平等原则，是诚信原则的一种具体化。

2.《民法典》第 768 条第 4 分句的立法选择

据前文所述，债权分割模式、合同成立顺序模式、债权人扣押模式这三种价值判断均是合理的，在立法选择和法解释论的展开中，应当尽可能实现三种价值判断的统一。在最理想的状态下，所选择的模式应当尽可能兼顾上述三种价值判断。尽管争议较大，但笔者认为《民法典》第 768 条第 4 分句选择的债权分割模式相较于其他两种模式，在价值判断和理论构成方面均没有太大劣势。

从价值判断层面来说，债权分割模式的优势在于平等，但也具备效率和诚信。一方面，与一物二卖不同，保理债权让与以后，该被转让的应收账款的实现仍然需要向债务人收取。尽管第 768 条第 4 分句规定了保理债权让与对外的效力是均分，但对债务人而言，其仅需要向起诉的保理人支付价款即可。在此种情况下，保理人仍有动力先起诉，而非等待他人起诉以后，再通过不当得利向其请求返还。另一方面，采分割的方案，由于权利人最终需要分割标的物，对于债务人而言，同样不存在选择任意清偿的机会，也就避免了一物二卖或者一物二押的可能。相反，合同成立顺序模式或债权人申请扣押模式，将谁能获得清偿或取决于合同成立的时间或取决于债权人之间的竞赛，本身过于偶然，不具公平性。就合同成立顺序模式来说，保理合同本身不具公示性，在后的保理人也不能知晓债权人是否已经就该应收账款和其他保理人订立了合同，就这一点而言，有损交易安全；就债权人申请扣押模式来说，起诉或扣押在后的保理人无法取得债权，只能向债权人主张违约责任。与一物二卖不同，实践中，保理合同成立情形下，保理人往往在保理合同后支付了融资款，保理人主张同时履行抗辩的可能性微乎其微。这样就意味着在后的保理人不得已必须承担保理合同相对人破产的风险。[1]

从理论构成来看，债权分割模式并非没有理论支持。[2]从比较法上看，日本最高法院在 1993 年的案件中，同样基于公平原则，认为债权人之间应当按债权比例分割受让人债权。该案中，通知顺序不明，债务人以债权人不明为由提存。随后两债权人均请求领取提存。[3]日本学说认为，此种情况下

---

〔1〕 相同见解参见朱晓喆、冯洁语：《保理合同中应收账款多重转让的优先顺序——以〈民法典〉第 768 条为中心》，载《法学评论》2022 年第 1 期。

〔2〕 我国学说认为不应采债权分割理论，参见李宇：《保理合同立法论》，载《法学》2019 年第 12 期。

〔3〕 最判平成 5 年 3 月 30 日民集第 47 卷 4 号 3334 页。

是提存制度的功能不仅仅在于使得债务人免于债权人之间的纠纷，更在于其成了按比例清偿原则的实现程序。而按比例清偿原则是破产程序中，债权平等原则在民法中的体现。〔1〕当然，有观点指出日本法的案例发生在提存的情况下，因此具备特殊性，不宜推广到一般情况，这条也无实际意义。

我国学说对于第 768 条第 4 分句的疑虑主要源于债权分割可能导致多个保理人对债权的共有，形成所谓的连带债权。笔者认为，第一，从理论构成来看，连带债权概念本身不成立。事实上，连带债权只是学理仿造连带债务创设的伪概念，其本身要解决的问题，已经被代理、收款授权等制度解决，相反，连带债权反而导致了债务人保护的不利和权利人权利分配的不平等。〔2〕第二，此种情况下，应当认为多个保理人按比例共有一个债权。在共有的情况下，债务人可以通过向一个保理人清偿，以消灭债务，以此避免了对债务人可能产生的不利。第三，学理担心的共有的繁琐、无效率问题，在多重保理中并不成立，因为应收账款债权为金钱债权，给付本身可分，因此，在其中一个保理人收取全部债权以后，其他保理人可以通过不当得利向其请求返还。

六、举证责任

在多重保理后，如果保理人之一起诉债务人，其他保理人得知以后，同样起诉债务人，那么应当由提起诉讼的保理人证明自己先登记或者已经通知了债务人。如果保理人之一起诉债务人，并获得了清偿，其他保理人以不当得利为由请求其返还时，同样应当由主张不当得利请求权的保理人证明自己先登记或者已经通知了债务人。如果其他保理人无法证明自己先登记或者已经通知了债务人，那么须证明自己与债权人就同一应收账款债权订立了有效的保理合同。此种情况下，适用第 768 条的第 4 分句。

---

〔1〕 森田修『債権回収法講義第 2 版』（有斐閣、2011）32 頁、102 頁参照。
〔2〕 对此详见 ［德］索尼娅·梅耶：《连带债权——因多余而无从认知的本质?》，冯洁语、倪龙燕译，载张仁善主编：《南京大学法律评论》，法律出版社 2015 年版，第 139-174 页。

【关联法条】

▶法律法规

《民法典》

第四百一十四条 同一财产向两个以上债权人抵押的，拍卖、变卖抵押财产所得的价款依照下列规定清偿：

（一）抵押权已经登记的，按照登记的时间先后确定清偿顺序；

（二）抵押权已经登记的先于未登记的受偿；

（三）抵押权未登记的，按照债权比例清偿。

其他可以登记的担保物权，清偿顺序参照适用前款规定。

第五百四十六条 债权人转让债权，未通知债务人的，该转让对债务人不发生效力。

债权转让的通知不得撤销，但是经受让人同意的除外。

第七百六十三条 应收账款债权人与债务人虚构应收账款作为转让标的，与保理人订立保理合同的，应收账款债务人不得以应收账款不存在为由对抗保理人，但是保理人明知虚构的除外。

第七百六十四条 保理人向应收账款债务人发出应收账款转让通知的，应当表明保理人身份并附有必要凭证。

第七百六十八条 应收账款债权人就同一应收账款订立多个保理合同，致使多个保理人主张权利的，已经登记的先于未登记的取得应收账款；均已经登记的，按照登记时间的先后顺序取得应收账款；均未登记的，由最先到达应收账款债务人的转让通知中载明的保理人取得应收账款；既未登记也未通知的，按照保理融资款或者服务报酬的比例取得应收账款。

第九百八十五条 得利人没有法律根据取得不当利益的，受损失的人可以请求得利人返还取得的利益，但是有下列情形之一的除外：

（一）为履行道德义务进行的给付；

（二）债务到期之前的清偿；

（三）明知无给付义务而进行的债务清偿。

《企业破产法》

第一百一十三条 破产财产在优先清偿破产费用和共益债务后，依照下列顺序清偿：

（一）破产人所欠职工的工资和医疗、伤残补助、抚恤费用，所欠的应当划入职工个人账户的基本养老保险、基本医疗保险费用，以及法律、行政法规规定应当支付给职工的补偿金；

（二）破产人欠缴的除前项规定以外的社会保险费用和破产人所欠税款；

（三）普通破产债权。

破产财产不足以清偿同一顺序的清偿要求的，按照比例分配。

破产企业的董事、监事和高级管理人员的工资按照该企业职工的平均工资计算。

▶部门规章

《应收账款质押登记办法》（已失效）

第六条 在同一应收账款上设立多个权利的，质权人按照登记的先后顺序行使质权。

第八条 应收账款质押登记由质权人办理。质权人办理质押登记的，应当与出质人就登记内容达成一致。

质权人也可以委托他人办理登记。委托他人办理登记的，适用本办法关于质权人办理登记的规定。

第十条 登记内容包括质权人和出质人的基本信息、应收账款的描述、登记期限。

出质人或质权人为单位的，应当填写单位的法定注册名称、住所、法定代表人或负责人姓名、组织机构代码或金融机构编码、工商注册号、法人和其他组织统一社会信用代码、全球法人机构识别编码等机构代码或编码。

出质人或质权人为个人的，应当填写有效身份证件号码、有效身份证件载明的地址等信息。

质权人可以与出质人约定将主债权金额等项目作为登记内容。

第十二条　质权人应当根据主债权履行期限合理确定登记期限。登记期限最短 1 个月，最长不超过 30 年。

第十三条　在登记期限届满前 90 日内，质权人可以申请展期。

质权人可以多次展期，展期期限最短 1 个月，每次不得超过 30 年。

第三十四条　权利人在登记公示系统办理以融资为目的的应收账款转让登记，参照本办法的规定。

▶**司法解释**

《买卖合同司法解释》

第六条　出卖人就同一普通动产订立多重买卖合同，在买卖合同均有效的情况下，买受人均要求实际履行合同的，应当按照以下情形分别处理：

（一）先行受领交付的买受人请求确认所有权已经转移的，人民法院应予支持；

（二）均未受领交付，先行支付价款的买受人请求出卖人履行交付标的物等合同义务的，人民法院应予支持；

（三）均未受领交付，也未支付价款，依法成立在先合同的买受人请求出卖人履行交付标的物等合同义务的，人民法院应予支持。

《执行规定（试行）》

55. 第三款　一份生效法律文书确定金钱给付内容的多个债权人对同一被执行人申请执行，执行的财产不足清偿全部债务的，各债权人对执行标的物均无担保物权的，按照各债权比例受偿。

▶**地方司法文件**

《前海保理裁判指引（试行）》

第三十五条　【登记的效力和善意的认定】保理商应当登陆中国人民

银行征信中心动产融资统一登记平台，对应收账款的权属状况进行查询，未经查询的，不构成善意。

其他民事主体办理应收账款质押、转让业务时，未在中国人民银行征信中心动产融资统一登记平台予以登记公示的，不能对抗善意第三人。

第三十八条　【应收债权重复转让】债权人对同一应收账款重复转让，导致多个保理商主张权利的，按照如下原则确定权利人：（一）应收账款转让有登记的，优先保护。在登记之前，债务人已收到其他债权转让通知，且已实际支付部分或全部应收款项的，办理登记的保理商可向原债权人主张权利；（二）应收账款转让均未办理登记手续的，以债务人收到应收账款转让通知书的先后顺序确定。但债务人与他人恶意串通的除外；（三）债权转让既未办理登记手续也未向债务人发出转让通知书的，按照发放保理融资款的先后顺序确定。

【典型案例】

1. 渝禾公司与中信银行贵阳分行等合同纠纷［**最高人民法院（2016）最高法民申 7 号民事裁定书**］

基本案情

【一审法院查明事实】2013 年 8 月 19 日，南江公司（作为甲方）与中信银行贵阳分行（作为乙方）签订《国内保理业务合同（有追索权）》。约定中信银行贵阳分行向南江公司提供最高金额不超过 3000 万元的应收账款转让额度，转让额度的有效使用期间为 1 年，转让的应收账款系南江公司与渝禾公司《2013 年煤炭买卖（购销）合同》和《2013 年煤炭买卖合同（购销）合同补充协议》项下的应收账款债权 3000 万元，南江公司提供了 26 份增值税发票，金额总计 30 098 837 元，预计到期日为 2014 年 2 月 14 日、15 日；合同第 5 条约定，转让价款为销售合同项下截至转让日（含该日）尚未到期的应收账款本金余额按照中国人民银行公布的、当时适用的金融机构对企业的 1 年期贷款基准利率上浮 30% 贴现后的净值；合同第十一章约定，在交易债权的全部或部分在预计到期日未获清偿或未获全部清偿时，乙方享有对甲方一切追索权利，即乙方有权要求甲方（南江公司）对销售合同项下已转让的交易债权中未获清偿部分进行回购，同时乙方亦有权要求债务人履行债务。逾期支付回购价款的，甲方还需承担逾期利息。合同第22条约定违约责任。同时，双方就上述债权转让和应收账款质押事项，到中国人民银行办理了质押登记手续。

同日，《国内保理业务合同（有追索权）》债权转让双方共同向渝禾公司发出了《债权转让通知书》，要求其在应收账款3000万元到期之日将款项支付至指定账户。渝禾公司在《债权转让通知书回执》上加盖了公章进行回复，确认《债权转让通知书》及附件所有内容对其发生效力，承诺向中信银行贵阳分行承担和履行上述销售合同项下的债务。同日，简某刚、杨某平与中信银行贵阳分行签订了《最高额保证合同》，为南江公司在2013年8月19日至2015年8月18日主债权最高额3300万元内提供连带责任保证，担保范围包括债务本金、利息、罚款、复利、违约金、损害赔偿金，为实现债权的费用和其他所有应付的费用。2013年8月20日，中信银行贵阳分行与南江公司就上述应收账款转让债权到中国人民银行办理了质押登记。2013年8月21日，中信银行贵阳分行向南江公司发放了3000万元贷款。上述应收账款到期日2014年2月15日过后，渝禾公司未履行债务，2014年2月28日中信银行贵阳分行向渝禾公司发送了《中信银行贵阳分行保理融资催收通知书》，载明：因南江公司与中信银行贵阳分行签订了《国内保理业务合同（有追索权）》，现我行通知贵公司立即将应付卖方的上述全部已转让应收账款合计3000万元付至下列银行账号。渝禾公司于2014年3月11日签收《送达回执》，并承诺于2014年5月10日前将应付款支付至指定账户。但截至原告起诉日，渝禾公司仍未支付。2014年4月21日，南江公司到期利息未付。中信银行贵阳分行于2014年6月26日向南江公司通过邮政快递送达《中信银行贵阳分行保理债权回让函告》，要求其依照合同约定回购交易债权。其收到后并未作出回复，亦未履行回购义务。

【二审法院查明事实】中信银行贵阳分行应上诉人渝禾公司的要求，提交了一份东方公司杭州办事处作为甲方与中信银行贵阳分行作为乙方签订的《债权转让合同》复印件。该转让合同约定了截至2014年6月20日，中信银行贵阳分行将共计 35 616 322.51 元的债权转让给东方公司杭州办事处，包括了本案南江公司的 3000 万元债权。合同第 5.4 条约定：为减少处置环节，提高对所购债权的处置变现的效率，本合同项下债权转让事宜，是否向相关债务人及担保人发出书面通知以及办理相关抵押权、质权变更登记手续，由甲乙双方协商决定，如一方提出需通知或办理变更手续，另一方应予以配合，因通知或办理变更手续而产生的费用由提出方承担。同时该行向法院书面声明：该行所提交的对外进行债权转让的相关证据，仅为配合法院查明本案事实之目的使用，但皆不可视为该行向债务人、保证人通知债权变动情况。该债权上所涉变动情况在该行未向债务人及保证人（包括南江公司、渝禾公司、简某刚、杨某平）正式发送债权转让通知前，对债务人、保证人不发生效力。

2013 年 8 月 23 日，南江公司对汇入的 1800 万元的《情况说明》中载明当日渝禾公司向南江公司保证金账户汇入 1800 万元，是南江公司质押给贵行的应收账款，该合同项下应收账款到期日为 2013 年 8 月 17 日，因当日系周末，为保证顺利还款，故提前至 2013 年 8 月 16 日归还。

裁判要点

【再审法院裁判要点】首先，关于涉案债权转让的情况。根据二审判决查明的事实，中信银行贵阳分行在二审程序中依渝禾公司的申请提交了一份中信银行贵阳分行和东方公司杭州办事处签订的《债权转让合同》复印件。中信银行贵阳分行同时提交书面声明称：该行所提交的对外进行债权转让的相关证据，仅为配合法院查明本案事实之目的使用，但皆不可视为该行向债务人、保证人通知债权变动情况。该债权上所涉变动情况在该行未向债务人及保证人（包括南江公司、渝禾公司、简某刚、杨某平）正式发送债权转让通知前，对债务人、保证人不发生效力。《债权转让合同》约定，截至2014 年 6 月 20 日，中信银行贵阳分行将其本金 3520 万元、利息 416 322.51 元，共计 35 616 322.51 元的债权转让给东方公司杭州办事处，其中包括了本案所涉债权。该合同第 5.4 条约定，为减少处置环节，提高对所购债权的处置变现的效率，本合同项下债权转让事宜，是否向相关债务人及担保人发出书面通知以及办理相关抵押权、质权变更登记手续，由双方协商决定，如一方提出需通知或办理变更手续，另一方应予配合，因通知或办理变更手续而产生的费用由提出方承担。

其次，关于中信银行的诉讼主体资格即债权转让对债务人渝禾公司的效力问题。《合同法》第 80 条规定："债权人转让权利的，应当通知债务人。未经通知，该转让对债务人不发生效力。债权人转让权利的通知不得撤销，但经受让人同意的除外。"该条规定采债权转让的通知主义模式，通知是债权转让对债务人生效的要件。债务人应当向谁履行债务，取决于其是否收到债权转让通知。债务人在没有收到债权转让通知前，不论其是否实际知晓债权转让的情况，债权转让对债务人均不发生法律效力，债务人仍应向原债权人履行债务。本案中，转让人中信银行贵阳分行和受让人东方公司杭州办事处就涉案债权达成转让协议，涉案债权由中信银行贵阳分行转移至东方公司杭州办事处，但中信银行贵阳分行未向债务人渝禾公司发出债权转让通知，故该债权转让对渝禾公司不发生法律效力。

渝禾公司称中信银行贵阳分行已通过口头方式履行了通知手续，系其单方陈述，并未提供证据证明，且该陈述与《债权转让合同》关于转让双方协商后以书面方式通知的约定相左，亦不符合银行业务实践。关于中信银行贵阳分行在二审程序中提交《债权转让合同》复印件的行为性质，其已声明向法院提交的目的仅为配合法院查明系争事实，不属于对债务人发出的债权转让通知。渝禾公司主张中信银行贵阳分行在诉讼程序中已经发出债权转让通知且不可撤回，缺乏事实依据。

综上所述，原判决认定中信银行贵阳分行未将债权转让事实通知债务人渝禾公司，故渝禾公司仍应向中信银行贵阳分行继续履行债务，并无不当。渝禾公司关于中信银行贵阳分行不具有诉讼主体资格的申请再审理由不能成立。

再次，关于二审法院是否应责令中信银行贵阳分行发出债权转让通知的问题。债权转让通知义务是债权人在债权转让协议项下对受让人负有的一项合同义务，以使受让人获得向债务人主张债权的权利。2001 年《最高人民法院关于审理涉及金融资产管理公司收购、管理、处置国有银行不良贷款形成的资产的案件适用法律若干问题的规定》第 6 条即"金融资产管理公司受让国有银行债权后，原债权银行在全国或者省级有影响的报纸上发布债权转让公告或通知的，人民法院可以认定债权人履行了《中华人民共和国合同法》第八十条第一款规定的通知义务。在案件审理中，债务人以原债权银行转让债权未履行通知义务为由进行抗辩的，人民法院可以将原债权银行传唤到庭调查债权转让事实，并责令原债权银行告知债务人债权转让的事实"的规定，亦是从金融资产管理公司作为受让人享有权利的角度，明确其起诉后，有权要求原债权银行配合查明通知事实或补充履行通知义务。债务人作为债权转让协议以外的第三人，并不享有该项请求权，且合同法规定债务人依据债权转让通知确定债权的归属，已经妥善保护了债务人的善意信赖和交易安定，因此债权人是否进行债权转让通知，无涉债务人的利益。本案中，《债权转让合同》第 5.4 条约定，为提高对所购债权的处置变现的效率，是否向相关债务人及担保人发出债权转让的书面通知，由转受让双方协商决定。此约定不违反我国法律和行政法规的规定，其合法有效。中信银行贵阳分行有权选择不向债务人渝禾公司履行通知手续，渝禾公司主张法院应当责令中信银行贵阳分行履行通知义务，于法无据，其关于原判决适用法律错误的申请再审理由不成立。

最后，关于涉案债权是否已经清偿完毕的问题。第三人代为清偿债务，属于合同履行范畴，其法律后果是消灭原债关系，由代为清偿人取得向债务人的求偿权，故与债权转让有本质区别。本案中信银行贵阳分行和东方公司杭州办事处签订并履行了《债权转让合同》，债权转让的性质是清晰明确的，东方公司杭州办事处支付的款项是受让债权的对价，并不是代为清偿债务。中信银行贵阳分行在收到受让款后所作的内部账务处理，不改变债权转让的性质。渝禾公司主张涉案债务已清偿完毕，无事实和法律依据。

2. 邓某强与建行大行宫支行等债权转让合同纠纷［江苏省南京市中级人民法院（2015）宁商终字第 636 号民事判决书、江苏省高级人民法院（2016）苏民申 780 号民事裁定书］

基本案情

【一审法院查明事实】2012 年 11 月 16 日，邓某强与案外人恒基混凝土公司签订借款协议，约定：恒基混凝土公司因资金紧张向邓某强借款 400 万元，按银行同期贷款基准利率的 4 倍计息，借期自 2012 年 11 月 16 日起至 2012 年 12 月 16 日止；恒基混凝土公司将其对南通建工集团的债权（混凝土货款）9 057 559.53 元质押给邓某强，如恒基混凝土公司按期还款付息，则邓某强无权处理以上债权；如恒基混凝土公司不能按期归还借款本金或利息，则将上述质押债权转让给邓某强，由邓某强向债务人主张债权。同日，邓某强与恒基混凝土公司签订上述 9 057 559.53 元债权转让协议，并共同签署了对南通建工集团的债权转让通知书。

2012 年 11 月 20 日，恒基混凝土公司与原审第三人建行大行宫支行签订保理合同，约定：建行大行宫支行为恒基混凝土公司核定保理预付款额度为 5000 万元，须在恒基混凝土公司已按商务合同发货并按建行大行宫支行要求具体办理了应收账款转让事宜且经建行大行宫支行审查同意后，恒基混凝土公司方可支用上述额度。

2013 年 1 月 7 日，恒基混凝土公司签署应收账款转让通知书，言明将其对南通建工集团的应收账款债权 723 万元转让给建行大行宫支行，恒基混凝土公司于当日将应收账款转让通知书向南通建工集团进行邮寄。同日，恒基混凝土公司向建行大行宫支行提出保理预付款 5 784 000 元的支用申请，该申请于 2013 年 1 月 8 日得到建行大行宫支行审批同意。

2013 年 2 月 1 日，邓某强将债权转让协议及债权转让通知书向南通建工集团进行邮寄送达。2013 年 8 月，邓某强提起本案诉讼。

一审中，邓某强、南通建工集团及建行大行宫支行一致确认，恒基混凝土公司对南通建工集团的应收货款债权为 3 126 559.22 元。此外，南通建工集团确认已收到邓某强与恒基混凝土公司之间的债权转让协议及债权转让通知书，并对邓某强与恒基混凝土公司之间债权转让予以认可，但否认收到恒基混凝土公司2013年1月7日邮寄的应收账款转让通知书，并对建行大行宫支行与恒基混凝土公司之间债权转让不予认可。

南京市栖霞区人民法院于2013年9月作出（2013）栖商破字第3号民事裁定，受理恒基混凝土公司破产清算的申请，并指定江苏某律师事务所担任恒基混凝土公司管理人。管理人于2013年12月17日向南京市栖霞区人民法院提起诉讼，要求确认本案所涉恒基混凝土公司与邓某强之间的债权转让无效。在该案诉讼中，经对账，管理人与邓某强达成一致意见，认可本案所涉恒基混凝土公司与邓某强之间的债权转让成立。管理人因此向南京市栖霞区人民法院申请撤诉，南京市栖霞区人民法院于2014年12月15日裁定准许管理人撤诉。

【二审法院另查明事实】建行大行宫支行为受让人的债权转让通知书以邮寄方式向债务人南通建工集团送达，并经公证；建行大行宫支行与恒基混凝土公司签订的保理合同系有追索权的保理协议。因（2013）建民初第1727号民事裁定冻结了南通建工集团银行存款480万元，2013年7月1日南通建工集团向建邺区人民法院提出异议，称其于2012年12月4日、2013年1月7日（本案争议债权）收到受让人为建行大行宫支行的债权转让通知书。

裁判要点

【一审法院裁判要点】恒基混凝土公司将对南通建工集团的应收货款债权转让给邓某强，此债权转让在2012年12月16日恒基混凝土公司未能按期还款付息时已实际发生效力，且转让金额（9 057 559.53元）超过恒基混凝土公司对南通建工集团的实际债权金额（3 126 559.22元），在此情形下，到2013年1月7日恒基混凝土公司签发对南通建工集团的应收账款转让通知书时，恒基混凝土公司实际已不再享有对南通建工集团的应收账款债权。但恒基混凝土公司并未向原审第三人建行大行宫支行如实告知这一情况，其向原审第三人建行大行宫支行转让债权实际是将已转让给邓某强的债权重复处分，此重复转让债权的行为应属违法无效之举。而原审第三人建行大行宫支行作为专业金融机构，对恒基混凝土公司所转让债权的真实性、合法性并未在自己的能力范围内进行必要审查与核实，其对由此产生的风险责任应予承担。况且，邓某强与恒基混凝土公司的债权转让成立生效于原审第三人建行大行宫支行与恒基混凝土公司债权转让之前，而南通建工集团对邓某强与恒基混凝土公司的债权转让明确表示已及时知悉并予以认可，恒基混凝土公司管理人亦明确认可邓某强与恒基混凝土公司债权转让成立，在此情形下，即使邓某强与恒基混凝土公司的债权转让和建行大行宫支行与恒基混凝土公司的债权转让均为有效转让，邓某强与恒基混凝土公司的债权转让亦因最先成立生效并已对南通建工集团产生法律约束力且已得到恒基混凝土公司管理人的明确认可而应优先得到履行。基于上述分析，邓某强与恒基混凝土公司的债权转让合法有效，邓某强主张债权的条件已经成就，其据此向南通建工集团提出付款主张，理由正当。建行大行宫支行的诉讼请求，事实和法律依据不足，证据理由均不充分，不能成立。

【二审法院裁判要点】本案争议在于案涉债权 3 126 559.22 元的权利归属问题，一是两次债权转让的效力认定，即恒基混凝土公司重复转让债权的行为是否构成无权处分。二是如重复转让债权行为有效，哪一份债权转让通知对债务人南通建工集团发生效力。

关于争议焦点一，二审法院认为，恒基混凝土公司将其对南通建工集团享有的案涉债权，在让与邓某强后，再次将该债权让与建行大行宫支行的行为仍属有效。理由如下：其一，债权转让人与受让人之间达成的债权协议属合同之债，我国《合同法》第80条第1款规定："债权人转让权利的，应当通知债务人。未经通知，该转让对债务人不发生效力。"由此可知，债权转让未通知债务之前，对债务人不生效，但并不影响债权转让合同的效力。本案中，恒基混凝土公司将案涉债权让与建行大行宫支行（保理业务），不属于无权处分，案涉两个债权转让协议不违反法律、行政法规的强制性规定，当属合法有效。建行大行宫支行开展保理业务系有追索权保理，其取得对价即应收账款或借款人到期还本付息，故邓某强认为建行大行宫支行无偿取得应收账款的意见，缺乏事实与法律依据。一审法院认定恒基混凝土公司再次转让债权行为系无权处分，以及以债权转让的先后时间顺序确定争议债权归属的意见，缺乏依据。

关于争议焦点二，二审法院认为，案涉争议债权应归属于建行大行宫支行。理由如下：如前所述，在案涉债权转让均有效的条件下，争议债权归属于邓某强还是建行大行宫支行，取决于各债权让与通知书谁先到达债务人南通建工集团。首先，从现有证据来看，2013 年 1 月 7 日的受让人为建行大行宫支行的债权转让通知书，经公证以邮寄方式向债务人南通建工集团送达，而受让人为邓某强的债权转让通知书于 2013 年 2 月 1 日以邮寄方式送达，后者晚于前者。受让人为建行大行宫支行的债权转让通知书先于受让人为邓某强的债权转让通知书，到达债务人南通建工集团，且建行大行宫支行送达债权转让的通知书属经公证的书证，具有较高的证明力，属优势证据，故二审法院予以采信；其次，南通建工集团二审中虽称邓某强曾于 2012 年 12 月口头通知其债权受让事宜，以及其未收到 2013 年 1 月 7 日的债权转让通知书，但在此前其他案件中，南通建工集团曾书面向法院确认案涉争议债权属于建行大行宫支行，并于 2012 年 1 月 7 日收到建行大行宫支行为受让人的债权转让通知书，该前后不一致的陈述，有悖于当事人在诉讼活动中应诚实守信、如实陈述的相关规定。根据 2012 年修正的《民事诉讼法》第 75 条第 1 款"人民法院对当事人的陈述，应当结合本案的其他证据，审查确定能否作为认定事实的根据"的规定，邓某强及南通建工集团关于口头通知债权让与的陈述，在缺乏其他补强证据的情况下，尚不能作为认定本案待证事实的依据。据此，二审法院认定争议债权应归属于建行大行宫支行，南通建工集团应向其清偿债务。

【再审法院裁判要点】再审法院认为，恒基混凝土公司两次转让债权的行为均属有效，案涉债权应归属建行大行宫支行。首先，邓某强与恒基混凝土公司签订借款协议同时将对南通建工集团相关交易凭证交给邓某强，但借款协议还明确约定将案涉债权质押给邓某强，如恒基混凝土公司按期还款付息，则邓某强无权处理以上债权；如恒基混凝土公司不能按期归还借款本金或利息，则将上述质押债权转让给邓某强，由邓某强向债务人主张债权，可见双方订立合同时所约定的凭证交付及案涉债权的性质应属于权利质押，而非债权转让，只有债务履行期限届满后，恒基混凝土公司不能按约偿还，邓某强才能主张行使债权转让的权利，故即便邓某强持有恒基混凝土公司相应交易凭证，也不能据此认定其基于债权转让取得了案涉债权。邓某强与恒基混凝土公司约定的借款期限至 2012 年 12 月 16 日，即至 2012 年 12 月 16 日前，邓某强并不能以债权人身份主张案涉债权转让。而恒基混凝土公司与建行大行官支行签订保理合同的时间是 2012 年 11 月 20 日，在此期间，恒基混凝土公司未丧失债权，并不属无权处分。其次，邓某强在借款债权到期后，恒基混凝土公司并未及时通知债务人南通建工集团，邓某强不能取得案涉债权。《合同法》第 80 条第 1 款规定，"债权人转让权利的，应当通知债务人。未经通知，该转让对债务人不发生效力"。从现有证据来看，2013 年 1 月 7 日的建行大行官支行债权转让通知书，经公证以邮寄方式向南通建工集团送达，而邓某强的债权转让通知书于 2013 年 2 月 1 日以邮寄方式送达，后者晚于前者。建行大行官支行的债权转让通知书先于邓某强的债权转让通知书到达债务人南通建工集团。南通建工集团二审中虽称邓某强曾于 2012 年 12 月口头通知其债权受让事宜，以及其未收到 2013 年 1 月 7 日的债权转让通知书，但在此前其他案件中，南通建工集团曾书面向法院确认案涉争议债权属于建行大行官支行，并于 2012 年 1 月 7 日收到建行大行官支行为受让人的债权转让通知书，因此邓某强及南通建工集团关于口头通知债权让与的陈述证明力显然小于书面证据的证明力，在缺乏其他补强证据，且与书面证据存有矛盾冲突的情况下，理应采信书面证据所证明的内容。况且邓某强所称通知书并非由恒基混凝土公司所发出，故二审判决认定建行大行官支行债权转让通知书先于邓某强的通知书到达并无不当。原债权人与受让人签订债权转让合同并生效后，受让人仅是取得原债权人对债务人请求权，其是否实际获得债权有赖于是否通知债务人，从而取得相应债权。债权是具有相对性特征的请求权，只有通知债务人后，受让人才实际取得对债务人的债权请求权，否则该转让对债务人不发生效力。再次，2012 年《买卖合同司法解释》第 9 条规定的是普通动产的物权买卖，本案所涉系债权转让，其法律性质并不相同，邓某强主张适用该司法解释处理本案的意见不能成立。最后，《民事诉讼法解释》《执行规定（试行）》中有关各债权人对执行标的物按照各债权比例受偿，是针对执行环节财产分配方式的规定，并非针对债权人享有债权权利的比例划分。邓某强主张按比例清偿的申请再审理由，缺乏法律依据。

第十章

保理合同法律适用的体系化研究：
与债权让与/功能性担保之比较

包晓丽[*]

---

　*包晓丽，北京理工大学法学院助理教授（特别副研究员），北京市债法学研究会理事，北京银行法学研究会副秘书长。

保理法律关系是以基础交易项下应收账款转让为核心的系列法律关系的组合，而保理交易是以保理融资、应收账款管理与催收、应收账款债务人付款担保等任意组合为架构的多层联立的交易模式。因交易方在核心架构之上植入不同的交易安排，导致不同交易结构下的保理法律关系的属性亦有不同，这给司法裁判带来了一定程度的困扰。基于保理架构的多层次性和交易环节的复杂性，法院就保理纠纷的裁判标准差异较大，特别是对有追索权保理项下请求权行使规则的认识尚不统一。这种分歧表现为：保理项下应收账款转让的法律性质是什么？债权让与、让与担保抑或间接给付？保理项下多个请求权间的关系如何认定，已请求应收账款债务人归还保理融资款的保理商，是否还有权继续要求债权人清偿保理合同项下的债务？

本章认为，保理纠纷裁判规则的研究，需要正确处理当事人对权益保护的"叠加"预期与法律规则确定性、逻辑性之间的冲突。除非当事人明确约定应收账款债权人和债务人对保理商负连带责任，否则保理商有权请求应收账款债务人向其履行第一顺位的付款义务，并在债权未获完全清偿时向融资申请人行使追索权。

一、保理项下应收账款转让的法律性质

保理纠纷审判实践中，第一类裁判分歧即是对应收账款转让行为法律性质的认识差异。从法律关系角度来看，保理业务是包含了金融借款、应收账款转让、财务管理等多种法律关系的综合性金融服务。上述法律关系相互牵连、混合，造成交易各方之间权利义务的"叠加"，对准确界定保理交易的法律属性带来了困扰。并由此造成审判实务中，对于保理商请求权的范围、行使顺位以及诉讼管辖等问题存在不同的司法立场。因此，正确认识应收账款转让行为的法律属性，是有效判断保理合同当事人权利义务的必要前提，

更是解决保理纠纷的关键。

就保理交易结构而言，对于无追索权保理，保理合同一经订立，由保理商承担债务人付款不能的风险，保理商与基础交易债权人之间形成了一方转让应收账款，另一方支付保理预付款作为对价的债权让与关系。[1]《民法典》第767条规定："当事人约定无追索权保理的，保理人应当向应收账款债务人主张应收账款债权，保理人取得超过保理融资款本息和相关费用的部分，无需向应收账款债权人返还。"无追索权即意味着基础交易的信用风险转由保理商承担，当事人对风险的判断通过融资数额与权利内容的形式加以体现。此时，应收账款转让构成买卖型债权让与。除非发生合同约定的特殊回购情形，保理商应当向应收账款债务人主张应收账款债权。除当事人另有约定外，保理商取得超过保理融资款本息和相关费用的部分，无需向应收账款债权人返还。

但是，对于有追索权保理项下应收账款转让的法律性质，理论和实务中存在较大的认识分歧，主要存在债权让与说、让与担保说与间接给付说。尽管《民法典》公布后，配套的《担保制度司法解释》将涉及担保功能的保理纠纷作为该司法解释规范的对象，但本章作者认为，这只考虑到有追索权保理中融资申请人作为第一顺位还款义务人的情形，而未考虑无追索权保理和以应收账款债务人作为主要还款来源的情形，不能作为一般性的认识。

（一）既有争论及其评析

债权让与说[2]受国际公约中以无追索权保理为原型的法律规定的影响，主张有追索权保理无非是在债权让与的基础上增加了一项追索权的内容，其本质仍为债权让与。最高人民法院在"中国江苏国际经济技术合作集团有限公司、中国建设银行股份有限公司上海杨浦支行合同纠纷"和"鑫晟保理有限公司、上海周贤房地产开发有限公司等合同纠纷"（本章简称鑫晟保理

---

〔1〕 李宇：《保理合同立法论》，载《法学》2019年第12期；陈学辉：《国内保理合同性质认定及司法效果考证》，载《西北民族大学学报（哲学社会科学版）》2019年第2期。

〔2〕 黄斌：《国际保理——金融创新及法律实务》，法律出版社2006年版，第22-23页；许多奇：《保理融资的本质特色及其法律规制》，载《中南财经政法大学学报》2004年第2期；陈学辉：《国内保理合同性质认定及司法效果考证》，载《西北民族大学学报（哲学社会科学版）》2019年第2期。

案）的再审裁判中表达了此观点。[1]与此不同的是，让与担保说从功能角度分析，指出金融借贷是主法律关系，应收账款转让为从法律关系，发挥了一定的担保作用，本质上属于让与担保。[2]2016 年及以前的裁判大多持让与担保说的立场。[3]而间接给付说是最高人民法院在"珠海华润银行与江西燃料公司等合同纠纷"（本章简称珠海华润案）中表达的观点。法院认为有追索权保理中，"应收账款转让合同的法律性质并非纯正的债权让与，而应认定为具有担保债务履行功能的间接给付契约"。[4]除此之外，还有法官依据债权质押[5]、金融借款（鑫晟保理案的二审判决)[6]的法律规则，裁判保理纠纷案件。

通过对前述争议案件裁判时间与裁判结果的梳理，我们不难发现人民法院对应收账款转让的法律属性的认识，时间维度上，经历了从让与担保说到债权让与说/间接给付说的演变。效力维度上，最高人民法院通过鑫晟保理案的再审审查意见，明确否定了下级人民法院将应收账款转让作为借款合同的非典型担保手段的观点。此外，无论是让与担保说还是间接给付说，它们均以金融借贷作为保理交易的中心，主张应收账款转让无非发挥了担保还款的作用。这样的观点与既有的"一切金融服务都可还原为借贷法律关系"的认识是密不可分的。但是，随着金融创新的深入，裁判者应当本着实事求是的精神，以尊重真意、便捷交易为原则，承认当事人多元化、个性化的交易设计，扬弃一切皆为借贷的传统观念。

一方面，将保理项下应收账款的转让认定为金融借贷的让与担保手段，

---

〔1〕　参见最高人民法院（2019）最高法民申 2994 号民事裁定书、最高人民法院（2018）最高法民申 1513 号民事裁定书、最高人民法院（2018）最高法民申 1479 号民事裁定书。

〔2〕　陈本寒：《新类型担保的法律定位》，载《清华法学》2014 年第 2 期；林秀榕、陈光卓：《有追索权国内保理的法律性质》，载《人民司法（案例）》2016 年第 32 期。

〔3〕　参见福建省福州市中级人民法院（2013）榕民初字第 1287 号民事判决书、福建省福州市中级人民法院（2014）榕民初字第 1167 号民事判决书、福建省福州市中级人民法院（2015）榕民终字第 1734 号民事判决书。

〔4〕　参见最高人民法院（2017）最高法民再 164 号民事判决书。

〔5〕　参见江苏省高级人民法院（2014）苏审二商申字第 0281 号民事裁定书。

〔6〕　参见上海市高级人民法院（2016）沪民终 477 号民事判决书、上海市高级人民法院（2016）沪民终 478 号民事判决书。

在交易结构、还款来源、债权实现方式上均会遇到解释力上的障碍。首先，区别于体现为主从关系的让与担保，保理交易中各法律行为具有效力上的相对独立性和效果上的延展性，而非当然的从属关系。其次，从还款来源上看，若将应收账款转让理解为让与担保手段，则保理商应当先要求融资申请人履行还款义务，只有在融资申请人未予清偿保理融资款时，保理商才可以要求应收账款债务人承担担保责任，然而这不符合当事人在保理合同中设计的一般清偿规则。[1] 最后，让与担保中，为避免暴利行为，担保权人负有清算的法定义务。[2] 若将应收账款转让理解为让与担保手段，保理商应当请求人民法院参照 "实现担保物权案件" 的相关规定处置应收账款债权，明显与实际不符。[3] 随着实践中对保理法律关系认识的加深，曾经具有相当影响力的让与担保说慢慢淡出了主流审判视野。

另一方面，尽管珠海华润案的裁判结果值得肯定，但判决文书主文中将应收账款转让认定为间接给付的观点却值得商榷。间接给付表现为新债替代旧债，在新债完全清偿前，旧债并不消灭。若主张应收账款转让构成间接给付契约，即将应收账款转让作为新债，保理融资法律关系作为旧债，保理商对应收账款债务人的付款请求权代替了其对应收账款债权人的还款请求权。该说乍一看确有相当解释力，但是深入分析便会发现，保理商要求应收账款债权人履行还款义务的原因，并非基于融资合同中应收账款债权人对保理人的既有债务，而是应收账款债务人不履行付款义务的事实触发了追索权的行使条件。可见，间接给付界定的是保理商向基础交易合同债务人与债权人分别主张请求权的行使顺位关系，而非应收账款转让本身的法律性质。应收账款转让本身并非新债，而保理合同中关于追索权的约定才属之。

(二) 附追索条款的债权让与说之证成

随着交易关系由传统的单一、扁平的权利义务安排向保理交易中多层、

---

〔1〕 对于由融资申请人承担第一顺位还款责任，应收账款转让作为融资申请人还款保障的交易模式，其可解释为让与担保手段，但这有别于保理交易结构。

〔2〕 王闯：《让与担保法律制度研究》，法律出版社 2000 年版，第 363-366 页。

〔3〕 参见《九民纪要》第 71 条。

叠加的权利义务安排发展，机械地引致法律规范的法律适用方法遭遇了挑战。此时，裁判者应当结合整体交易结构、交易当事人的真实意思表示、权利外观、利益归属等方面确认交易行为的法律性质。具体而言，有追索权保理项下应收账款的转让构成附追索条款的债权让与，主要理由如下。

其一，从交易结构来看，保理法律关系构成合同的联立。它是包括了基础交易合同、保理融资合同、附追索权的债权让与协议以及担保合同的"准混合契约"，且前述行为在经济上具有一体性。[1]其二，从还款来源来看，保理商向融资申请人开展保理业务的动力主要是信赖应收账款债务人的还款能力，且以应收账款债务人作为第一还款来源。应收账款债务人直接向保理专用账户付款，具有债权让与中还款义务人一致性的法律特征。其三，从债权实现方式来看，当事人可就保理项下应收账款还款范围自行约定，而不负担清算义务，无需经过拍卖、变卖等担保物权实现方式，具有行权上的直接性。其四，从是否需要转让债权凭证来看，债权让与说主张应收账款债权人负有交付债权证书的义务。[2]从风险防范的角度，对基础交易项下的相关单据进行审核既是保理商的基本权利，也是其必要义务。[3]从实践需求的角度，大量保理纠纷产生于对基础交易真实性的争议。债权让与说在尚未增加应收账款债权人负担的情况下，赋予保理商请求交付或者披露债权凭证的权利，有利于查明真实交易情况，是为上策。

相较于普通债权转让，有追索权保理项下应收账款的转让在适用范围、让与通知方式、转让的终局性程度和禁止转让特约的效力等方面均存在一定的特殊性。[4]这也是合同编一般债权让与规则不能全部规范保理合同的重要原因。附追索条款的债权让与说既强调了应收账款转让在法律定性上属于债权让与一类，同时也指出了保理交易的复数请求权特征。当保理商向应收账款债务人请求付款未能得到履行时，有权请求应收账款债权人承担责任。有

---

〔1〕　陆青：《合同联立问题研究》，载《政治与法律》2014 年第 5 期。

〔2〕　崔建远：《合同法总论（中卷）》，中国人民大学出版社 2012 年版，第 413 页。

〔3〕　参见《商业银行保理业务管理暂行办法》第 14 条。

〔4〕　关丽、丁俊峰、包晓丽：《保理合同纠纷中基础交易合同债务人拒绝付款的司法认定》，载《法律适用》2019 年第 23 期。

观点认为此追索条件的约定可以认定为债权转让所附解除条件。[1]但实际上，保理商行使追索权对债权转让的效力没有影响，而构成债权反转让/间接给付条款的生效条件。

因此，有追索权保理项下应收账款的转让，宜认定构成附追索条款的债权让与。应收账款的转让既发挥了付款保障的作用（基础交易合同的存在证明债务人存在履行还款义务的基础），又是保理商的直接还款来源（应收账款债务人作为第一还款来源）。其法律效果表现为：当保理商向应收账款债务人请求付款未能得到履行时，有权依据追索条款的约定请求应收账款债权人承担还款责任。

对有追索权保理法律属性的准确认识，是后文判断应收账款效力瑕疵对当事人请求权的影响，以及保理交易复数请求权之间相互关系的前提和基础。它不仅是纯粹学理问题，更是关系裁判结果的重大价值判断问题，本书第六章、第八章和本章均有讨论。尽管《最高人民法院关于〈中华人民共和国民法典〉有关担保制度的解释》第1条规定"所有权保留买卖、融资租赁、保理等涉及担保功能发生的纠纷，适用本解释的有关规定"。但是，此条规定并非将保理等同于担保，反而体现保理的法律属性不能一概而论，只有其中发挥了担保功能的保理使用担保解释的规定，其他类型的保理并不属于担保的范畴。尽管附条件的债权让与说比让与担保说更能体现保理商对应收账款的账期盘活和融资作用，而非仅以应收账款作为增信工具。但需要强调的是，人民法院应当充分尊重当事人的意思表示。对于有追索权保理，应当根据保理合同关于还款条款的差异化设计，判断应收账款转让的性质。若应收账款债权人作为第一还款义务人的，应收账款转让构成让与担保；若应收账款债务人作为第一还款义务人的，应收账款转让实际上是附追索权条款的债权转让合同。

二、虚构应收账款的法律后果

保理纠纷中最常见的争议类型，即当事人以基础交易合同虚构为由，主

张保理合同无效。《民法典》第 763 条肯定了基础交易合同债权人和债务人双方串通虚构基础交易的情况下，保理商可以请求债务人履行付款义务。但如果保理商明知基础交易关系虚构，则无权请求债务人履行付款义务。[1] 对本条的理解应当分为三个层次：一是尽管基础交易的真实存在是保理合同有效成立的前提和基础，但是作为善意第三人的保理商仍然有权主张保理合同项下的权利。二是如果保理商明知或者应知基础交易不存在的，保理合同无效，其不得要求应收账款债务人还款。三是保理商作为开展保理业务的有专业能力和经验的主体，其对于基础交易真实性负有更高的审查义务。如果保理商未能尽到合理审查义务，应当根据其过错程度分担部分损失。

前两层含义通过一般文义解释即可得出，而第三层含义需要结合与有过失的学理规则和既有裁判观点方可得出。保理商作为从事保理业务的专业商事主体，对基础交易的真实性和合法性负有合理审查义务。保理商在保理合同签订前，应当结合历史交易情况、市场同类交易情况、客户预留印鉴、商品出入库情况、发票信息等审核基础交易合同，并在必要时进行实地勘察，以确认应收账款真实性。[2] 若保理商没有尽到合理审查义务，应当知道而不知道虚构应收账款的事实，保理商对损失的发生具有一定过错，应当分担相应的损失。[3]

（一）保理商明知或者应知基础交易虚构

《民法典》第 763 条保留了"保理人明知虚构的除外"的但书，即在保理商明知基础交易关系虚构的情况下，无权请求债务人履行付款义务。此规定与《民法总则》第 146 条关于通谋的虚伪意思表示的规定如出一辙。保理商和融资申请人在作出通谋的虚伪意思表示时，保理合同不发生效力。他们

---

[1] 参见最高人民法院（2017）最高法民终 332 号民事判决书。
[2] 参见最高人民法院（2018）最高法民再 128 号民事判决书。
[3] 参见《商业银行保理业务管理暂行办法》《中国银行业保理业务规范》《中国银行业监督管理委员会关于加强银行保理融资业务管理的通知》的规定。该审查义务不限于形式审查义务，保理商在合理范围内（可预见、审查成本合理、专业知识可识别）对基础交易的真实性还负有一定的实质审查义务。需要强调的是，本章观点与第五章观点存在一定差异，这同样体现出不同学者在保理人不存在明知虚构，但存在未尽审慎审查义务的情形下，保理人可否全额主张付款请求权这一问题的认识尚存分歧。

试图借助转让虚假应收账款的方式，将事实上的借贷关系包装为有基础交易合同作为还款来源的保理法律关系。从既往案例来看，保理商这样做的原因一方面是为了规避《最高人民法院关于审理民间借贷案件适用法律若干问题的规定》生效前企业间的非法拆借行为，另一方面是为了借保理合同的形式，获得高于民间借贷利息上限的服务费或者规避金融监管的要求。

尽管该种虚伪意思表示的对外效力存在绝对无效说（德国）和不得对抗善意第三人说（奥地利、日本）的争论，但虚构行为在合同当事人之间绝对无效已达成了一般共识。并且，虚伪行为往往掩盖了另一当事人真正希望发生的隐藏行为，如果隐藏行为符合法定生效要件的，那么其当然有效。[1]因此，在此情形下，保理商仍与出让人订立合同受让应收账款的，虚构行为无效，双方当事人之间不成立保理合同法律关系。保理商与出让人之间的权利义务关系应当按照双方当事人之间的真实合意加以确定，通常表现为民间借贷或者金融借款法律关系。

（二）保理商不知道或者不应当知道基础交易虚构

其一，无论基础交易虚假的事实是债权人单方伪造，抑或债权人和债务人共同伪造的，保理商有权行使合同撤销权。由于保理商叙作保理业务的基础在于应收账款债权作为保理融资的还款保障，当基础交易不存在时，保理商构成意思表示错误，可行使合同撤销权。[2]

其二，保理申请人与债务人共同伪造基础交易关系情形下，保理商可基于保理合同请求应收账款债务人履行付款义务。在珠海华润案和中铁新疆公司与工行钢城支行等合同纠纷（本章简称工行中铁案）[3]中，买卖双方在保理商向其调查、核实的过程中，制造双方存在应收账款的假象。虽然基础交易合同在双方当事人之间发生绝对无效的法律后果，但其对外效力应视作

---

〔1〕 冉克平：《论〈民法总则〉上的通谋虚伪表示》，载《烟台大学学报（哲学社会科学版）》2018 年第 4 期；杨代雄：《恶意串通行为的立法取舍——以恶意串通、脱法行为与通谋虚伪表示的关系为视角》，载《比较法研究》2014 年第 4 期。

〔2〕 参见最高人民法院（2019）最高法民申 2994 号民事裁定书、最高人民法院（2019）最高法民申 1533 号民事裁定书。

〔3〕 参见最高人民法院（2014）民二终字第 271 号民事判决书。

为第三人的保理商是否知情而发生不同的法律后果。在保理商并不知情的情况下，应收账款债务人因其通谋虚构的行为而应向保理商履行付款义务，责任范围以虚构的应收账款数额为限。

其三，在保理申请人与债务人共同伪造基础交易关系的情形下，保理商亦可请求应收账款债务人承担侵权损害赔偿责任。[1]在"路桥公司与北京银行上海分行财产损害赔偿纠纷"[2]中，融资申请人罗依莱路用分公司负责人通过伪造法定代表人授权书、财务报表，与路桥公司的工程合同、购销合同、发票等材料骗取北京银行上海分行的保理融资款。其间，路桥公司在债权转让通知书上加盖公章进行了确认，并出具了付款承诺书。一、二审法院均表示，路桥公司不顾应收账款金额的真实性进行确认并加盖公章的行为具有重大过错，且路桥公司上述行为足以使北京银行上海分行相信并确认罗依莱路用分公司对路桥公司享有基础交易项下的合格应收账款。因此，路桥公司应当对北京银行上海分行的损失承担侵权损害赔偿责任。

其四，在诉权行使方式上，保理商可以行使合同撤销权、保理合同付款请求权，还可以以共同侵权为由请求债权人和债务人承担连带赔偿责任。立足于保护受害人的立法初衷，《合同法》第122条的解释立场应当是请求权相互影响说，而非"择一消灭"的请求权竞合说。此时，保理商享有复数请求权，既可以提起合同之诉，也可以提起侵权之诉，两者并不相悖。[3]由于我国广泛采纳旧诉讼标的理论（实体法所规定的请求权在诉讼法上即对应形成诉讼标的的），[4]当事人不得同时以两个诉由起诉。保理商在违约之诉败诉后，可再以侵权提起后诉。然而，请求权相互影响说也并非完美，为纠正其在理论上的自我割裂及其在实践中的异化，新近主张常常致力于统合法律

---

〔1〕　关于债权侵权责任，学界和实务界普遍认可第三人故意侵害债权的应当承担侵权责任，(2017)最高法民终181号民事判决书确认了第三人重大过失也可成立债权侵权责任。参见杨立新、李怡雯：《债权侵权责任认定中的知悉规则与过错要件——（2017）最高法民终181号民事判决书释评》，载《法律适用》2018年第19期。

〔2〕　参见上海市第二中级人民法院（2015）沪二中民六（商）终字第386号民事判决书。

〔3〕　叶名怡：《〈合同法〉第122条（责任竞合）评注》，载《法学家》2019年第2期。

〔4〕　李浩：《不当得利与民间借贷的交集——诉讼实务中一个值得关注的问题》，载《清华法学》2015年第1期；王亚新、陈晓彤：《前诉裁判对后诉的影响——〈民诉法解释〉第93条和第247条解析》，载《华东政法大学学报》2015年第6期。

效果，强化对受害人的保护。"汝给我事实，我给汝法律"，但这样的理想图景仍有待实体法与程序法的改革方能实现。[1]

三、保理追索权与应收账款付款请求权的关系

根据前海合作区人民法院的统计，其已受理的保理合同案件均为有追索权的保理。在有追索权保理中，保理商的诉请类型包括：（1）同时起诉债权人和债务人，请求其承担连带责任；（2）同时起诉债权人和债务人，请求两者承担补充责任；（3）仅起诉债权人；（4）仅起诉债务人。由于应收账款追缴存在一定的诉讼风险和成本，如债务人以应收账款虚构为由拒绝履行付款义务、债务人向保理商主张基础交易合同约定的抗辩权等，因此超过一半的案件，保理商仅将应收账款债权人作为被告。由此，带来了两方面的裁判分歧：一是保理商可否同时起诉债权人和债务人？二是若保理商已起诉应收账款债权人，可否再对应收账款债务人提起诉讼？对上述问题的回答，实际上在于回应应收账款付款请求权和保理商对债权人的追索权之间的关系问题。

（一）应收账款债权人与应收账款债务人承担连带责任

为了全面保护自己的利益，保理商往往同时起诉应收账款债权人与债务人，请求二者承担连带责任。但是，连带之债仅基于法律的明文规定或者当事人的明确约定发生，只有在当事人存在主观或者客观上的共同性时，法律才会将其作为连带责任的主体。[2]因此，在保理合同法律关系中，当且仅当当事人明确约定应收账款到期后，债务人与债权人在保理融资款本息范围内承担连带责任的，保理商有权同时起诉二者，要求其履行连带付款义务。

（二）应收账款债权人承担补充责任

若当事人未明确约定连带责任的，争议最大的即为保理商到底可以向应

---

〔1〕 叶名怡：《〈合同法〉第122条（责任竞合）评注》，载《法学家》2019年第2期。

〔2〕 张平华：《连带责任的弹性不足及其克服》，载《中国法学》2015年第5期。

收账款债权人与债务人主张何种权利，以及它们之间的相互关系。实际上，应收账款付款请求权与追索权是基于不同法律关系形成的相互独立的两个请求权。前者基于基础交易合同产生，后者基于保理融资合同产生。保理合同一般约定，当应收账款因任何原因不能按时足额收回时，保理商均有权向债权人进行追索。并且，在债务人未足额向保理商支付全部应付未付款项前，保理商作为应收账款的债权人，仍享有应收账款的一切权利。

就两个请求权的关系，既有裁判明确表达了两方面的意见：一是从符合于"叙作保理业务系基于基础交易项下债务人还款能力"的角度考量，应收账款债务人承担第一顺位的付款责任（珠海华润案）。[1]保理商对应收账款债务人的付款请求权，与对应收账款债权人的追索权之间成立补充关系，应收账款债权人在债务人不能清偿的范围内承担补充责任（工行中铁案）。二是保理商并不因为提出追索权主张而消灭应收账款付款请求权。[2]保理合同关于追索权的约定，实为担保债务履行功能的间接给付契约。追索权的行使并不具有消灭应收账款债权的效力，只有当保理商的债权因应收账款债权人的履行而完全实现后，保理商对债务人的债权才同时消灭。

责任形态上，多个请求权间的关系类型包括连带责任、不真正连带责任、按份责任和补充责任。连带责任强调多个主体在债务形成中的主客观一致性，按份责任则着眼于其横向分裂性，而补充责任则强调责任的先后性。[3]根据保理商业实践，债权人将应收账款转让于保理商后，应收账款债务人对保理商承担第一顺位还款责任，这体现了明显的顺位特征。尽管保理商往往希望诉诸连带责任规则实现自己的权利，但从民法基本原理与探求当事人真意出发，既有裁判共识认为债权人在债务人未能清偿的范围内承担补充责

---

〔1〕　参见最高人民法院（2017）最高法民再 164 号民事判决书。

〔2〕　《天津汇融保理有限公司诉天津百畅医疗器械销售有限公司等保理合同纠纷案——保理合同法律关系的认定及保理商权利救济》，载最高人民法院中国应用法学研究所编：《人民法院案例选 2015 年·第 4 辑　总第 94 辑》，人民法院出版社 2016 年版，第 209 页。《天津市高级人民法院关于审理保理合同纠纷案件若干问题的审判委员会纪要（二）》第 8 条、《前海保理裁判指引（试行）》第 24 条亦是通过条文的形式明确了上述规则。

〔3〕　参见杨立新：《论不真正连带责任类型体系及规则》，载《当代法学》2012 年第 3 期；李中原：《多数人之债的类型建构》，载《法学研究》2019 年第 2 期。

任。[1]需要注意的是，这不同于一般保证中的补充责任，融资申请人（债权人）并不享有先诉抗辩权。债务人不能清偿应当理解为到期后保理商向债务人要求履行而未获清偿这一客观事实，而无需以诉讼等方式提出，也不要求客观不能清偿。[2]

《民法典》第766条规定，保理商可以向应收账款债权人主张权利，也可以向应收账款债务人主张债权。立法者似乎想通过模糊化的表达方式回避对请求权关系问题产生的争议。但在立法技术上，这样的表述很难不让我们将其与《民法典》第688条有关连带责任保证的规定相联系。通过前文的分析可知，除当事人明确约定的以外，应收账款债务人与应收账款债权人不构成连带责任关系，前者负有第一顺位的履行义务。笔者认为，更合理的理解应当是：当事人约定有追索权保理的，保理人可以向应收账款债务人主张应收账款债权，债务人不履行债务时，也可以向应收账款债权人主张返还保理融资款本息或者回购应收账款债权。

（三）"追索"的法律后果

保理商对应收账款债务人和债权人的付款请求权均作为保理融资款及相应费率的回收保障和手段，在范围上应当以保理融资款本息为限。保理商选择向债权人行使追索权的法律效果，实务中存在两种不同的裁判意见。珠海华润案认为追索权的行使表现为间接给付契约，在应收账款债权人完全履行付款义务以前，保理商对应收账款债务人的付款请求权并不消灭。天津市高级人民法院在"中航国际煤炭物流有限公司、中航国际煤炭物流有限公司新疆分公司、天津钦浩国际贸易有限公司与锦州银行股份有限公司天津广开支行合同纠纷"[3]中表示，追索权即为回购权，保理商向应收账款债权人主张回购的，使得应收账款反转让回债权人的条件成就，保理商不得再基于基础交易合同要求应收账款债务人履行付款义务，而只能依据其与债权人达成

〔1〕 贺小荣主编：《最高人民法院第二巡回法庭法官会议纪要（第一辑）》，人民法院出版社2019年版，第50页。
〔2〕 参见最高人民法院（2014）民二终字第271号民事判决书。
〔3〕 参见天津市高级人民法院（2017）津民终170号民事判决书。

的回购协议请求债权人付款，债权人重新取得应收账款债权。

"追索"的法律后果并非一成不变的，其因条文设计的差异而有所不同。人民法院应当从意思自治原则出发，结合当事人在保理合同中的约定，以及保理商与应收账款债权人的事后还款约定，判断诉争标的是构成间接给付契约的追索权行使，抑或是基于回购约定而对应收账款债权人的付款请求权。若构成追索权行使的，根据间接给付的一般法理，在对债权人的追索权（新债）未得满足时，保理商并不丧失对债务人的付款请求权（旧债）。与此相对，若保理商选择向债权人行使回购请求权，即意味着应收账款反转让回债权人，保理商不得再基于基础交易合同请求应收账款债务人履行付款义务，而只能请求债权人付款。

（四）诉讼当事人地位

司法实践中，人民法院对于基于基础交易合同的付款请求权之诉和基于保理合同的追索权之诉的关系存在不同认识，有少量案件驳回当事人合并审理的诉讼请求，但此种做法欠妥。[1]一般地，法院普遍认可保理商不仅有权请求债务人履行清偿义务，同时有权向债权人追索。[2]尽管从诉讼关系上看，应收账款付款请求权之诉与追索权之诉属于可分之诉。但从实体法责任承担上看，二者的责任具有补充关系，且在事实审查时也具有相当的共通性和牵连性。对于保理商的前述两个请求权，法院可以通过普通共同诉讼合并审理。一方面，合并审理有利于查明案件整体情况，充分定分止争，提高诉讼效率。另一方面，对于确已成立有追索权保理法律关系的，由于基础法律关系和保理融资关系具有较强的关联性，且应收账款债权人和债务人之间成立连带责任或者补充责任关系，二者构成牵连的必要共同诉讼，法院应依职权追加未被起诉的当事人，对二者合并审理。[3]

---

〔1〕　参见北京市第一中级人民法院（2013）一中民初字第 6559 号民事裁定书。
〔2〕　参见《天津市高级人民法院关于审理保理合同纠纷案件若干问题的审判委员会纪要（一）》第 6 条和《前海保理裁判指引（试行）》第 7 条。
〔3〕　肖建国、宋春龙：《民法上补充责任的诉讼形态研究》，载《国家检察官学院学报》2016 年第 2 期。

四、结语

由于保理合同与一般债权让与规则存在差异，在我国《民法典》编纂奉行民商合一立法体例的背景下，其作为新型有名合同"入典"具有相当的必要性。"保理合同形成复合法律关系，表现为应收账款债权转让加上应收账款管理或催收；或是应收账款债权转让加上保理人提供资金融通；或是应收账款债权转让加上应收账款债务人付款担保的服务；或是应收账款债权转让和几种服务叠加。"[1]可见，保理合同的功能与属性不能一概而论，有的情况下应收账款转让为纯粹的债权让与；有的情况下其发挥担保回款的功能。我们可通过保理商是否负担保付义务来进行区分，"负保付义务者，保理合同，其实就是应收账款债权之买卖，当中应收账款债权之转让是出卖人义务之履行；不负保付义务者，保理合同，其实就是贷放或消费借贷合同，当中应收账款债权之转让只是一种担保（权利质权或是担保信托）"。[2]

在虚构基础交易情况下，若保理人明知的，其无权请求债务人履行付款义务。若保理人不知道或者不应当知道基础交易为虚构的，其既有权根据保理合同的约定请求共同虚构的债务人履行付款义务或者向债权人追索，又可以行使合同撤销权或者侵权损害赔偿请求权。在责任承担上，保理人向应收账款债务人主张权利的范围以应收账款的数额为限。除明确约定由应收账款债权人和债务人向保理人承担连带责任外，应收账款债务人承担第一顺位还款责任，债权人承担相应的补充责任。

【关联法条】

▶法律法规

《民法典》

第766条　当事人约定有追索权保理的，保理人可以向应收账款债权人

---

[1]　崔建远：《保理合同探微》，载《法律适用》2021年第4期。
[2]　黄茂荣：《论保理合同》，载《法治研究》2021年第3期。

主张返还保理融资款本息或者回购应收账款债权，也可以向应收账款债务人主张应收账款债权。保理人向应收账款债务人主张应收账款债权，在扣除保理融资款本息和相关费用后有剩余的，剩余部分应当返还给应收账款债权人。

第767条　当事人约定无追索权保理的，保理人应当向应收账款债务人主张应收账款债权，保理人取得超过保理融资款本息和相关费用的部分，无需向应收账款债权人返还。

▶司法解释

《担保制度司法解释》

第1条　因抵押、质押、留置、保证等担保发生的纠纷，适用本解释。所有权保留买卖、融资租赁、保理等涉及担保功能发生的纠纷，适用本解释的有关规定。

第66条　同一应收账款同时存在保理、应收账款质押和债权转让，当事人主张参照民法典第七百六十八条的规定确定优先顺序的，人民法院应予支持。

在有追索权的保理中，保理人以应收账款债权人或者应收账款债务人为被告提起诉讼，人民法院应予受理；保理人一并起诉应收账款债权人和应收账款债务人的，人民法院可以受理。

应收账款债权人向保理人返还保理融资款本息或者回购应收账款债权后，请求应收账款债务人向其履行应收账款债务的，人民法院应予支持。

▶地方司法文件

《保理纪要（一）》

二、保理法律关系的认定

……

保理法律关系不同于一般借款关系。保理融资的第一还款来源是债务人支付应收账款，而非债权人直接归还保理融资款。保理法律关系也不同于债权转让关系，保理商接受债务人依基础合同支付的应收账款，在扣除保理融资本息及相关费用后，应将余额返还债权人。

《保理纪要（二）》

八、保理商的权利救济

债务人应当按照应收账款债权转让通知向保理商或者债权人支付应收账款。债务人知道或者应当知道其向保理商支付应收账款的，如果仍向债权人支付，保理商向债务人主张支付应收账款的，应予支持。

保理合同签订后，债权转让通知送达债务人之前，债务人已经向债权人支付的应收账款，保理合同对此有约定的从约定。保理合同无约定的，保理商向债权人主张给付其所收取的应收账款的，应予支持。

债务人未依约支付全部应收账款时，保理商提出下列主张的，应予支持：1. 应收账款债权转让通知已经送达债务人的，保理商要求债务人支付全部应收账款。2. 债权转让通知没有送达债务人的，保理商要求债权人积极向债务人主张支付全部应收账款，并按保理合同约定将相应款项给付保理商。3. 债权人负有回购义务的，保理商要求债权人返还保理融资本息并支付相关费用。4. 债权人的回购义务履行完毕前，保理商依据保理合同及债权转让通知要求债务人付款或者收取债务人支付的应收账款。

债权人履行回购义务后，保理商应将应收账款及其项下的权利返还债权人，债权人取得基础合同项下对债务人的相应债权，保理商不得再向债务人主张还款。前述所称回购义务是指债权人向保理商转让应收账款后，当发生保理合同约定的情形时，债权人应依约从保理商处购回所转让的应收账款债权。

债务人依约支付全部应收账款的，保理商在扣除保理融资本息及相关费用后，应将保理回款的余款返还债权人。

《前海保理裁判指引（试行）》

第二十四条 【保理商的救济途径】债务人未按照债务履行期限支付全

部应收账款时，保理商提出下列主张的，应予支持：

（一）【按照基础合同向债务人主张】债务人收到债权转让通知后，未按照通知要求付款，保理商请求债务人履行债务的；

（二）【按照保理合同向债权人主张】债务人不履行义务，保理商按照保理合同的约定要求债权人归还融资款或者回购应收账款债权的；

（三）【按照保理合同向债权人、债务人同时主张】合同约定债务人不能清偿债务时，保理商对债权人享有追索权或者应收账款债权回购请求权，保理商一并起诉债权人及债务人，主张债务人承担清偿责任、债权人在债务人不能清偿的范围内承担相应责任的；

（四）【约定连带责任】保理商与债权人、债务人约定由债权人与债务人对应收账款承担连带责任，保理商一并起诉债权人、债务人要求其承担连带责任的。

▶国际条约与惯例

《国际保理通则》

第十二条　转让

（i）应收账款的转让意味着并构成通过各种方式的对与应收账款相关的所有权利、权益及所有权的转让。根据本定义，对应收账款提供担保权亦被视作应收账款的转让。

（ii）鉴于进口保理商受让了应收账款的完全所有权，因此其有权以自己的名义单独，或与出口保理商和（或）供应商联名起诉或执行催收，其有权以出口保理商名义或以该供应商名义对债务人的付款票据进行收款背书，且进口保理商享有运输中所有的留置权和停运权，以及未获付款的供应商对于已被债务人拒收或退回的货物的一切其他权利。

（iii）所有的应收账款转让必须采用书面形式。

【典型案例】

中铁新疆公司与工行钢城支行等合同纠纷［**最高人民法院（2014）民二终字第271号**］

基本案情

【一审法院查明事实】2013年2月1日，诚通公司（供方）与中铁新疆公司（需方）签订《买卖合同》（编号分别为2013—××—0201—1、2、3、4号），约定由诚通公司向中铁新疆公司出卖价款共计为150 012 150元的铅锭5051吨和锌锭4808吨，中铁新疆公司在合同签订后六个月内将所有货款付清。2013年2月1日、4日、18日，诚通公司向中铁新疆公司共计开具134张《广东增值税专用发票》，价税合计150 012 150元。2013年2月1日、4日、5日，诚通公司共计出具了收货部门为"经营二部"、客户名称为中铁新疆公司的《出仓单》10份，载明货物为锌锭4808吨、铅锭5051吨。2013年2月4日，诚通公司出具了提货单位为中铁新疆公司的《发货通知书》8份，载明货物为锌锭4808吨和铅锭5051吨。中铁新疆公司于2013年2月6日制作的《入库单》载明：其于2013年2月6日入库锌锭4808吨，价款为75 004 800元，铅锭5051吨、价款为75 007 350元，价款合计为150 012 150元。

2013年3月5日，诚通公司、中铁新疆公司、工行钢城支行在《应收账款保理业务确认书》上加盖印章，诚通公司、中铁新疆公司还在该《应收账款保理业务确认书》上加盖了法定代表人的私章。诚通公司在该《应收账款保理业务确认书》中称："我公司将与中铁新疆公司于2013年2月1日签订的编号为：2013—××—0201—1、2、3、4号《买卖合同》项下应收账款（发票未付金额为150 012 150元）转让给工行钢城支行叙作保理业务，并授权保理银行直接从以上账户扣收融资本息及有关费用，即使该保理融资尚未到期。"工行钢城支行在该《应收账款保理业务确认书》中称："鉴于销货方已将与购货方签订的《买卖合同》项下的以上应收账款债权及相关权利转让给本保理银行，请销货方按照购销合同及《应收账款债权转让通知书》的约定及时将以上应收账款以现金、转账、电汇方式付至账号为30×××26

的账户，如你单位开立银行/商业承兑汇票，请将银行/商业承兑汇票的收款人填写为本行。"中铁新疆公司在该《应收账款保理业务确认书》中称："截至诚通公司（销货方）在本确认书上签字之日，确认以下销货方应收账款（发票未付金额为 150 012 150 元）尚未支付。对于确认的未付款项，根据编号为 2013—××—0201—1、2、3、4 号购销合同及《应收账款债权转让通知书》约定，将向账号为 30×××26 的收款专户进行支付。且不出于任何原因对该等款项进行任何抵销、反请求或扣减。"

2013 年 3 月 12 日，工行钢城支行（甲方）与诚通公司（乙方）签订 2013（EFR）00028 号《国内保理业务合同》，主要内容如下：鉴于乙方作为销货方以其与购货方之间形成的应收账款，向甲方申请办理有追索权保理业务。第 1 条，有关用语定义。有追索权保理业务：指乙方将其因向购货方销售商品、提供服务或其他原因所产生的应收账款转让给甲方，由甲方给乙方提供应收账款融资及相关的国内保理服务，若购货方在约定期限内不能足额偿付应收账款，甲方有权按照本合同约定向乙方追索未偿融资款。应收账款：指乙方转让给甲方的其与购货方在真实、合法的交易和债权债务关系的基础上产生的唯一、具体、特定和排他的无争议合法债权。结息日：对于一次性计收利息的，结息日为甲方融资发放日；按月计收利息的，结息日为每月的第 20 日；按季计收利息的，结息日为每季末月的第 20 日。……第 3 条，保理融资用途、金额和期限。3.1，本合同项下融资用途为购买物资。未经甲方书面同意，乙方不得将融资款项挪作他用。3.2，乙方将应收账款债权及相关权利转让甲方，甲方审查确认后，按照本合同项下每笔应收账款发票对应的保理融资金额（《应收账款转让清单》，见附件，下同）之和，给予乙方总额为 150 000 000 元（大写：壹亿伍仟万元整）的保理融资。3.3，甲方给予乙方的每笔应收账款发票对应的保理融资的期限自融资发放日起至甲乙双方约定的融资还款日止，具体见《应收账款转让清单》。3.4，实际提款日和还款日以借据记载为准。借据是本合同的组成部分，与本合同具有同等的法律效力，借据与《应收账款转让清单》中记载的保理融资金额、融资期限等事项不一致时，以借据为准。第 4 条，保理融资利率和利息。4.1，本合同项下保理融资利率具体见《应收账款转让清单》。4.2，融资利率按放款日前一个工作日公布的三个月 Shibor 加/个基点（BP）执行（年利率 5.6%）。……4.4，融资到期甲方未全额收回的，融资逾期部分仍适用上述利率确定方式。4.5，如遇中国人民银行调整贷款利率确定办法，则按中国人民银行的有关规定办理。4.6，本合同项下融资的结息方式为发放融资时一次性结息。4.7，按照 4.6 条约定，甲方在发放融资时扣收融资利息。第 5 条，应收账款的登记与回收。5.1，甲方有权通过中国人民银行征信中心应收账款质押登记公示系统就本合同项下转让的应收账款办理转让登记，且乙方对甲方在应收账款质押登记公示系统中的登记内容已确认无误。……5.7，本合同项下的应收账款可采取由乙方进行催收，督促购货方及时将应收账款存入保理账户的方式回收，具体见《应收账款转让清单》。5.8，甲方收到购货方全额付款后，应与应收账款对应的融资逐笔勾对，确认无误的，该笔应收账款对应的融资从《应收账款转让清单》中勾销，如有保理余额的，甲方应及时将保理余款给付乙方。第 6 条，保理账户监管。6.1，乙方在甲方开立的账号为 30×××26 的保理账户用于收取相应的应收账款以及扣划保理融资本息，未经甲方同意，乙方不得自行从该账户支取任何款项，也不发出从该账户支付任何款项的指令。该账户不得开通网上银行业务。……6.4，在下述情况下，甲方有权从保理账户直接扣划其所对应的融资本息及相关费用：（1）本合同约定的结息日，乙方未能足额偿还应付利息；（2）融资到期日（包括甲方宣布提前到期），乙方未能足额支付应还融资本息；（3）融资对应的应收账款提前到账。6.5，融资到期日保理账户中的金额不能足额支付其所对应的保理融资本息的，甲方有权从乙方在甲方的任何账户中扣收相应款项以清偿全部融资本息及其他应付费用。补充条款：货款回笼账户由我行新疆分行进行封闭管理，贷款还清前，未经我行同意，不得支取该账户上的资金，但回款账户资金大于我行贷款余额时，借款人可支取超出贷款余额部分的资金。第 7 条，应收账款回购条件、方式及程序。7.1，由于乙方的虚假陈述或保证，对本合同项下应收账款的偿还产生不利影响的，乙方应按照甲方通知进行回购。7.2，除 7.1 条约定外，对符合下列条件的有追索权保理业务，乙方也应按照甲方通知进行回购：（1）因货物损失或其他任何原因致使购货方对本合同项下应收账款的偿还提出异议，进而拒付或少付的应收账款；（2）保理融资到期日，甲方未收到购货方付款，或购货方付款金额不足以偿付融资本金、融资利息、罚息及有关费用；（3）构成本合同第 10 条约定的违约行为，被甲方宣布到期的保理融资。……7.4，乙方接到甲方要求其回购应收账款的书面通知后 3 日内，按照甲方通知要求对未收回的应收账款进行回购；乙方全额回购的，甲方与乙方签署有关确认应收账款回购的书面文件，并在款项到账后，本合同终止。第 8 条，甲方的权利和义务。8.1，甲方在本合同中行使以下权利，履行以下义务：（1）自本合同生效之日起，应收账款债权转移至甲方，甲方享有与该应收账款有关的所有权利；（2）若发生乙方应回购而未予回购的事宜，甲方有权行使抵销权和追索权，即从乙方开立在工行及其分支机构的任何账户中直接扣划应予回购的款项或对其所欠款项予以追索。……8.2，有追索权保理业务项下甲方还具有以下权利：（1）保理融资本息未足额收回前，乙方未按本合同约定向甲方偿还融资及相关费用的，甲方有权直接从保理账户中回收融资本金，收取保理业务手续费、融资利息、逾期罚息及有关费用；……（3）融资到期日，若甲方收到的货款不足以支付融资本金、融资利息、逾期罚息及有关费用，甲方有权自行决定是否对购货方进行追索，甲方向购货方行使追索权的，不影响乙方的回购义务，但如果甲方已从购货方处获得部分或全部货款，乙方的回购金额亦随之降低，如产生保理余款，甲方应及时将保理余款支付给乙方。第 9 条，乙方的权利和义务。9.1，乙方应按本合同约定支付保理融资利息、逾期罚息及有关费用，并按本合同约定履行回购义务，承担甲方为实现本合同项下债权而产生的费用，包括但不限于律师费、评估费、拍卖费等。……第 10 条，违约及违约责任。……10.4，乙方未按期偿还本合同项下融资本金及利息的（含被宣布提前到期），甲方有权自逾期之日起在原融资利率基础上加收 50% 的利率计收罚息，并对未按期支付的利息按本条约定的罚息利率计收复利。第 11 条，受托支付。11.1，本合同项下保理融资采取受托支付方式。11.2，根据相关监管规定及甲方管理要求，甲方可对符合本合同约定条件的融资款项支付或经乙方同意由甲方受托支付的其他款项采用受托支付方式，即甲方根据乙方的提款申请和支付委托，将融资款项支付给符合约定用途的乙方支付对象。11.3，受托支付对象及账户、付款金额如下：北京乾路达公司、0117×××××××××××8153、北京农商行高碑店支行广渠东路分理处、99 528 776 元；北京北嘉弘公司、0200×××××××××××1519、工行海淀支行、49 734 090 元；佛山市南海宝苊公司、7447×××××××××××1916、中信银行佛山大沥支行、737 134 元。此外，合同还就其他相关事项进行了约定。

作为《国内保理业务合同》附件的《应收账款转让清单》载明：根据乙方办理有追索权保理业务申请，经双方确认，乙方将其与购货方之间形成的应收账款（见附件《应收账款转让明细表》）债权及相关权利转让给甲方，由甲方为乙方提供总额为 150 000 000（大写：壹亿伍仟万元整）的保理融资。《应收账款转让明细表》载明：购货方为中铁新疆分公司，应收账款发票实有金额为 150 012 150 元，应收账款还款日为 2013 年 9 月 11 日，保理融资金额 1.5 亿元，保理融资发放日为 2013 年 3 月 13 日，保理融资到期日为 2013 年 9 月 11 日，融资利率为 5.6%，利息计收方式为一次性结息。

2013 年 3 月 12 日，诚通公司、工行钢城支行向中铁新疆公司发出《应收账款债权转让通知书》，称："根据诚通公司（销货方）与工行钢城支行（保理银行）于 2013 年 3 月 12 日签订的编号为 2013（EFR）00028 号的《国内保理业务合同》，销货方已将与贵公司签订的编号为 2013—××—0201—1、2、3、4 号的购销合同项下的以下应收账款债权及相关权利转让给保理银行，请贵公司按照该购销合同约定及时将以下应收账款付至保理银行的账户 30×××26：发票编号 08230269—08230284、发票金额 18 470 400 元、发票未付余额 18 470 400 元；发票编号 04126207—04126330、发票金额 131 541 750 元、发票未付余额 131 541 750 元"。

2013 年 3 月 13 日，工行钢城支行以借款形式向诚通公司提供 1.5 亿元融资。2013 年 8 月 23 日，工行钢城支行向诚通公司发出编号为钢城 20130823 的《中国工商银行提示归还到期融资通知书》，称：贵单位于 2013 年 3 月 13 日向我行申请融资壹亿伍仟万元，将于 2013 年 9 月 11 日到期，请抓紧筹措资金，于融资到期日前将款项存入贵单位在我行开立的还款（存款）账户，确保按期归还融资本息。2013 年 8 月 29 日，诚通公司在《回执》上加盖印章和法定代表人私章，该回执称：贵行于 2013 年 8 月 23 日发出的编号为钢城20130823的《中国工商银行提示归还到期融资通知书》已收悉，我单位将积极筹措资金，保证按期足额归还融资本息。否则，我单位同意贵行按中国人民银行规定和融资业务合同约定对逾期融资加收利息，并对欠息计收复利。2013年10月23日，新疆某律师事务所受工行钢城支行的委托，向诚通公司发出《律师函》称：根据相关法律规定，你公司应对保理融资承担偿还责任。为此，我律师事务所受工行钢城支行委托，向你公司发送律师函，请你公司接到此函后，立即履行回购应收账款或偿付保理融资的义务。

2013年9月11日、21日，工行钢城支行从诚通公司的银行账户中扣划4537.65元、3.67元，用于归还保理融资。目前，诚通公司未返还的保理融资数额为149 995 458.68元。工行钢城支行在本案中向诚通公司主张的2 497 518.77元逾期利息数额的计算方法为：以149 995 462.35元作为基数，以每月20日作为结息日，以年利率8.4%为逾期利率（以约定年利率5.6%为基数加收50%），对至每月结息日未支付的逾期利息计收复利，期间自2013年9月11日至2013年11月20日共计71天。

诚通公司以中铁新疆公司为被告，以中铁新疆公司未履行本案所涉《买卖合同》（编号为2013—××—0201—1、2、3、4）项下的付款义务为由，分别向一审法院提起民事诉讼，要求中铁新疆公司支付相应的价款并赔偿相应的利息损失。在上述案件中，诚通公司提供的收货凭证载明"销售部门"为"经营二部"、"发货日期"和"填制"时间分别为2013年2月5日、2013年2月6日、2013年2月18日、2013年2月19日，中铁新疆公司在收货凭证中"收货单位"栏处上加盖印章。

【二审法院查明事实】2013年3月1日，中铁新疆公司的工作人员以电子邮件的方式，将加盖公章的《入库单》的扫描件发至工行钢城支行员工的邮箱，《入库单》载明该公司于2月6日入库锌锭4808吨、铅锭5051吨。2013年3月13日，工行新疆分行已经将涉案应收账款在中国人民银行征信中心办理了应收账款转让登记。

裁判要点

从本案中《国内保理业务合同》相关条款约定的内容来看，诚通公司将其对中铁新疆公司的应收账款转让给工行钢城支行，工行钢城支行向诚通公司给付 1.5 亿元保理融资款，该应收账款的催收工作由诚通公司负责，工行钢城支行则提供相应的账务管理服务。因涉案《国内保理业务合同》同时包含了债权转让、金融借款、劳务提供等多种法律关系，该《国内保理业务合同》法律性质依法应当认定为同时包括有名合同和无名合同关系的准混合契约。《合同法》第 124 条规定："本法分则或者其他法律没有明文规定的合同，适用本法总则的规定，并可以参照本法分则或者其他法律最相类似的规定"。因此，判断涉案《国内保理业务合同》的效力以及确定当事人的权利义务，可以直接适用《合同法》总则的相关规定，并可就其中的无名合同部分类推适用最相类似之有名合同的相关规定。此外，根据契约自由原则，如果当事人在合同中对双方的权利义务存在明确的约定，则应当尊重相关的约定内容。当合同对相关内容没有约定、约定不明，或者合同约定的条款存在相互矛盾时，人民法院应当根据其间各种合同的具体类型、合同目的、交易惯例等因素，对所类推适用的有名合同中的相关规定加以调整，衡平当事人之间的利益。

第一，关于中铁新疆公司所主张的基础合同无效事由能否对抗债权受让人工行钢城支行的问题。

保理融资业务是一种以应收账款债权的转让为核心的综合性金融服务业务，商业银行开展保理融资业务，固然应当以真实、合法、有效的应收账款转让为前提，但应收账款债权得以产生的货物销售、服务提供等基础合同系存在于债权人和债务人之间，保理银行并非基础合同的当事人，故基础合同无效并不当然导致保理业务合同无效。根据民法基本原理，双方当事人通谋所为的虚伪意思表示，在当事人之间发生绝对无效的法律后果。但在虚伪意思表示的当事人与第三人之间，则应视该第三人是否知道或应当知道该虚伪意思表示而发生不同的法律后果：当第三人知道该当事人之间的虚伪意思表示时，虚伪意思表示的无效可以对抗该第三人；当第三人不知道该当事人之间的虚伪意思表示时，虚伪意思表示的无效不得对抗善意第三人。据此，在基础合同因债权人和债务人双方通谋实施的虚伪意思表示而无效的情况下，保理业务合同并不当然因此而无效。本案中，在债务人中铁新疆公司以应收账款不真实为由向债权受让人工行钢城支行提出抗辩时，保理业务合同是否有效取决于工行钢城支行在签订保理业务合同时是否有理由相信应收账款债权真实、合法、有效，即其对债务人中铁新疆公司所主张的债权不真实瑕疵是否知道或应当知道。一审判决关于在债务人对应收账款的真实性提出异议时应当审查应收账款的真实性，如果应收账款债权虚假则应当认定保理业务合同无效的论理逻辑，未能准确区分虚伪意思表示在当事人之间的效力和对第三人的效力，本院予以纠正。

本案中，中铁新疆公司就其关于工行钢城支行对应收账款虚假一事明知并积极配合的诉讼主张，提交了涉案保理融资的资金流转凭证、合慧伟业公司、济南龙大盛源珏公司、北京城乡建设集团山东分公司、北京乾路达公司和北京北嘉弘公司等公司的工商登记信息，以及工行新疆分行孙某勇行长的任职经历，黄某龙、鞠某与于某之间的谈话录音等证据。本院认为，上述证据并不能够证明工行钢城支行参与了本案当事人之间买卖合同的缔约过程，亦不能证明工行钢城支行应当知道涉案债权的基础合同系中铁新疆公司和诚通公司之间的虚伪意思表示。与此相反，工行钢城支行在本案中已经举证证明其在办理涉案保理业务之前已经以《应收账款保理业务确认书》的形式向中铁新疆公司和诚通公司确认了买卖合同的真实性，并审查了双方提交的买卖合同、出入库单据及增值税发票的真实性。据此应当认定，中铁新疆公司和诚通公司向工行钢城支行提交的相关文件，足以使工行钢城支行产生合理信赖并有理由相信涉案应收账款债权真实、合法、有效。因此，即便中铁新疆公司和诚通公司之间的涉案买卖合同确系虚伪意思表示，双方亦不得以此对抗作为善意第三人的工行钢城支行。故一审判决关于涉案《国内保理业务合同》合法有效的认定正确，本院予以维持。中铁新疆公司关于工行钢城支行明知涉案应收账款虚假并积极配合的诉讼主张，因无充分的事实依据，本院不予采信。

因工行钢城支行和诚通公司已于 2013 年 3 月 5 日将涉案债权转让事宜

以《应收账款保理业务确认书》的方式通知了中铁新疆公司，故该债权转让对中铁新疆公司发生约束力，中铁新疆公司应当依约向工行钢城支行归还债务。但在合同约定的还款期限届至后，中铁新疆公司没有履行还款义务，诚通公司亦未依《国内保理业务合同》的约定向工行钢城支行履行融资偿还义务，均系违约行为，应当承担相应的违约责任。

第二，关于中铁新疆公司在《应收账款保理业务确认书》中向工行钢城支行作出的无异议承诺的法律效果问题。

《合同法》第82条规定："债务人接到债权转让通知后，债务人对让与人的抗辩，可以向受让人主张。"第83条规定："债务人接到债权转让通知时，债务人对让与人享有债权，并且债务人的债权先于转让的债权到期或者同时到期的，债务人可以向受让人主张抵销。"就当事人能否通过合同约定排除上述法律规定之适用，立法本身未设明文规定。而在本案中，中铁新疆公司在收到债权转让通知后，于2013年3月5日向工行钢城支行出具《应收账款保理业务确认书》，确认其对诚通公司负有150 012 150元债务尚未清偿，承诺将依买卖合同的约定和应收账款债权转让通知书的指定，向收款专户进行支付，且承诺不出于任何原因对该等款项进行任何抵销、反请求或扣减。由此，中铁新疆公司在《应收账款保理业务确认书》中的上述承诺能否发生切断抗辩的法律效果，即中铁新疆公司能否再就涉案债权不成立、成立时有瑕疵、无效或可撤销、债权消灭等可以对抗让与人诚通公司的抗辩事由向受让人工行钢城支行提出抗辩，成为本案当事人争议的焦点问题之一。本院认为，首先，《合同法》第82条和第83条所规定的抗辩权和抵销权，其立法目的系保护债务人之利益不至于因债权转让而受损害，根据上述规定，债权转让后债务人对抗辩权和抵销权的行使享有选择权，其既可以对原债权人主张，也可以向受让人主张。因此，即便债务人向保理银行预先承诺放弃行使抗辩权和抵销权，其所享有的实体权利并未因此而消灭，其仍然可以向原债权人主张相关的权利。因此，从当事人之间利益状态来看，债务人对受让人预先承诺放弃抵销权和抗辩权并不会导致当事人之间利益的失衡。其次，从当事人在保理融资业务中所追求的经济目的来看，债务人事先向受让人作出无异议承诺具有一定的合理性。对保理融资业务中涉及的基础交易合同的双方当事人而言，经由保理银行的垫款，能够使相关基础合同的交易得以顺利进行；对保理银行而言，其为客户垫款而受让债权，其真实意思并非终局地获得该债权，而是希望借此从客户（债权人）那里获得报酬及利息，并由债务人归还融资本金。因此，债务人事先向债权受让人作出无异议承诺的做法，有利于促进保理融资业务的顺利开展。从实践中的情况来看，无异议承诺也已经成为保理融资实务中较为通行的做法。根据本案已经查明的事实，中铁新疆公司在《应收账款保理业务确认书》中向工行钢城支行作出"不出于任何原因对该等款项进行任何抵销、反请求或扣减"的承诺，是其真实意思表示，故应依法认定为合法有效。根据《应收账款保理业务确认书》中的承诺内容，中铁新疆公司在本案中不得再就涉案债权不成立、成立时有瑕疵、无效或可撤销、债权消灭等可以对抗诚通公司的抗辩事由向工行钢城支行提出抗辩。故对中铁新疆公司在本案中向工行钢城支行提出的涉案买卖合同系双方虚伪意思表示、应收账款债权并非真实存在等抗辩理由，本院不予采信。对中铁新疆公司在本案中所提交的拟证明涉案应收账款债权并非真实存在、相关当事人之间存在虚假的闭合贸易圈等相关证据，因诚通公司已经就涉案买卖合同的价款支付问题另案提起诉讼要求中铁新疆公司支付价款，本院业已裁定指令一审法院就双方之间的债权债务关系予以实体审理，中铁新疆公司可在该案中进行抗辩并由一审法院对双方之间买卖合同的效力进行实事求是的认定，本院在本案中不予审理，对工行钢城支行和诚通公司提出的关于涉案应收账款债权合法有效的诉讼理由，本院在本案中亦不作评判。

第三，关于工行钢城支行同时向中铁新疆公司主张求偿权和向诚通公司行使追索权应否得到支持的问题。

本案中，就工行钢城支行能否就涉案保理融资债权同时向中铁新疆公司和诚通公司主张权利，各方当事人存在争议。工行钢城支行主张，其向中铁新疆公司主张求偿权和向诚通公司主张回购权是两项并存的权利，没有先后顺序之分。中铁新疆公司主张，涉案融资款的实际使用人是诚通公司指定的收款人，诚通公司在 2013 年 8 月 29 日也承诺由其按期足额归还融资本息，工行钢城支行只能向诚通公司主张返还该笔款项，而不能向中铁新疆公司主张。诚通公司则认为，工行钢城支行应当以中铁新疆公司的还款作为第一还款来源，只有在通过法律诉讼程序无法从中铁新疆公司得到还款后，才可以要求诚通公司承担还款义务，工行钢城支行不能同时向中铁新疆公司和诚通公司主张权利。本院认为，涉案《国内保理业务合同》第 7 条和第 8 条约定：如果发生中铁新疆公司不付款或付款金额不足等违约行为，工行钢城支行有权通知诚通公司回购涉案应收账款债权，若发生诚通公司应回购而未予回购的事宜，工行钢城支行有权行使抵销权和追索权，从诚通公司账户中直接扣划应予回购的款项或对其所欠款项予以追索；工行钢城支行向中铁新疆公司行使求偿权不影响诚通公司的回购义务，但如果工行钢城支行已从中铁新疆公司处获得部分或全部货款，诚通公司的回购金额亦随之降低，如产生保理余款，工行钢城支行应及时将保理余款支付给诚通公司。根据上述约定，在中铁新疆公司不履行债务的情况下，工行钢城支行对中铁新疆公司享有要求其清偿债务的求偿权，对诚通公司享有抵销权和追索权，并有权要求诚通公司回购涉案债权。从本案的实际情况来看，在保理业务合同约定的还款期限届至前，因中铁新疆公司未向工行钢城支行清偿债务，工行钢城支行于 2013 年 8 月 23 日向诚通公司发出《中国工商银行提示归还到期融资通知书》，要求诚通公司抓紧筹措资金，确保于 2013 年 9 月 11 日借款到期日前归还融资本息。在诚通公司并未依约履行还款义务的情况下，工行钢城支行于 2013 年 9 月 11 日和 21 日从诚通公司的银行账户中扣划 4537.65 元、3.67 元用于归还保理融资，系依合同约定行使抵销权。此后，工行钢城支行又于 2013 年 10 月 23 日向诚通公司发函，要求诚通公司立即履行回购应收账款或偿付保理融资的义务。在中铁新疆公司和诚通公司均未依约履行义务的情况下，工行钢城支行提起本案诉讼，要求中铁新疆公司向其支付应收账款，同时要求诚通公司对上述应收账款承担回购义务并承担逾期利息。从工行钢城支行所实施的系列行为的真实意思来看，其核心诉求是要求中铁新疆公司和诚通公司同时承担债务，共同归还所欠借款，故应认定工行钢城支行在本案诉讼中所称的"回购权"实际上属于追索权。在有追索权保理业务的框架之下，当债务人中铁新疆公司不偿付债务时，工行钢城支行并不承担该应收账款不能收回的坏账风险，追索权的制度设计相当于由诚通公司为中铁新疆公司的债务清偿能力提供了担保，其功能与放弃先诉抗辩权的一般保证相当。故一审判决关于诚通公司应当在 149 995 458.68 元范围内对中铁新疆公司所应承担的债务承担回购责任的认定，不仅符合《国内保理业务合同》的约定，亦不违反法律、行政法规的强制性规定，法院予以维持。上诉人中铁新疆公司关于工行钢城支行只能向诚通公司主张权利的上诉理由和诚通公司关于工行钢城支行只能择一主张权利的抗辩理由均不能成立。

后　记

保理合同的重要性，决定了本书只是学术交流的起点。

衷心感谢各位撰稿人对本书编写工作的大力支持，感谢上海财经大学法学院刘莹、王莹两位同学在法条与案例整理工作中的帮助，感谢中国银保监会与中国服务贸易协会商业保理专业委员会各位同仁长期以来的支持和不吝赐教，更要感谢中国政法大学出版社牛洁颖等编辑的专业意见和细心编审。在他们的身上，我们学到了敬业、专业与乐业。相信我们每个人的一小步，终将推进我国保理行业迈向更加规范化、法治化和国际化的进程。